+5520.
Cbab.6.

ŒUVRES

COMPLÈTES

DE MOLIÈRE.

VI.

ŒUVRES
COMPLÈTES
DE MOLIÈRE,
AVEC

DES REMARQUES GRAMMATICALES,

DES AVERTISSEMENS

ET DES OBSERVATIONS SUR CHAQUE PIÈCE;

PAR M. BRET.

TOME SIXIÈME.

TROYES,

GOBELET, IMPRIMEUR DU ROI

ET LIBRAIRE, PRÈS L'HÔTEL-DE-VILLE, N.º 11.

1819.

L'AVARE,

COMÉDIE EN CINQ ACTES.

AVERTISSEMENT

DE L'ÉDITEUR

SUR

L'AVARE.

Cette comédie en prose et en cinq actes, avoit été présentée au public en 1667. Le peu d'accueil qu'on lui fit alors, engagea Molière à la retirer ; mais il ne désespéra point que les partisans du bon goût et de la vraie comédie n'en fissent concevoir par la suite une meilleure opinion.

Il la fit reparoître en effet le 9 septembre de l'année suivante, avec beaucoup moins de contradiction, quoique des circonstances particulières lui eussent fait, à cette reprise, un ennemi bien plus considérable que ceux de 1667. C'étoit l'illustre Racine, avec lequel il ne se trouvoit déjà plus, depuis la chute d'Alexandre sur son théâtre.

Une critique d'Andromaque, sous le titre de *la folle Querelle*, eut, en 1668, plus de succès qu'elle n'en méritoit ; et l'illusion du public sur cette parodie, l'avoit fait attribuer à Molière, quoiqu'elle fût du comédien Subligny.

On sait combien Racine étoit délicat sur le chapitre de sa gloire; et l'erreur dans laquelle il étoit, avec une partie du public, sur le véritable auteur de *la folle Querelle*, ne lui permit pas d'abord de rendre assez de justice au nouveau chef-d'œuvre de Molière. Il alla même jusqu'à reprocher à Despréaux d'avoir ri seul au théâtre à une des représentations de *l'Avare*. *Je vous estime trop*; lui répondit le poëte satyrique, *pour croire que vous n'y avez pas ri vous-même, du moins intérieurement.* Il y a apparence que Racine, désabusé de l'opinion que Molière avoit cherché à lui nuire, ne compromit pas plus long-tems ses lumières et son goût, en continuant de fronder une pièce dont le succès devenoit chaque jour plus assuré.

Le préjugé qui avoit fait tomber le festin de Pierre, parce qu'il étoit écrit en prose, avoit également nui (dit-on) au succès de *l'Avare* en 1667. Mais ce prétendu préjugé n'avoit pas empêché le *Pédant joué de Cyrano* de réussir en 1654. Et le Festin de Pierre étoit si peu digne de la raison supérieure de Molière, qu'il ne faut point chercher d'autres motifs de sa chute, que la bisarrerie du sujet. Quant à *l'Avare*, il faut toujours se souvenir que les ennemis de notre auteur balancèrent le succès de presque tous ses chefs-d'œuvre. Ils avoient borné ses talens à la simple farce, pour laquelle ils vouloient bien lui accorder quelques dispositions. Il falloit que la voix publique étouffât par degrés leur manège et leur cabale.

On a fait voir, dans l'examen d'Amphitryon, comment Molière imitoit les anciens ; on n'entrera point, à l'égard de l'*Avare*, dans une discussion aussi détaillée, parce que ce seroit prouver une seconde fois qu'il ne se proposoit des modèles que pour les surpasser. D'ailleurs, ce qu'il emprunta de Plaute pour son *Avare*, est bien moins considérable que ce qu'il en avoit imité pour son Amphitryon.

Il y a dans l'Avare (dit M. de Voltaire) *quelques idées prises de Plaute, et embellies par Molière. Plaute avoit imaginé le premier de faire en même tems voler la cassette et séduire la fille de l'Avare. C'est de lui qu'est toute l'invention de la scène du jeune homme qui vient avouer le rapt, et que l'autre prend pour le voleur. Mais on ose dire que Plaute n'a point assez profité de cette situation ; il ne l'a inventée que pour la manquer. Que l'on en juge par ce seul trait : l'amant de la fille ne paroît que dans cette scène ; il vient sans être annoncé ni préparé, et la fille elle-même n'y paroît point du tout* (1).

Tout le reste de la pièce (continue le même auteur) *est de Molière. Caractères, intrigues, plaisanteries : il n'a imité que quelques lignes,*

———

(1) Elle paroît dans la pièce à la scène septième du quatrième acte. Il est vrai qu'elle n'y vient que pour crier qu'elle sent des tranchées et qu'elle va accoucher.

Perii, mea nutrix ! obsecro te, uterum dolet,
Juno Lucina, tuam fidem....

comme cet endroit où *l'Avare*, parlant, peut-être mal à propos, aux spectateurs acte 4, scène 9, dit : mon voleur n'est-il point parmi vous ? Ils me regardent tous, et se mettent à rire. Quid est, quod ridetis ? Novi omnes, scio fures hîc esse complures ; et cet autre endroit encore, où ayant examiné les mains du valet qu'il soupçonne, il demande à voir la troisième, ostende tertiam.

Mais si l'on veut connoître la différence du style de Plaute et du style de Molière, qu'on voye les portraits que chacun fait de son *Avare*. Plaute dit, acte 2, scène 4 :

. . . . *Clamat*
Suam rem periisse, seque eradicarier,
De suo tigillo fumus si quà exit foràs.
Quin, cùm it dormitum, follem sibi obstringit ob gulam,
. . . . . *Ne quid animæ fortè amittat dormiens.*
Etiam ne obturat inferiorem gutturem ? etc.

Il crie qu'il est perdu, qu'il est abîmé, si la fumée de son feu va hors de sa maison. Il se met une vessie à la bouche pendant la nuit, de peur de perdre son souffle. Se bouche-t-il aussi la bouche d'en-bas ?

La comédie de l'*Avare* a été traduite ou imitée chez toutes les nations qui ont des théâtres. Sadhwell, auteur médiocre, anglais, la donna à Londres dans sa langue, du vivant même de Molière. La préface qu'il mit à la tête de sa traduction, respire l'orgueil et l'insolence. Il ose se croire au-dessus de Molière, parce qu'il a changé les noms des personnages, parce qu'il a embarrassé l'action de la pièce, et qu'il l'a remplie de grossièretés. Comme cette imitation de *Sadhwel* a été traduite par M. du Bocage, on peut y renvoyer le lecteur. Les saletés y sont telles que, quoiqu'imprimées déjà, on n'en permettroit point ici la citation.

L'ouvrage de *Sadhwell* fut peu estimé à Londres, et M. *Fielding* entreprit, en 1733, une autre traduction de l'*Avare* de Molière. Son ouvrage, bien supérieur à celui de *Sadhwell*, a pourtant le défaut de toutes les pièces anglaises (1), où l'action est toujours trop compliquée. Nos voisins, si profonds et si penseurs, n'ont point encore réfléchi que, lorsqu'il s'agit de tracer un caractère, l'art dramatique, ainsi que l'art de la peinture, dans lequel, à la vérité, ils sont peu célèbres encore, n'accable point le sujet principal par des accessoires qui puissent en détourner trop la vue.

Ce que les Anglais ont le plus admiré dans l'*Avare* de *Fielding*, c'est la singularité de caractère qu'il donna à Mariane aimée par *Love-Gold*, ou l'*Avare*. Il en fait une coquette fieffée, qui aime Frédéric, son amant, mais qui se plaît à le désespérer, et qui se fait une honte bisarre d'avouer son penchant. Il est aisé de reconnoître

---

(1) *Crown*, auteur anglais, qui a traduit la *Bérénice* de Racine, dit qu'il faut qu'une monnaie étrangère soit mise à la refonte, reçoive une nouvelle marque, et même qu'on y ajoute de la matière, afin qu'elle ait cours en Angleterre, et qu'elle devienne sterling.

à ces traits la contre-épreuve de la *Céliante* du *Philosophe Marié*, qui avoit paru six ans avant la pièce anglaise.

Le dénouement de M. *Fielding*, que quelques-uns de nos écrivains ont préféré à celui de Molière, peut au contraire paroître à d'autres une contradiction avec le sujet de la pièce. Mariane tire de *Love-Gold* un dédit de cent mille francs. Molière assurément se seroit bien gardé de faire commettre à son *Avare* une pareille sottise. Un dédit de cent mille livres est la folie d'un prodigue.

Mariane, dans ce dénouement anglais, n'ayant voulu qu'effrayer son amant en paroissant pencher pour *Love-Gold*, veut enfin se débarrasser du vieillard; et voici encore une nouveauté à l'anglaise : c'est-à-dire, qu'on copie presque mot à mot le rôle de Clarice dans le Grondeur, scène onze du second acte. *Love-Gold*, épouvanté de la dépense prodigieuse dont Mariane le menace, se croit trop heureux de la laisser à son fils avec les cent mille livres du dédit; ce qui n'est pas d'accord assurément avec le caractère.

On conviendra cependant que dans quelques scènes ajoutées à l'*Avare* de Molière par M. *Fielding*, comme dans la scène troisième du premier acte, dans les septième et huitième scènes du troisième acte, il y a des détails ingénieux et tels qu'on pouvoit se les promettre d'un écrivain qui connoissoit et qui a peint si fidèlement le cœur humain dans ses romans. Il faut convenir aussi que par les changemens qu'il a faits, il a laissé la partie trop romanesque du dénouement de l'*Avare* de Molière.

A l'égard des imitations de Molière, on en parlera dans les observations qui suivront les remarques grammaticales. On y répondra aussi aux différentes critiques qui, de notre tems, ont été faites de cet ouvrage, que Despréaux regardoit comme une des meilleures comédies de l'auteur.

ACTEURS.

HARPAGON, père de Cléante et d'Élise, et amoureux de Mariane.
ANSELME, père de Valère et de Mariane.
CLÉANTE, fils d'Harpagon, amant de Mariane.
ÉLISE, fille d'Harpagon.
VALÈRE, fils d'Anselme et amant d'Élise.
MARIANE, fille d'Anselme.
FROSINE, femme d'intrigue.
MAITRE SIMON, courtier.
MAITRE JACQUES, cuisinier et cocher d'Harpagon.
LA FLECHE, valet de Cléante.
DAME CLAUDE, servante d'Harpagon.
BRINDAVOINE, } laquais d'Harpagon.
LA MERLUCHE,
UN COMMISSAIRE.

La scène est à Paris, dans la maison d'Harpagon.

L'AVARE.

ACTE PREMIER.

SCÈNE I.

VALÈRE ÉLISE.

VALÈRE.

Hé quoi! charmante Élise, vous devenez mélancolique, après les obligeantes assurances que vous avez eu la bonté de me donner de votre foi? Je vous vois soupirer, hélas, au milieu de ma joie; Est-ce du regret, dites-moi, de m'avoir fait heureux; et vous repentez-vous de cet engagement où mes feux ont pu vous contraindre?

ÉLISE.

Non, Valère, je ne puis pas me repentir de tout ce que je fais pour vous. Je m'y sens entraîner par une trop douce puissance, et je n'ai pas même la force de souhaiter que les choses ne fussent pas. Mais, à vous dire vrai, le succès me donne de l'inquiétude; et je crains fort de vous aimer un peu plus que je ne devrois.

VALÈRE.

Hé! que pouvez-vous craindre, Élise, dans les bontés que vous avez pour moi?

ÉLISE.

Hélas, cent choses à la fois! L'emportement d'un père, les reproches d'une famille, les censures du monde; mais plus que tout, Valère, le changement de votre cœur, et cette froideur criminelle dont tous ceux de votre sexe paient, le plus souvent, les témoignages trop ardens d'un innocent amour.

VALÈRE.

Ah, ne me faites pas ce tort, de juger de moi par les autres ! Soupçonnez-moi de tout, Élise, plutôt que de manquer à ce que je vous dois. Je vous aime trop pour cela ; et mon amour pour vous durera autant que ma vie.

ÉLISE.

Ah, Valère, chacun tient les mêmes discours ! Tous les hommes sont semblables par les paroles ; et ce n'est que les actions qui les découvrent différens.

VALÈRE.

Puisque les seules actions font connoître ce que nous sommes, attendez donc, au moins, à juger de mon cœur par elles *, et ne me cherchez point des crimes dans les injustes craintes d'une fâcheuse prévoyance. Ne m'assassinez point, je vous prie, par les sensibles coups d'un soupçon outrageux ; et donnez-moi le tems de vous convaincre, par mille et mille preuves, de l'honnêteté de mes feux.

ELISE.

Hélas ! qu'avec facilité on se laisse persuader par les personnes que l'on aime ! Oui, Valère, je tiens votre cœur incapable de m'abuser. Je crois que vous m'aimez d'un véritable amour, et que vous me serez fidèle : je n'en veux point du tout douter, et je retranche mon chagrin ** aux appréhensions du blâme qu'on pourra me donner.

VALÈRE.

Mais pourquoi cette inquiétude ?

ELISE.

Je n'aurois rien à craindre, si tout le monde vous voyoit des yeux dont je vous vois, et je trouve en votre personne de quoi

---

* *A juger de mon cœur par elles.* Ce pronom *elles*, précédé d'une préposition, ne peut s'appliquer à une chose inanimée comme les actions.

** *Je retranche mon chagrin aux appréhensions du blâme,* pour *je borne mon chagrin à la crainte du blâme,* a paru peu français.

ACTE I. SCENE I.

avoir raison aux choses * que je fais pour vous. Mon cœur, pour sa défense **, a tout votre mérite, appuyé du secours d'une reconnoissance où le ciel m'engage envers vous. Je me représente, à toute heure, ce péril étonnant qui commença de nous offrir aux regards l'un de l'autre; cette générosité surprenante, qui vous fit risquer votre vie, pour dérober la mienne à la fureur des ondes; ces soins pleins de tendresse que vous me fîtes éclater *** après m'avoir tirée de l'eau; et les hommages assidus de cet ardent amour, que ni le tems ni les difficultés n'ont rebuté, et qui, vous faisant négliger et parens et patrie, arrête vos pas en ces lieux, y tient en ma faveur votre fortune déguisée, et vous a réduit, pour me voir, à vous revêtir de l'emploi de domestique de mon père. Tout cela fait chez moi, sans doute, un merveilleux effet, et c'en est assez, à mes yeux, pour me justifier l'engagement où j'ai pu consentir; mais ce n'est pas assez, peut-être, pour le justifier aux autres, et je ne suis pas sûre qu'on entre dans mes sentimens.

VALÈRE.

De tout ce que vous avez dit ****, ce n'est que par mon seul amour que je prétends, auprès de vous, mériter quelque chose; et, quant aux scrupules que vous avez, votre père lui-même ne prend que trop de soin de vous justifier à tout le monde; et l'excès de son avarice, et la manière austère dont il vit avec ses enfans, pourroient autoriser des choses plus étranges. Pardonnez-moi, charmante Élise, si j'en parle ainsi devant vous. Vous savez que, sur ce chapitre, on n'en peut pas dire de bien.

* *Avoir raison aux choses* on diroit aujourd'hui, *dans les choses.*

** *Mon cœur, pour sa défense, a tout votre mérite, appuyé du secours d'une reconnoissance où le ciel m'engage envers vous.* Cette phrase a paru mal écrite.

*** *Que vous me fîtes éclater.* On auroit voulu, *que vous fîtes éclater pour moi, ou à mes yeux.*

**** *De tout ce que vous avez dit, ce n'est que par mon seul amour que je prétends*, etc. Cette construction a paru vicieuse, à cause de *par.*

Mais enfin, si je puis, comme je l'espère, retrouver mes parens, nous n'aurons pas beaucoup de peine à nous le rendre favorable. J'en attends des nouvelles avec impatience; et j'en irai chercher moi-même, si elles tardent à venir *.

ELISE.

Ah! Valère, ne bougez d'ici, je vous prie, et songez seulement à vous bien mettre dans l'esprit de mon père!

VALÈRE.

Vous voyez comme je m'y prends, et les adroites complaisances qu'il m'a fallu mettre en usage, pour m'introduire à son service; sous quel masque de sympathie et de rapports de sentimens je me déguise pour lui plaire, et quel personnage je joue tous les jours avec lui, afin d'acquérir sa tendresse. J'y fais des progrès admirables; et j'éprouve que, pour gagner les hommes, il n'est point de meilleure voie que de se parer à leurs yeux de leurs inclinations, que de donner dans leurs maximes, encenser leurs défauts, et applaudir à ce qu'ils font. On n'a que faire d'avoir peur de trop charger la complaisance; et la manière dont on les joue, a beau être visible, les plus fins sont toujours de grandes dupes du côté de la flatterie; et il n'y a rien de si impertinent et de si ridicule, qu'on ne fasse avaler, lorsqu'on l'assaisonne en louanges. La sincérité souffre un peu au métier que je fais; mais quand on a besoin des hommes, il faut bien s'ajuster à eux; et puisqu'on ne sauroit les gagner que par-là, ce n'est pas la faute de ceux qui flattent, mais de ceux qui veulent être flattés.

ELISE.

Mais que ne tâchez-vous aussi à gagner l'appui de mon frère, en cas que la servante s'avisât de révéler notre secret?

VALÈRE.

On ne peut pas ménager l'un et l'autre; et l'esprit du père et celui du fils sont des choses si opposées, qu'il est difficile d'accommoder ces deux confidences ensemble. Mais vous, de votre part, agissez auprès de votre frère, et servez-vous de l'amitié qui est entre vous deux, pour le jeter dans nos intérêts. Il vient. Je me retire. Prenez ce tems pour lui parler, et ne lui découvrez de notre affaire que ce que vous jugerez à propos.

* *Si elles tardent à venir.* L'exactitude grammaticale demanderoit, *s'il n'en arrive point.*

ACTE I. SCENE I.
ÉLISE*.
Je ne sais si j'aurai la force de lui faire cette confidence.

* Le personnage de l'Avare chez Plaute, s'appelle *Euclio*. C'est le supplément de cette pièce par *Codrus Urceus*, qui a fourni à Molière le nom d'Harpagon. *Les maîtres de ce tems-ci sont avares*, dit Strobile, scène 2 de l'acte cinquième : nous les appelons des *Harpagons*, des Harpies, etc.

> Tenaces nimiùm Dominos nostra ætas tulit,
> Quos Harpagones, Harpigias et Tantalos
> Vocare solco.

M. Riccoboni, dans ses observations sur la comédie, veut que Molière ait emprunté l'épisode de l'amour de Valère et d'Elise, d'un canevas italien joué à Paris, sous le nom de *Lelio et Arlequin, valets dans la même maison*. 1 Mais il est aussi vraisemblable de penser que Molière, dans le dessein où il étoit de nous montrer les désordres intérieurs de la maison d'un avare, ait imaginé lui-même le caractère d'une fille hors d'espérance de se voir mariée comme une autre, à cause de l'avarice de son père, et se trouvant embarquée dans une intrigue beaucoup plus loin qu'elle ne le devoit.

Au reste, ce que notre auteur ne devoit sûrement pas au canevas italien, c'est d'avoir conservé à Elise assez de vertu et de décence pour ne pas trop faire redouter le séjour de Valère dans la même maison avec elle. Dès la première scène elle appelle sa tendresse pour Valère *un innocent amour*.

La reconnoissance d'Elise pour Valère, qui lui a sauvé la vie, est la source de l'attachement qu'elle a conçu pour lui. L'un et l'autre rassurent le spectateur sur la légèreté de leur démarche, par l'honnêteté de leurs sentimens ; et, comme dit Valère, *l'excès d'avarice d'Harpagon, et la manière austère avec laquelle il vit avec ses enfans, pourroient autoriser des choses plus étranges.*

Elise fait plus encore ; elle s'avoue coupable, lorsqu'elle dit à son frère, dans la scène deuxième : *Ne parlons point de ma sagesse ; il n'est personne qui n'en manque, du moins une fois en sa vie.* Et ce reproche qu'elle se fait, ne regarde que la tendresse qu'elle a conçue pour Valère sans l'aveu d'Harpagon.

1 Ce canevas fut repris par les nouveaux comédiens italiens, en 1716. *Cette pièce*, dit un Journaliste, *ressemble en laid à l'Avare de Molière.* Mais il faut observer, une fois pour toutes, que ces canevas, lorsqu'ils viennent à être rejoués, peuvent eux-mêmes devenir des copies de l'ouvrage auquel on prétend qu'ils ont donné la naissance.

SCÈNE II.
CLÉANTE, ÉLISE.

CLÉANTE.

Je suis bien aise de vous trouver seule, ma sœur, et je brûlois de vous parler, pour m'ouvrir à vous d'un secret.

ÉLISE.

Me voilà prête à vous ouïr, mon frère. Qu'avez-vous à me dire ?

CLÉANTE.

Bien des choses, ma sœur, enveloppées dans un mot... J'aime.

ÉLISE.

Vous aimez ?

CLÉANTE.

Oui, j'aime. Mais avant que d'aller plus loin, je sais que je dépends d'un père, et que le nom de fils me soumet à ses volontés ; que nous ne devons point engager notre foi sans le consentement de ceux dont nous tenons le jour ; que le ciel les a fait les maîtres de nos vœux, et qu'il nous est enjoint de n'en disposer que par leur conduite * ; que n'étant prévenus d'aucune folle ardeur, ils sont en état de se tromper bien moins que nous, et de voir beaucoup mieux ce qui nous est propre ; qu'il en faut plutôt croire les lumières de leur prudence, que l'aveuglement de notre passion ; et que l'emportement de la jeunesse nous entraîne le plus souvent dans des précipices fâcheux. Je vous dis tout cela, ma sœur, afin que vous ne vous donniez pas la peine de me le dire : car enfin, mon amour ne veut rien écouter, et je vous prie de ne me point faire de remontrances.

ÉLISE.

Vous êtes-vous engagé, mon frère, avec celle que vous aimez ?

---

* *Par leur conduite*, pour dire en *nous laissant conduire par eux*, a paru impropre.

ACTE I. SCÈNE II.

CLÉANTE.

Non : mais j'y suis résolu ; et je vous conjure, encore une fois, de ne me point apporter des raisons pour m'en dissuader.

ÉLISE.

Suis-je, mon frère, une si étrange personne ?

CLÉANTE.

Non, ma sœur ; mais vous n'aimez pas. Vous ignorez la douce violence qu'un tendre amour fait sur nos cœurs, et j'appréhende votre sagesse.

ÉLISE.

Hélas, mon frère ! ne parlons point de ma sagesse : il n'est personne qui n'en manque, du moins une fois dans sa vie ; et si je vous ouvre mon cœur, peut-être serai-je à vos yeux bien moins sage que vous.

CLÉANTE.

Ah ! plût au ciel que votre ame, comme la mienne...

ÉLISE.

Finissons auparavant votre affaire, et me dites * qui est celle que vous aimez.

CLÉANTE.

Une jeune personne qui loge depuis peu en ces quartiers, et qui semble être faite pour donner de l'amour à tous ceux qui la voient. La nature, ma sœur, n'a rien formé de plus aimable, et je me sentis transporté dès le moment que je la vis. Elle se nomme Mariane, et vit sous la conduite d'une bonne femme de mère qui est presque toujours malade, et pour qui cette aimable fille a des sentimens d'amitié qui ne sont pas imaginables. Elle la sert, la plaint, et la console avec une tendresse qui vous toucheroit l'ame. Elle se prend d'un air le plus charmant du monde aux choses qu'elle fait ; et l'on voit briller mille graces dans toutes ses actions, une douceur pleine d'attraits, une bonté toute engageante, une honnêteté adorable, une... Ah ! ma sœur, je voudrois que vous l'eussiez vue !

ÉLISE.

J'en vois beaucoup, mon frère, dans les choses que vous me

---

* *Finissons.... et me dites.* L'exactitude demanderoit, *et dites-moi.*

dites ; et pour comprendre ce qu'elle est, il me suffit que vous l'aimez.

CLÉANTE.

J'ai découvert sous main qu'elles ne sont pas fort accommodées *, et que leur discrète conduite a de la peine à étendre à tous leurs besoins le bien qu'elles peuvent avoir. Figurez-vous, ma sœur, quelle joie ce peut être que de relever la fortune d'une personne que l'on aime, que de donner adroitement quelques petits secours aux modestes nécessités d'une vertueuse famille ; et concevez quel déplaisir ce m'est, de voir que, par l'avarice d'un père, je sois dans l'impuissance de goûter cette joie, et de faire éclater à cette belle aucun témoignage de mon amour.

ÉLISE.

Oui, je conçois assez, mon frère, quel doit être votre chagrin.

CLÉANTE.

Ah, ma sœur ! il est plus grand qu'on ne peut croire. Car enfin, peut-on rien voir de plus cruel que cette rigoureuse épargne qu'on exerce sur nous ? que cette sécheresse étrange où l'on nous fait languir ? Hé ! que nous servira d'avoir du bien, s'il ne nous vient que dans le tems que nous ne serons plus dans le bel âge d'en jouir, et si, pour m'entretenir même, il faut que maintenant je m'engage de tous côtés ; si je suis réduit avec vous à chercher tous les jours le secours des marchands, pour avoir moyen de porter des habits raisonnables ? Enfin, j'ai voulu vous parler pour m'aider à sonder mon père sur les sentimens où je suis ; et si je l'y trouve contraire, j'ai résolu d'aller en d'autres lieux, avec cette aimable personne, jouir de la fortune que le ciel voudra nous offrir. Je fais chercher partout, pour ce dessein, de l'argent à emprunter ; et si vos affaires, ma sœur, sont semblables aux miennes, et qu'il faille que notre père s'oppose à nos desirs, nous le quitterons là tous deux, et nous nous affranchirons de cette tyrannie où nous tient depuis si long-tems son avarice insupportable.

* *Fort accommodées*, pour *fort à l'aise*, ne se diroit plus.

ACTE I. SCÈNE III.
ELISE.
Il est bien vrai que tous les jours il nous donne de plus en plus sujet de regretter la mort de notre mère, et que *....
CLÉANTE.
J'entends sa voix. Eloignons-nous un peu pour achever notre confidence; et nous joindrons après nos forces pour venir attaquer la dureté de son humeur.

SCÈNE III**.
HARPAGON, LA FLÈCHE.
HARPAGON.
Hors d'ici ; tout-à-l'heure, et qu'on ne réplique pas. Allons, que l'on détale de chez moi, maître-juré filou, vrai gibier de potence.

---

* *Regretter la mort de notre mère*, pour dire *regretter notre mère qui est morte* : expression impropre.

** Cette scène d'Harpagon qui fouille le valet de son fils avant que de le chasser, est une de celles où Molière a le plus imité Plaute dans la scène quatre du quatrième acte. Il n'a pas été plus heureux que le poëte latin, qui fait demander par son avare la troisième main : *Ostende etiam tertiam.* Harpagon, qui demande *les autres*, blesse également, par cette exagération, la vérité du dialogue. *Chappuzeau*, dans sa comédie du *Riche vilain*, en 1663, avoit trouvé un tempérament ingénieux à ce trait de Plaute, en ne demandant que *l'autre*, parce que son *Riche vilain* peut paroître avoir oublié qu'il a déjà vu la main qu'il veut revoir. D'ailleurs, en disant simplement *l'autre*, c'est demander à les voir toutes deux ensemble ; ce qu'on ne peut pas dire de la tournure de Plaute ni de celle de Molière. Voici le trait de *Chapauzeau* :

CRISPIN.
. . . . Çà, montre-moi la main.
PHILIPPIN.
Tenez.
CRISPIN.
L'autre.
PHILIPPIN.
Tenez : voyez jusqu'à demain.
CRISPIN.
L'autre.

L'AVARE.

LA FLÈCHE *à part.*

Je n'ai jamais rien vu de si méchant que ce maudit vieillard; et je pense, sauf correction, qu'il a le diable au corps.

HARPAGON.

Tu murmures entre tes dents?

LA FLÈCHE.

Pourquoi me chassez-vous?

HARPAGON.

C'est bien à toi, pendard, à me demander des raisons! Sors vîte, que je ne t'assomme.

LA FLÈCHE.

Qu'est-ce que je vous ai fait?

HARPAGON.

Tu m'a fais que je veux que tu sortes.

LA FLÈCHE.

Mon maître, votre fils, m'a donné ordre de l'attendre.

HARPAGON.

Va-t-en l'attendre dans la rue, et ne sois point dans ma maison, planté tout droit comme un piquet, à observer ce qui se passe, et faire ton profit de tout. Je ne veux point avoir sans cesse devant moi un espion de mes affaires, un traître, dont les yeux maudits assiégent toutes mes actions, dévorent ce que je possède, et furetent de tous côtés pour voir s'il n'y a rien à voler.

LE FLÈCHE.

Comment diantre voulez-vous qu'on fasse pour vous voler?

PHILIPPIN.

Allez la chercher, en ai-je une douzaine? etc.

Molière n'avoit eu rien à changer dans ce que fait dire Plaute à son Avare, après la recherche la plus exacte : *Jam scrutari mitto ; redde huc :* cependant la manière dont il a traduit cette plaisanterie, a quelque chose d'équivoque : *Rends-le moi sans te fouiller*, dit Harpagon. Est-ce sans que la Flèche se fouille, ou sans qu'Harpagon fouille le valet de son fils?

Les remarques grammaticales ont observé dans cette scène un défaut de goût qui ne peut se concevoir de la part de Molière, et l'on seroit tenté de soupçonner qu'il y a eu quelque chose d'oublié dans le texte. *Pendre un haut-de-chausses :* cette idée n'a pu passer par la tête de notre auteur; apparemment qu'il y avoit quelques mots sur les tailleurs qui les fabriquent.

ACTE I. SCÈNE III.

Êtes-vous un homme volable, quand vous renfermez toutes choses, et faites sentinelle jour et nuit!

HARPAGON.

Je veux renfermer ce que bon me semble, et faire sentinelle comme il me plaît. Ne voilà pas de mes mouchards, qui prennent garde à ce qu'on fait? (*bas à part.*) Je tremble qu'il n'ait soupçonné quelque chose de mon argent. (*haut.*) Ne serois-tu point homme à faire courir le bruit que j'ai chez moi de l'argent caché?

LA FLÈCHE.

Vous avez de l'argent caché?

HARPAGON.

Non, coquin : je ne dis pas cela. (*bas.*) J'enrage. (*haut.*) Je demande si, malicieusement, tu n'irois point faire courir le bruit que j'en ai.

LA FLÈCHE.

Hé! que nous importe que vous en ayez, ou que vous n'en ayez pas, si c'est pour nous la même chose?

HARPAGON *levant la main pour donner un soufflet à la Flèche.*

Tu fais le raisonneur? Je te baillerai de ce raisonnement-ci par les oreilles. Sors d'ici, encore une fois.

LA FLÈCHE.

Hé bien! je sors.

HARPAGON.

Attends : ne m'emportes-tu rien?

LA FLÈCHE.

Que vous emporterois-je?

HARPAGON.

Viens-çà, que je voye. Montre-moi tes mains.

LA FLÈCHE.

Les voilà.

HARPAGON.

Les autres.

LA FLÈCHE.

Les autres?

HARPAGON.

Oui.

L'AVARE.

LA FLÈCHE.

Les voilà.

HARPAGON *montrant les haut-de-chausses de la Flèche.*

N'as-tu rien mis ici dedans ?

LA FLÈCHE.

Voyez vous-même.

HARPAGON *tâtant le bas des haut-de-chausses de la Flèche.*

Ces grands haut-de-chausses sont propres à devenir les receleurs des choses qu'on dérobe, et je voudrois qu'on en eût fait pendre quelqu'un *.

LA FLÈCHE *à part.*

Ah ! qu'un homme comme cela mériteroit bien ce qu'il craint, et que j'aurois de joie à le voler !

HARPAGON.

Hé ?

LA FLÈCHE.

Quoi ?

HARPAGON.

Qu'est-ce que tu parles de voler ?

LA FLÈCHE.

Je dis que vous fouilliez bien partout, pour voir si je vous ai volé.

HARPAGON.

C'est ce que je veux faire.

(*Harpagon fouille dans les poches de la Flèche.*)

LA FLÈCHE *à part.*

La peste soit de l'avarice et des avaricieux.

HARPAGON.

Comment ? Que dis-tu ?

Ce que je dis ?

HARPAGON.

Oui. Qu'est-ce que tu dis d'avarice et d'avaricieux ?

LA FLÈCHE.

Je dis que la peste soit de l'avarice et des avaricieux ?

---

* *Je voudrois qu'on eût fait pendre quelqu'un*, en parlant de haut-de-chausses, a paru de mauvais goût.

ACTE I. SCÈNE III.

HARPAGON.

De qui veux-tu parler ?

LA FLÈCHE.

Des avaricieux.

HARPAGON.

Et qui sont-ils ces avaricieux ?

LA FLÈCHE.

Des vilains et des ladres.

HARPAGON.

Mais qui est-ce que tu entends par-là ?

LA FLÈCHE.

De quoi vous mettez-vous en peine ?

HARPAGON.

Je me mets en peine de ce qu'il faut.

LA FLÈCHE.

Est-ce que vous croyez que je veux parler de vous ?

HARPAGON.

Je crois ce que je crois ; mais je veux que tu me dises à qui tu parles, quand tu dis cela.

LA FLÈCHE.

Je parle... Je parle à mon bonnet.

HARPAGON.

Et moi, je pourrois bien parler à ta barette.

LA FLÈCHE.

M'empêcherez-vous de maudire les avaricieux ?

HARPAGON.

Non : mais je t'empêcherai de jaser et d'être insolent. Tais-toi.

LA FLÈCHE.

Je ne nomme personne.

HARPAGON.

Je te rosserai, si tu parles.

LA FLÈCHE.

Qui se sent morveux, qu'il se mouche.

HARPAGON.

Te tairas-tu ?

LA FLÈCHE.

Oui, malgré moi.

HARPAGON.

Ah, ah!

LA FLÈCHE *montrant à Harpagon une poche de son juste-au-corps.*

Tenez, voilà encore une poche : êtes-vous satisfait ?

HARPAGON.

Allons, rends-le-moi sans te fouiller.

LA FLÈCHE.

Quoi ?

HARPAGON.

Ce que tu m'as pris.

LA FLÈCHE.

Je ne vous ai rien pris du tout.

HARPAGON.

Assurément ?

LA FLÈCHE.

Assurément.

HARPAGON.

Adieu. Va-t-en à tous les diables.

LA FLÈCHE *à part.*

Me voilà bien congédié.

HARPAGON.

Je te le mets sur ta conscience, au moins.

SCÈNE IV.

HARPAGON *seul.*

Voilà un pendard de valet qui m'incommode fort, et je ne me plais point à voir ce chien de boiteux-là *. Certes, ce n'est

---

* *Je ne me plais point à voir ce chien de boiteux-là.* Béjart, qui jouoit le rôle de la Flèche, étoit devenu boiteux depuis quelque tems, lorsque Molière donna son *Avare*. Cette allusion à l'accident de son camarade et son beau-frère, fit que tous les valets des troupes de province se crurent obligés de boiter, non-seulement dans le rôle de la Flèche, mais dans tous ceux que Béjart remplissoit à Paris. On substitue aujourd'hui à ce mot de boiteux telle autre injure supportable qui vient à l'esprit de l'acteur.

Nous remarquerons encore, à l'égard de ces façons de par-

ACTE I. SCÈNE IV.

pas une petite peine, de garder chez soi une grande somme d'argent; et bienheureux qui a tout son fait bien placé, et ne conserve seulement que ce qu'il faut pour sa dépense! On n'est pas peu embarrassé à inventer, dans toute une maison, une cache fidèle; car pour moi, les coffres-forts me sont suspects, et je ne veux jamais m'y fier. Je les tiens justement une franche amorce à voleurs; et c'est toujours la première chose que l'on va attaquer.

SCÈNE V.

HARPAGON, ÉLISE et CLÉANTE *parlant ensemble, et restant dans le fond du théâtre.*

HARPAGON *se croyant seul.*

Cependant, je ne sais si j'aurai bien fait d'avoir enterré dans mon jardin dix mille écus qu'on me rendit hier. Dix mille écus
(*à part, apercevant Élise et Cléante.*)
d'or chez soi, est une somme assez... O ciel! je me serai trahi moi-même! la chaleur m'aura emporté, et je crois que j'ai
(*à Cléante et à Élise.*)
parlé haut, en raisonnant tout seul. Qu'est-ce?

CLÉANTE.

Rien, mon père.

HARPAGON.

Y a-t-il long-tems que vous êtes-là?

ÉLISE.

Nous ne venons que d'arriver.

HARPAGON.

Vous avez entendu....

CLÉANTE.

Quoi, mon père?

HARPAGON.

Là....

---

ler *ce chien de boiteux, un honnête homme de père*, que la préposition *de* est surabondante, et qu'on ne la passe que dans le style familier. M. l'abbé d'Olivet a raison de croire que c'est un latinisme. On trouve dans Plaute: *Scelus viri, monstrum mulieris*: coquin d'homme, monstre de femme.

ÉLISE

Quoi?

HARPAGON

Ce que je viens de dire.

CLÉANTE

Non.

HARPAGON.

Si fait, si fait.

ÉLISE.

Pardonnez-moi.

HARPAGON.

Je vois bien que vous en avez ouï quelques mots. C'est que je m'entretenois en moi-même de la peine qu'il y a aujourd'hui à trouver de l'argent, et je disois qu'il est bienheureux qui peut avoir dix mille écus chez soi.

CLÉANTE.

Nous feignions à vous aborder, de peur de vous interrompre.

HARPAGON.

Je suis bien-aise de vous dire cela, afin que vous n'alliez pas prendre les choses de travers, et vous imaginer que c'est moi qui ai dix mille écus.

CLÉANTE.

Nous n'entrons point dans vos affaires.

HARPAGON.

Plût à Dieu que je les eusse, les dix mille écus!

CLÉANTE.

Je ne crois pas...

HARPAGON.

Ci seroit une bonne affaire pour moi.

ÉLISE.

Ce sont des choses....

HARPAGON.

J'en aurois bon besoin.

CLÉANTE.

Je pense que....

HARPAGON,

Cela m'accommoderoit fort.

ÉLISE.

Vous êtes....

ACTE I. SCÈNE V.

HARPAGON.

Et je ne me plaindrois pas, comme je fais, que le tems est misérable.

CLÉANTE.

Mon Dieu! mon père, vous n'avez pas lieu de vous plaindre, et l'on sait que vous avez assez de bien.

HARPAGON.

Comment! j'ai assez de bien? Ceux qui l'on dit en ont menti. Il n'y a rien de plus faux; et ce sont des coquins qui font courir tous ces bruits-là.

ÉLISE.

Ne vous mettez point en colère.

HARPAGON.

Cela est étrange, que mes propres enfans me trahissent et deviennent mes ennemis.

CLÉANTE.

Est-ce être votre ennemi, que de dire que vous avez du bien?

HARPAGON.

Oui. De pareils discours, et les dépenses que vous faites, seront cause qu'un de ces jours on viendra chez moi me couper la gorge, dans la pensée que je suis tout cousu de pistoles.

CLÉANTE.

Quelle grande dépense est-ce que je fais?

HARPAGON.

Quelle? Est-il rien de plus scandaleux que ce somptueux équipage que vous promenez par la ville? Je querellois hier votre sœur, mais c'est encore pis. Voilà qui crie vengeance au ciel; et, à vous prendre depuis les pieds jusqu'à la tête, il y auroit-là de quoi faire une bonne constitution. Je vous l'ai dit vingt fois, mon fils, toutes vos manières me déplaisent fort; vous donnez furieusement dans le marquis; et, pour aller ainsi vêtu, il faut bien que vous me dérobiez.

CLÉANTE.

Hé! comment vous dérober?

HARPAGON.

Que sais-je, moi? Où pouvez-vous donc prendre de quoi entretenir l'état que vous portez * ?

---

* *L'état que vous portez*, ne se diroit plus.

CLÉANTE.

Moi, mon père ? c'est que je joue ; et comme je suis fort heureux, je mets sur moi tout l'argent que je gagne.

HARPAGON.

C'est fort mal fait. Si vous êtes heureux au jeu, vous en devriez profiter, et mettre à honnête intérêt l'argent que vous gagnez, afin de le trouver un jour. Je voudrois bien savoir, sans parler du reste, à quoi servent tous ces rubans dont vous voilà lardé depuis les pieds jusqu'à la tête, et si une demi-douzaine d'aiguillettes ne suffit pas pour attacher un haut-de-chausses. Il est bien nécessaire d'employer de l'argent à des perruques, lorsqu'on peut porter des cheveux de son crû, qui ne coûtent rien ! Je vais gager qu'en perruque et rubans, il y a du moins vingt pistoles ; et vingt pistoles rapportent par année dix-huit livres six sols huit deniers, à ne les placer qu'au denier douze.

CLÉANTE.

Vous avez raison.

HARPAGON.

Laissons cela, et parlons d'autres affaires.

(*apercevant Cléante et Élise qui se font des signes.*)

Hé ! (*bas à part.*) Je crois qu'ils se font des signes l'un à l'autre de me voler ma bourse. (*haut.*) Que veulent dire ces gestes-là ?

ÉLISE.

Nous marchandons, mon frère et moi, à qui parlera le premier, et nous avons tous deux quelque chose à vous dire.

HARPAGON.

Et moi j'ai quelque chose aussi à vous dire à tous deux.

CLÉANTE.

C'est de mariage, mon père, que nous desirons vous parler.

HARPAGON.

Et c'est de mariage aussi que je veux vous entretenir.

ÉLISE.

Ah, mon père !

HARPAGON.

Pourquoi ce cri ? Est-ce le mot, ma fille, ou la chose qui vous fait peur ?

ACTE I. SCÈNE V.

CLÉANTE.
Le mariage peut nous faire peur à tous deux de la façon que vous pouvez l'entendre, et nous craignons que nos sentimens ne soient pas d'accord avec votre choix.

HARPAGON.
Un peu de patience ; ne vous alarmez point. Je sais ce qu'il faut à tous deux, et vous n'aurez, ni l'un ni l'autre, aucun lieu de vous plaindre de tout ce que je prétends faire ; et pour commencer par un bout, (*à Cléante*) avez-vous vu, dites-moi, une jeune personne appelée Mariane, qui ne loge pas loin d'ici ?

CLÉANTE.
Oui, mon père.

HARPAGON.
Et vous ?

ELISE.
J'en ai ouï parler.

HARPAGON.
Comment, mon fils, trouvez-vous cette fille ?

CLÉANTE.
Une fort charmante personne.

HARPAGON.
Sa physionomie ?

CLÉANTE.
Toute honnête et pleine d'esprit.

HARPAGON.
Son air et sa manière ?

CLÉANTE.
Admirables, sans doute.

HARPAGON.
Ne croyez-vous pas qu'une fille comme cela mériteroit assez que l'on songeât à elle ?

CLÉANTE.
Oui, mon père.

HARPAGON.
Que ce seroit un parti souhaitable ?

CLÉANTE.
Très-souhaitable.

HARPAGON.
Qu'elle a toute la mine de faire un bon ménage?
CLEANTE.
Sans doute.
HARPAGON.
Et qu'un mari auroit satisfaction avec elle?
CLEANTE.
Assurément.
HARPAGON.
Il y a une petite difficulté : c'est que j'ai peur qu'il n'y ait pas avec elle tout le bien qu'on en pourroit prétendre.
CLEANTE.
Ah! mon père, le bien n'est pas considérable *, lorsqu'il est question d'épouser une honnête personne.
HARPAGON.
Pardonnez-moi, pardonnez-moi. Mais ce qu'il y a à dire, c'est que, si l'on n'y trouve pas tout le bien qu'on souhaite, on peut tâcher de regagner cela sur autre chose.
CLEANTE.
Cela s'entend.
HARPAGON.
Enfin, je suis bien aise de vous voir dans mes sentimens : car son maintien honnête et sa douceur m'ont gagné l'ame, et je suis résolu de l'épouser, pourvu que j'y trouve quelque bien.
CLEANTE.
Hé!
HARPAGON.
Comment?
CLEANTE.
Vous êtes résolu, dites-vous....
HARPAGON.
D'épouser Mariane.
CLEANTE.
Qui? Vous, vous?

---

* *Le bien n'est pas considérable*, pour dire *n'est pas à considérer*, ne se diroit plus.

ACTE I. SCÈNE VI.

HARPAGON.

Oui, moi, moi, moi. Que veut dire cela?

CLEANTE.

Il m'a pris tout-à-coup un éblouissement, et je me retire d'ici.

HARPAGON.

Cela ne sera rien. Allez vîte boire dans la cuisine un grand verre d'eau claire.

SCÈNE VI.

HARPAGON, ÉLISE.

HARPAGON.

Voilà de mes damoiseaux fluets, qui n'ont non plus de vigueur que des poules. C'est-là, ma fille, ce que j'ai résolu pour moi. Quant à ton frère, je lui destine une certaine veuve dont ce matin on m'est venu parler; et pour toi, je te donne au seigneur Anselme.

ELISE.

Au seigneur Anselme?

HARPAGON.

Oui, un homme mûr, prudent et sage, qui n'a pas plus de cinquante ans, et dont on vante les grands biens.

ELISE *faisant la révérence.*

Je ne veux point me marier, mon père, s'il vous plaît.

HARPAGON *contrefaisant Elise.*

Et moi, ma petite fille, ma mie, je veux que vous vous mariiez, s'il vous plaît.

ELISE *faisant encore la révérence.*

Je vous demande pardon, mon père.

HARPAGON *contrefaisant Elise.*

Je vous demande pardon, ma fille.

ELISE.

Je suis très-humble servante au seigneur Anselme; mais, (*faisant encore la révérence*) avec votre permission, je ne l'épouserai point.

HARPAGON.

Je suis votre très-humble valet; mais, (*contrefaisant Elise*) avec votre permission, vous l'épouserez dès ce soir.

ELISE.
Dès ce soir ?
HARPAGON.
Dès ce soir.
ELISE *faisant encore la révérence.*
Cela ne sera pas, mon père.
HARPAGON *contrefaisant encore Elise.*
Cela sera, ma fille.
ELISE.
Non.
HARPAGON.
Si.
ELISE.
Non, vous dis-je.
HARPAGON.
Si, vous dis-je.
ELISE.
C'est une chose où vous ne me réduirez point.
HARPAGON.
C'est une chose où je te réduirai.
ELISE.
Je me tuerai plutôt que d'épouser un tel mari.
HARPAGON.
Tu ne te tueras point, et tu l'épouseras. Mais voyez quelle audace ! A-t-on jamais vu une fille parler de la sorte à son père ?
ELISE.
Mais a-t-on jamais vu un père marier sa fille de la sorte ?
HARPAGON.
C'est un parti où il n'y a rien à redire ; et je gage que tout le monde approuvera mon choix.
ELISE.
Et moi, je gage qu'il ne sauroit être approuvé d'aucune personne raisonnable.
HARPAGON *apercevant Valère de loin.*
Voilà Valère. Veux-tu qu'entre nous deux nous le fassions juge de cette affaire ?
ELISE.
J'y consens.

ACTE I. SCÈNE VII.

HARPAGON.

Te rendras-tu à son jugement ?

ELISE.

Oui ; j'en passerai par ce qu'il dira.

HARPAGON.

Voilà qui est fait.

SCÈNE VII *.

VALÈRE, HARPAGON, ÉLISE.

Ici, Valère. Nous t'avons élu pour nous dire qui a raison, de ma fille ou de moi.

VALÈRE.

C'est vous, monsieur, sans contredit.

HARPAGON.

Sais-tu bien de quoi nous parlons ?

* Cette scène excellente, où le mot *sans dot* fait un effet si comique, est comptée au nombre de celles que Molière devoit à Plaute 1; mais cela est vu bien légèrement. En effet, on ne trouve chez le poëte latin qu'une simple assurance de *Mégadore* de prendre la fille d'*Euclion* sans dot. Je n'ai pas de dot à donner à ma fille, dit l'Avare : *Nihil est dotis quod dem*. Ne lui en donnez point, répond *Mégadore* : une fille est assez riche quand elle est sage. *Ne duis : dummodò morata rectè veniat, dotata est satis*. Et plus bas, *Euclion* dit encore à *Mégadore*, souvenez-vous que vous êtes convenu de la prendre sans dot : *Illud facito ut memineris convenisse, ut ne quid dotis mea ad te afferat filia*. Si l'on se rappelle le parti que Molière a tiré du mot *sans dot*, on verra qu'à cet égard encore il doit peu de chose à son modèle.

On pourroit croire, dit Ménage, que la plaisante répétition de *sans dot* est tirée de ce vers de l'Illiade :

Ἥ τεε Πρίαμοιο θυγατρῶν εἶδος ἀρίστευ
Κασσανδραν ἀεδνον.

Mais, ajoute-t-il, il y a plus d'apparence que c'est de *la Sporta* du *Gelli*, dans laquelle *Chirigoro*, père de *Fiammetta*, scène 1, acte 3, en use de même. Nous avons lu cette scène, qui n'est qu'une pure traduction de celle de Plaute, et où la plaisanterie du mot *sans dot* n'est qu'effleurée.

1 *Voyez* les Mémoires sur la vie et les ouvrages de Molière.

L'AVARE.

VALÈRE.

Non. Mais vous ne sauriez avoir tort, et vous êtes toute raison.

HARPAGON.

Je veux ce soir lui donner pour époux un homme aussi riche que sage; et la coquine me dit au nez qu'elle se moque de le prendre. Que dis-tu de cela?

VALÈRE.

Ce que j'en dis?

HARPAGON.

Oui.

VALÈRE.

Hé hé!

HARPAGON.

Quoi?

VALÈRE.

Je dis que, dans le fond, je suis de votre sentiment, et vous ne pouvez pas que vous ayez raison. Mais aussi n'a-t-elle pas tort tout-à-fait; et...

HARPAGON.

Comment? Le seigneur Anselme est un parti considérable; c'est un gentilhomme qui est noble, doux, posé, sage et fort accommodé; et auquel il ne reste aucun enfant de son premier mariage. Sauroit-elle mieux rencontrer?

VALÈRE.

Cela est vrai. Mais elle pourroit vous dire que c'est un peu précipiter les choses, et qu'il faudroit au moins quelque tems pour voir si son inclination pourroit s'accorder avec...

HARPAGON.

C'est une occasion qu'il faut prendre vîte au cheveux. Je trouve ici un avantage qu'ailleurs je ne trouverois pas; et il s'engage à la prendre sans dot.

VALÈRE.

Sans dot?

HARPAGON.

Oui.

VALÈRE.

Ah! je ne dis plus rien Voyez-vous? Voilà une raison tout-à-fait convaincante; il se faut rendre à cela.

ACTE I. SCÈNE VII.

HARPAGON.
C'est pour moi une épargne considérable.

VALÈRE.
Assurément ; cela ne reçoit pas de contradiction. Il est vrai que votre fille vous peut représenter que le mariage est une plus grande affaire qu'on ne peut croire ; qu'il y va d'être heureux ou malheureux toute sa vie ; et qu'un engagement qui doit durer jusqu'à la mort, ne se doit jamais faire qu'avec de grandes précautions.

HARPAGON.
Sans dot.

VALÈRE.
Vous avez raison : voilà qui décide tout ; cela s'entend. Il y a des gens qui pourroient vous dire qu'en de telles occasions, l'inclination d'une fille est une chose sans doute, où l'on doit avoir de l'égard ; et que cette grande inégalité d'âge, d'humeur et de sentimens, rend un mariage sujet à des accidens très-fâcheux.

HARPAGON.
Sans dot.

VALÈRE.
Ah ! il n'y a pas de réplique à cela, on le sait bien. Qui diantre peut aller là-contre ? Ce n'est pas qu'il n'y ait quantité de pères qui aimeroient mieux ménager la satisfaction de leurs filles, que l'argent qu'ils pourroient donner ; qui ne les voudroient point sacrifier à l'intérêt, et chercheroient plus que toute autre chose, à mettre dans un mariage cette douce conformité qui, sans cesse, y maintient l'honneur, la tranquillité et la joie ; et que...

HARPAGON.
Sans dot.

VALÈRE.
Il est vrai : cela ferme la bouche à tout. Sans dot ! Le moyen de résister à une raison comme celle-là ?

HARPAGON *à part, regardant du côté du jardin.*
Ouais ! il me semble que j'entends un chien qui aboie. N'est-ce point qu'on en voudroit à mon argent ?
(*à Valère.*)
Ne bougez : je reviens tout-à-l'heure.

SCÈNE VIII.
ÉLISE, VALÈRE.

ELISE.
Vous moquez-vous, Valère, de lui parler comme vous faites?

VALÈRE.
C'est pour ne point l'aigrir, et pour en venir mieux à bout. Heurter de front ses sentimens, est le moyen de tout gâter; et il y a de certains esprits qu'il ne faut prendre qu'en biaisant, des tempéramens ennemis de toute résistance, des naturels rétifs que la vérité fait cabrer, qui toujours se roidissent contre le droit chemin de la raison *, et qu'on ne mène qu'en tournant où l'on veut les conduire. Faites semblant de consentir à ce qu'il veut; vous en viendrez mieux à vos fins; et...

ELISE.
Mais ce mariage, Valère?

VALÈRE.
On cherchera des biais pour le rompre.

ELISE.
Mais quelle invention trouver, s'il se doit conclure ce soir?

VALÈRE.
Il faut demander un délai, et feindre quelque maladie.

ELISE.
Mais on découvrira la feinte, si on appelle des médecins.

VALÈRE.
Vous moquez-vous? Y connoissent-ils quelque chose? Allez, allez, vous pourrez avec eux avoir quel mal il vous plaira; ils vous trouveront des raisons pour vous dire d'où cela vient.

SCÈNE IX.
HARPAGON, ÉLISE, VALÈRE.

HARPAGON, *à part dans le fond du théâtre.*
Ce n'est rien, Dieu merci.

VALÈRE, *sans voir Harpagon.*
Enfin, notre dernier recours, c'est que la fuite nous peut

---

* *Se roidissent contre le droit chemin de la raison.* Quelques-uns ont trouvé cette expression forcée.

mettre à couvert de tout ; si votre amour, belle Elise, est capable d'une fermeté.... (*apercevant Harpagon.*) Oui, il faut qu'une fille obéisse à son père. Il ne faut point qu'elle regarde comme un mari est fait ; et lorsque la grande raison de *sans dot* s'y rencontre, elle doit être prête à prendre tout ce qu'on lui donne.

HARPAGON.

Bon ; voilà bien parler cela !

VALÈRE.

Monsieur, je vous demande pardon si je m'emporte un peu, et prends la hardiesse de lui parler comme je fais.

HARPAGON.

Comment ! j'en suis ravi, et je veux que tu prennes sur elle un pouvoir absolu. (*à Élise.*) Oui, tu as beau fuir : je lui donne l'autorité que le ciel me donne sur toi, et j'entends que tu fasses tout ce qu'il te dira.

VALÈRE à *Élise.*

Après cela, résistez à mes remontrances.

SCÈNE X.

HARPAGON, VALÈRE.

VALÈRE.

Monsieur, je vais la suivre, pour lui continuer les leçons que je lui faisois.

HARPAGON.

Oui : tu m'obligeras, certes.

VALÈRE.

Il est bon de lui tenir un peu la bride haute.

HARPAGON.

Cela est vrai. Il faut....

VALÈRE.

Ne vous mettez pas en peine. Je crois que j'en viendrai à bout.

HARPAGON.

Fais, fais. Je m'en vais faire un petit tour en ville, et reviens tout-à-l'heure.

VALÈRE *adressant la parole à Élise, en s'en allant du côté par où elle est sortie.*

Oui, l'argent est plus précieux que toutes les choses du

monde, et vous devez rendre graces au ciel de l'honnête homme de père qu'il vous a donné. Il sait ce que c'est que de vivre. Lorsqu'on s'offre de prendre une fille sans dot, on ne doit point regarder plus avant. Tout est renfermé là-dedans ; et sans dot tient lieu de beauté, de jeunesse, de naissance, d'honneur, de sagesse, de probité.

HARPAGON.

Ah ! le brave garçon ! Voilà parler comme un oracle. Heureux qui peut avoir un domestique de la sorte !

ACTE II.

SCÈNE I.

CLÉANTE, LA FLÈCHE.

CLÉANTE.

Ah ! traître que tu es, où t'es-tu donc allé fourrer ? Ne t'avois-je pas donné ordre....

LA FLÈCHE.

Oui, monsieur. Je m'étois rendu ici pour vous attendre de pied ferme ; mais monsieur votre père, le plus mal gracieux des hommes, m'a chassé dehors * malgré moi, et j'ai couru risque d'être battu.

CLÉANTE **.

Comment va notre affaire ? Les choses pressent plus que ja-

---

* *M'a chassé dehors.* Quelques-uns ont trouvé un pléonasme dans *m'a chassé dehors.*

** M. Riccoboni trouve dans une pièce italienne, intitulée : *Il Dottor Bacchetone* 1, ou le Docteur Dévot, une scène qu'il

1 Voyez dans l'avertissement du *Tartufe* ce qu'on a dit de

mais. Depuis que je t'ai vu, j'ai découvert que mon père est mon rival.

regarde comme l'original de celle-ci : *Pantalon ayant besoin d'argent, s'adresse au Docteur qui, après avoir pris sa vaisselle en gage, ne lui donne que les deux tiers de la somme dont ils sont convenus, et lui fait voir une liste ridicule des choses qu'il doit lui donner pour l'autre tiers : ce sont de vieux meubles, de vieilles hardes, et d'autres choses extravagantes, telles que la barbe d'Aristote, la ceinture de Vulcain, etc.*

Avec une plus grande connoissance de notre théâtre, M. Riccoboni auroit vu que la *Belle Plaideuse*, mauvaise comédie de Boisrobert, jouée en 1654, avoit fourni à Molière le canevas de ces scènes plaisantes. Ergaste, amoureux de la Plaideuse, a fait chercher pour elle l'argent nécessaire à l'aliment de son procès; un notaire lui annonce l'usurier qui doit lui faire le prêt : *Il sort de mon étude*, dit-il; *parlez-lui.*

ERGASTE.

. . . Quoi ! c'est là celui qui fait le prêt ?

BARQUET.

Oui, monsieur....

AMIDOR.

Quoi ! c'est là ce payeur d'intérêt ?
Quoi ! c'est donc toi, méchant, filou, traître, potence ?
C'est en vain que ton œil évite ma présence.
Je t'ai vu.

ERGASTE.

Qui doit être enfin le plus honteux,
Mon père, et qui paroît le plus sot de nous deux ? etc.

Philippin, valet d'Ergaste, lui trouve un autre usurier. *A votre père il feroit des leçons*, dit-il à son maître.

Il veut bien nous fournir les quinze mille francs;
Mais, monsieur, les deniers ne sont pas tous comptans.
. . . .
Encor qu'au denier douze il prête cette somme
Sur bonne caution, il n'a que mille écus
Qu'il donne argent comptant.

ERGASTE.

Où donc est le surplus ?

PHILIPPIN.

Je ne sais si je dois vous le conter sans rire.

cette farce du *Dottor Bacchetone*, regardée jusqu'à présent comme l'original de l'*Imposteur*, et qu'on a démontré être postérieure aux ouvrages de Molière; tant il faut se défier de nos écrivains d'anecdotes et de recherches littéraires !

LA FLÈCHE.
Votre père amoureux?
CLÉANTE.
Oui ; et j'ai eu toutes les peines du monde à lui cacher le trouble où cette nouvelle m'a mis.
LA FLÈCHE.
Lui, se mêler d'aimer! De quoi diable s'avise-t-il? Se moque-t-il du monde, et l'amour a-t-il été fait pour des gens bâtis comme lui?
CLÉANTE.
Il a fallu, pour mes péchés, que cette passion lui soit venue en tête.
LA FLÈCHE.
Mais par quelle raison lui faire un mystère de votre amour?
CLÉANTE.
Pour lui donner moins de soupçon, et me conserver au besoin des ouvertures plus aisées pour détourner ce mariage. Quelle réponse t'a-t-on fait * ?
LA FLÈCHE.
Ma foi, monsieur, ceux qui empruntent sont bien malheureux ; et il faut essuyer d'étranges choses, lorsqu'on est réduit à passer, comme vous, par les mains des Fesses-Matthieux.
CLÉANTE.
L'affaire ne se fera point?

> Il dit que du Cap Verd il lui vient un navire,
> Et fournit le surplus de la somme en guenons,
> En fort beaux perroquets, en douze gros canons,
> Moitié fer, moitié fonte, et qu'on vend à la livre ; etc.

Il n'y a point de doute que Molière ne se soit approprié la situation précédente et la plaisanterie de ce détail. Sûr d'embellir ce qu'il empruntoit, il ne s'en faisoit aucun scrupule ; c'étoit également travailler au progrès de la scène française, puisque de pareilles beautés auroient été perdues pour elle, dès qu'elles se trouvoient dans des ouvrages consacrés à l'oubli. Le plagiat consiste dans le mystère qu'on en fait, et plus encore à dérober sans fruit.

* *Quelle réponse t'a-t-on fait?* D'autres éditions portent *faite*, comme cela doit être.

ACTE II. SCÈNE I.

LA FLÈCHE.

Pardonnez-moi. Votre Maître Simon, le courtier qu'on nous a donné, homme agissant et plein de zèle, dit qu'il a fait rage pour vous, et il assure que votre seule physionomie lui a gagné le cœur.

CLÉANTE.

J'aurai les quinze mille francs que je demande?

LA FLÈCHE.

Oui; mais à quelques petites conditions qu'il faudra que vous acceptiez, si vous avez dessein que les choses se fassent.

CLÉANTE.

T'a-t-il fait parler à celui qui doit prêter l'argent?

LA FLÈCHE.

Ah! vraiment, cela ne va pas de la sorte. Il apporte encore plus de soin de se cacher que vous, et ce sont des mystères bien plus grands que vous ne pensez. On ne veut point du tout dire son nom, et l'on doit aujourd'hui l'aboucher avec vous dans une maison empruntée, pour être instruit par votre bouche de votre bien et de votre famille; et je ne doute point que le seul nom de votre père ne rende les choses faciles.

CLÉANTE.

Et principalement ma mère étant morte, dont on ne peut m'ôter le bien.

LA FLÈCHE.

Voici quelques articles qu'il a dictés lui-même à notre entremetteur, pour vous être montrés avant que de rien faire.

Supposé que le prêteur voye toutes ses sûretés, et que l'emprunteur soit majeur, et d'une famille où le bien soit ample, solide, assuré, clair, et net de tout embarras, on fera une bonne et exacte obligation par-devant un notaire, le plus honnête homme qu'il se pourra, et qui, pour cet effet, sera choisi par le prêteur, auquel il importe le plus que l'acte soit dûment dressé.

CLÉANTE.

Il n'y a rien à dire à cela.

LA FLÈCHE.

Le prêteur, pour ne charger sa conscience d'aucun scrupule, prétend ne donner son argent qu'au denier dix-huit.

CLÉANTE.

Au denier dix-huit? Parbleu! voilà qui est honnête. Il n'y a pas lieu de se plaindre.

LA FLÈCHE.

Cela est vrai.

Mais comme ledit prêteur n'a pas chez lui la somme dont il est question, et que, pour faire plaisir à l'emprunteur, il est contraint lui-même de l'emprunter d'un autre sur le pied du denier cinq, il conviendra que ledit premier emprunteur paye cet intérêt, sans préjudice du reste, attendu que ce n'est que pour l'obliger que ledit prêteur s'engage à cet emprunt.

CLEANTE.

Comment, diable! quel Juif! Quel Arabe est-ce-là? C'est plus qu'au denier quatre.

LA FLÈCHE.

Il est vrai; c'est ce que j'ai dit. Vous avez à voir là-dessus.

CLEANTE.

Que veux-tu que je voye? J'ai besoin d'argent, et il faut que je consente à tout.

LA FLÈCHE.

C'est la réponse que j'ai faite.

CLEANTE.

Il y a encore quelque chose?

LA FLÈCHE.

Ce n'est plus qu'un petit article.

Des quinze mille francs qu'on demande, le prêteur ne pourra compter en argent que douze mille livres; et pour les mille écus restans, il faudra que l'emprunteur prenne les hardes, nippes, bijoux dont s'ensuit le mémoire, et que ledit prêteur a mis, de bonne-foi, au plus modique prix qu'il lui a été possible.

CLEANTE.

Que veut dire cela?

LA FLÈCHE.

Ecoutez le mémoire.

Premièrement, un lit de quatre pieds, à bandes de point de Hongrie, appliquées fort proprement sur un drap de couleur d'olive, avec six chaises et la courte-pointe de même: le tout bien conditionné, et doublé d'un petit taffetas changeant rouge et bleu.

Plus, un pavillon à queue, d'une bonne serge d'Aumale rose sèche, avec le molet et les franges de soie.

CLEANTE.

Que veut-il que je fasse de cela?

ACTE II. SCÈNE I.
LA FLÈCHE.
Attendez.

Plus, une tenture de tapisserie des amours de Gombaud et de Macé.

Plus, une grande table de bois de noyer, à douze colonnes ou piliers tournés, qui se tire par les deux bouts, et garnie par le dessous de ses six escabelles.

CLEANTE.
Qu'ai-je affaire, morbleu ?...
LA. FLÈCHE.
Donnez-vous patience.

Plus, trois grands mousquets tout garnis de nacre de perle, avec les fourchettes assortissantes.

Plus, un fourneau de brique, avec deux cornues et trois récipiens, fort utiles pour ceux qui sont curieux de distiller.

CLEANTE.
J'enrage.
LA FLÈCHE.
Doucement.

Plus, un luth de Bologne, garni de toutes ses cordes, ou peu s'en faut.

Plus, un trou-madame et un damier, avec un jeu de l'oie, renouvellé des Grecs, fort propre à passer le tems lorsque l'on n'a que faire.

Plus, une peau de lézard de trois pieds et demi, remplie de foin : curiosité agréable pour pendre au plancher d'une chambre.

Le tout ci-dessus mentionné, valant loyalement plus de quatre mille cinq cents livres, et rabaissé à la valeur de mille écus, par la discrétion du prêteur.

CLEANTE.
Que la peste l'étouffe, avec sa discrétion, le traître, le bourreau qu'il est ! A-t-on jamais parlé d'une usure semblable ? et n'est-il pas content du furieux intérêt qu'il exige, sans vouloir encore m'obliger à prendre pour trois mille livres les vieux rogatons qu'il ramasse ? Je n'aurai pas deux cents écus de tout cela ; et cependant il faut bien me résoudre à consentir à ce qu'il veut, car il est en état de me faire tout accepter, et il me tient, le scélérat, le poignard sur la gorge.
LA FLÈCHE.
Je vous vois, monsieur, ne vous en déplaise, dans le grand

chemin justement que tenoit Panurge pour se ruiner, prenant argent d'avance, achetant cher, vendant à bon marché, et mangeant son bled en herbe.

CLÉANTE.

Que veux-tu que j'y fasse ? Voilà où les jeunes gens sont réduits par la maudite avarice des pères; et on s'étonne, après cela, que les fils souhaitent qu'ils meurent !

LA FLÈCHE.

Il faut avouer que le vôtre animeroit contre sa vilainie le plus posé homme du monde *. Je n'ai pas, Dieu merci, les inclinations fort patibulaires ; et, parmi mes confrères que je vois se mêler de beaucoup de petits commerces, je sais tirer adroitement mon épingle du jeu, et me démêler prudemment de toutes les galanteries qui sentent tant soit peu l'échelle : mais, à vous dire vrai, il me donneroit, par ses procédés, des tentations de le voler, et je croirois en le volant, faire une action méritoire.

CLÉANTE.

Donne-moi un peu ce mémoire, que je le voye encore.

SCÈNE II.

HARPAGON, M.ᵉ SIMON, CLÉANTE et LA FLÈCHE dans le fond du théâtre.

M.ᵉ SIMON.

Oui, monsieur, c'est un jeune homme qui a besoin d'argent ; ses affaires le pressent d'en trouver, et il en passera par tout ce que vous prescrirez.

HARPAGON.

Mais croyez-vous, Maître Simon, qu'il n'y ait rien à péricliter **, et savez-vous le nom, les biens et la famille de celui pour qui vous parlez ?

M.ᵉ SIMON.

Non. Je ne puis pas bien vous en instruire à fond ; et ce n'est

* *Le plus posé homme du monde*, ne se diroit plus, à cause de la dureté, et parce qu'on ne diroit pas *un posé homme*.

** *Qu'il n'y ait rien à péricliter. Péricliter* est neutre, et non actif.

ACTE II. SCÈNE II.

que par aventure que l'on m'a adressé à lui : mais vous serez de toutes choses éclairci par lui-même, et son homme m'a assuré que vous serez content quand vous le connoîtrez. Tout ce que je saurois vous dire, c'est que sa famille est fort riche, qu'il n'a plus de mère déjà, et qu'il s'obligera, si vous voulez, que son père mourra avant qu'il soit huit mois.

HARPAGON.

C'est quelque chose que cela. La charité, Maître Simon, nous oblige à faire plaisir aux personnes, lorsque nous le pouvons.

M.e SIMON.

Cela s'entend.

LA FLECHE *bas à Cléante, reconnoissant M.e Simon.*

Que veut dire ceci ? Notre Maître Simon qui parle à votre père !

CLEANTE *bas à la Flèche.*

Lui auroit-on appris qui je suis, et serois-tu pour me trahir ?

M.e SIMON *à la Flèche.*

Ah, ah ! Vous êtes bien pressé ! Qui vous a dit que c'étoit céans ? (*à Harpagon.*) Ce n'est pas moi, monsieur, au moins, qui leur ai découvert votre nom et votre logis ; mais, à mon avis, il n'y a pas grand mal à cela ; ce sont des personnes discrètes, et vous pouvez ici vous expliquer ensemble.

HARPAGON.

Comment ?

M.e SIMON *montrant Cléante.*

Monsieur est la personne qui veut vous emprunter les quinze mille livres dont je vous ai parlé.

HARPAGON.

Comment, pendard ! c'est toi qui t'abandonnes à ces coupables extrémités ?

CLÉANTE.

Comment, mon père ! c'est vous qui vous portez à ces honteuses actions ?

(*M.e Simon s'enfuit, et la Flèche va se cacher.*)

L'AVARE.

SCÈNE III.

HARPAGON, CLÉANTE.

HARPAGON.

C'est toi qui te veux ruiner par des emprunts si condamnables ?

CLÉANTE.

C'est vous qui cherchez à vous enrichir par des usures si criminelles ?

HARPAGON.

Oses-tu bien, après cela, paroître devant moi ?

CLÉANTE.

Osez-vous bien, après cela, vous présenter aux yeux du monde ?

HARPAGON.

N'as-tu point de honte, dis-moi, d'en venir à ces débauches-là, de te précipiter dans des dépenses effroyables, et de faire une honteuse dissipation du bien que tes parens t'ont amassé avec tant de sueurs ?

CLÉANTE.

Ne rougissez-vous point de déshonorer votre condition par les commerces que vous faites, de sacrifier gloire et réputation au desir insatiable d'entasser écu sur écu, et de renchérir, en fait d'intérêt, sur les plus infâmes subtilités qu'ayent jamais inventées les plus célèbres usuriers ?

HARPAGON.

Ote-toi de mes yeux, coquin ; ôte-toi de mes yeux.

CLÉANTE.

Qui est plus criminel, à votre avis, ou celui qui achète un argent dont il a besoin, ou bien celui qui vole un argent dont il n'a que faire ?

HARPAGON.

Retire-toi, te dis-je, et ne m'échauffe pas les oreilles.

(*seul.*)

Je ne suis pas fâché de cette aventure ; et ce m'est un avis de tenir l'œil plus que jamais sur toutes ses actions.

SCÈNE IV.

FROSINE, HARPAGON.

FROSINE.

Monsieur....

HARPAGON.

Attendez un moment : je vais revenir vous parler.
(*à part.*)
Il est à propos que je fasse un petit tour à mon argent.

SCÈNE V.

LA FLECHE, FROSINE.

LA FLECHE, *sans voir Frosine.*

L'aventure est tout-à-fait drôle. Il faut bien qu'il ait quelque part un ample magasin de hardes ; car nous n'avons rien reconnu au mémoire que nous avons.

FROSINE.

Hé ! c'est toi, mon pauvre la Flèche ! D'où vient cette rencontre ?

LA FLECHE.

Ah, ah ! c'est toi, Frosine ! Que viens-tu faire ici ?

FROSINE.

Ce que je fais partout ailleurs : m'entremettre d'affaires, me rendre serviable aux gens, et profiter, du mieux qu'il m'est possible, des petits talens que je puis avoir. Tu sais que, dans ce monde, il faut vivre d'adresse, et qu'aux personnes comme moi, le ciel n'a donné d'autres rentes que l'intrigue et l'industrie.

LA FLECHE.

As-tu quelque négoce avec le patron du logis ?

FROSINE.

Oui. Je traite pour lui quelque petite affaire, dont j'espère une récompense.

LA FLECHE.

De lui ? Ah ! ma foi, tu seras bien fine, si tu en tires quelque chose ; et je te donne avis que l'argent céans est fort cher.

FROSINE.

Il y a certains services qui touchent merveilleusement.

LA FLECHE.

Je suis votre valet; et tu ne connois pas encore le seigneur Harpagon. Le seigneur Harpagon est, de tous les humains, l'humain le moins humain; le mortel, de tous les mortels le plus dur et le plus serré. Il n'est point de service qui pousse sa reconnoissance jusqu'à lui faire ouvrir les mains. De la louange, de l'estime, de la bienveillance en paroles, et de l'amitié, tant qu'il vous plaira; mais de l'argent, point d'affaires. Il n'est rien de plus sec et de plus aride que ses bonnes graces et ses caresses, et *donner* est un mot pour qui * il a tant d'aversion, qu'il ne dit jamais, *je vous donne*, mais *je vous prête le bonjour* **.

FROSINE.

Mon Dieu, je sais l'art de traire les hommes ***; j'ai le secret de m'ouvrir leur tendresse ****, de chatouiller leurs cœurs, de trouver les endroits par où ils sont sensibles.

LA FLECHE.

Bagatelle ici. Je te défie d'attendrir, du côté de l'argent, l'homme dont il est question. Il est Turc là-dessus, mais d'une turquerie à désespérer tout le monde; et l'on pourroit crever, qu'il n'en branleroit pas. En un mot, il aime l'argent plus que réputation, qu'honneur et que vertu; et la vue d'un demandeur lui donne des convulsions: c'est le frapper par son endroit mortel; c'est lui percer le cœur; c'est lui arracher les entrailles; et si.... Mais il revient; je me retire.

* *Est un mot pour qui.* L'usage demande *pour lequel.*

** *Donner est un mot pour qui il a tant d'aversion, qu'il ne dit jamais je vous donne, mais je vous prête le bonjour.* Ce trait est bien supérieur à celui de Plaute, qui avoit dit, si tu lui demandois la famine il ne te la donneroit pas : *Famem hercle utendam si roges, nunquam dabit.*

*** *Mon Dieu, je sais l'art de traire les hommes.* M. de Voltaire a regardé cette expression comme un des mots grossiers qu'il avoit vus dans l'*Avare*, et qu'il met à côté des *saletés* de Plaute. C'est peut-être avoir poussé la délicatesse et la comparaison un peu loin.

**** *M'ouvrir leur tendresse.* On ne dit pas *s'ouvrir la tendresse de quelqu'un.*

ACTE II. SCÈNE VI.
SCÈNE VI *.
HARPAGON, FROSINE.
HARPAGON.
(bas.)   (haut.)
Tout va comme il faut. Hé bien ! qu'est-ce, Frosine ?

* L'étude suivie qu'a faite M. Riccoboni des ressemblances des scènes de l'*Avare* avec quelques scènes italiennes, lui a fait trouver dans celle-ci des rapports avec une scène d'Arlequin, dévaliseur de maisons. *Scapin, dit-il, fait accroire à Pantalon que sa maîtresse est amoureuse de lui à la folie ; il lui rend compte des éloges et de l'estime qu'elle fait de la vieillesse ; et Pantalon, à chaque mot que lui dit Scapin, lui donne des poignées d'argent.* Comment a-t-on aperçu dans ce canevas la scène charmante de Frosine et d'Harpagon qui, fort attentif à ce qu'on lui dit de Mariane, ferme impitoyablement l'oreille aux besoins de l'adroite Frosine ?

Ce que nous observons ici, c'est que le jeu comique de l'*Avare* et de l'*Intrigante* demanderoit de la part des deux acteurs des talens et un concert plus exact que celui qu'on y emploie ordinairement. Cette situation, vraiment plaisante, est une de celles qui font aujourd'hui le moins d'effet. Molière en général a été joué parmi nous avec trop de négligence. Nous l'avons vu long-tems abandonné aux talens les plus médiocres, et réservé pour ces jours consacrés par le bon ton à d'autres plaisirs.

Il est étonnant que M. Riccoboni ne nous ait pas plutôt révélé une ressemblance plus sûre du commencement de cette scène, avec la scène deuxième du premier acte d'une comédie de l'*Arioste*, qui a pour titre *Gli suppositi*. Voici le morceau que Molière a presque traduit.

PASIFILO.
Non sete voi Giovane ?
CLEANDRO.
Sono ne' cinquant' anni.
. . . .

. . . .
PASIFILO.
. . . . Non mostrate al' aria
Passar trenta sette anni. . . .
CLEANDRO.
. . . . Sono al termine
Pur ch' io ti dico. . . . .

L'AVARE.

FROSINE.

Ah! mon Dieu, que vous vous portez bien, et que vous avez là un vrai visage de santé!

HARPAGON.

Qui, moi?

FROSINE.

Jamais je ne vous vis un teint si frais et si gaillard.

HARPAGON.

Tout de bon?

FROSINE.

Comment! vous n'avez de votre vie été si jeune que vous êtes, et je vois des gens de vingt-cinq ans qui sont plus vieux que vous.

HARPAGON.

Cependant, Frosine, j'en ai soixante bien comptés.

FROSINE.

Hé bien! qu'est-ce que cela, soixante ans? Voilà bien de quoi!... c'est la fleur de l'âge, cela; et vous entrez maintenant dans la belle saison de l'homme.

HARPAGON.

Il est vrai; mais vingt années de moins, pourtant, ne me feroient point de mal, que je crois.

FROSINE.

Vous moquez-vous? Vous n'avez pas besoin de cela, et vous êtes d'une pâte à vivre jusqu'à cent ans.

HARPAGON.

Tu le crois?

PASIFILO.

. . . . Voi passerete il centesimo,
Mostrate mi la man. . . . .

CLEANDRO.

. . . . Sei tu, Pasifilo,
Buon chiromante?

PASIFILO.

Iò ci hò pur qualche pratica. Deh, lasciatemi un po vedervela.

CLEANDRO.

Eccola.

PASIFILO.

Oh! che bella, che longua e netta linea? non vidi mai miglior....

ACTE II. SCÈNE VI.

FROSINE.

Assurément. Vous en avez toutes les marques. Tenez-vous un peu. Oh ! que voila bien, entre vos deux yeux, un signe de longue vie !

HARPAGON.

Tu te connois à cela ?

FROSINE.

Sans doute. Montrez-moi votre main. Ah ! mon Dieu, quelle ligne de vie !

HARPAGON.

Comment ?

FROSINE.

Ne voyez-vous pas jusqu'où va cette ligne-là ?

HARPAGON.

Hé bien ! qu'est-ce que cela veut dire ?

FROSINE.

Par ma foi, je disois cent ans ; mais vous passerez les six-vingts.

HARPAGON.

Est-il possible ?

FROSINE.

Il faudra vous assommer, vous dis-je ; et vous mettrez en terre et vos enfans, et les enfans de vos enfans.

HARPAGON.

Tant mieux ! Comment va notre affaire ?

FROSINE.

Faut-il le demander ? et me voit-on mêler de rien dont je ne vienne à bout ? J'ai, surtout pour les mariages, un talent merveilleux. Il n'est point de partis au monde que je ne trouve en peu de tems le moyen d'accoupler ; et je crois, si je me l'étois mis en tête, que je marierois le Grand-Turc avec la république de Venise *. Il n'y avoit pas, sans doute, de si gran-

---

* *Je crois, si je me l'étois mis en tête, que je marierois le Grand Turc avec la république de Venise.* Voilà encore un de ces traits que M. de Voltaire traite de grossièretés de style. C'étoit une plaisanterie tirée de Rabelais, liv. 3, chap. 39 : *Et te dis Dandin, mon joli fils, que par cette méthode je pourvois paix mettre, ou trève pour le moins, entre le grand Roi et les Vénitiens* ; mais il faut convenir qu'il est plus naturel *de mettre la paix entre le Grand Turc et la République*, que de les marier.

des difficultés à cette affaire-ci. Comme j'ai commerce chez elles, je les ai à fond l'une et l'autre entretenues de vous; et j'ai dit à la mère le dessein que vous aviez conçu pour Mariane, à la voir passer dans la rue, et prendre l'air à sa fenêtre.

HARPAGON.

Qui a fait réponse?..

FROSINE.

Elle a reçu la proposition avec joie; et quand je lui ai témoigné que vous souhaitiez fort que sa fille assistât ce soir au contrat de mariage qui se doit faire de la vôtre, elle y a consenti sans peine, et me l'a confiée pour cela.

HARPAGON.

C'est que je suis obligé, Frosine, de donner à souper au seigneur Anselme, et je serai bien aise qu'elle soit du régal.

FROSINE.

Vous avez raison. Elle doit, après dîner, rendre visite à votre fille, d'où elle fait son compte d'aller faire un tour à la foire, pour venir ensuite au souper.

HARPAGON.

Hé bien! elles iront ensemble dans mon carrosse, que je leur prêterai.

FROSINE.

Voilà justement son affaire.

HARPAGON.

Mais, Frosine, as-tu entretenu la mère touchant le bien qu'elle peut donner à sa fille? Lui as-tu dit qu'il falloit qu'elle s'aidât un peu, qu'elle fît quelque effort, qu'elle se saignât pour une occasion comme celle-ci? Car encore n'épouse-t-on point une fille sans qu'elle apporte quelque chose.

FROSINE.

Comment! c'est une fille qui vous apportera douze mille livres de rente.

HARPAGON.

Douze mille livres de rente!

FROSINE.

Oui. Premièrement, elle est nourrie et élevée dans une grande épargne de bouche. C'est une fille accoutumée à vivre de salade, de lait, de fromage et de pommes, et à laquelle, par conséquent, il ne faudra ni table bien servie, ni consommés exquis, ni orges mondés perpétuels, ni les autres délicatesses qu'il faudroit pour une autre femme ; et cela ne va pas à si peu de chose, qu'il * ne monte bien, tous les ans, à trois mille francs pour le moins. Outre cela, elle n'est curieuse que d'une propreté fort simple, et n'aime point les superbes habits, ni les riches bijoux, ni les meubles somptueux, où donnent ses pareilles avec tant de chaleur ; et cet article-là vaut plus de quatre mille livres par an. De plus, elle a une aversion horrible pour le jeu ; ce qui n'est pas commun aux femmes d'aujourd'hui ; et j'en sais une de nos quartiers qui a perdu, à trente et quarante, vingt mille francs cette année : n'en prenons rien que le quart. Cinq mille francs au jeu par an, quatre mille francs en habits et bijoux, cela fait neuf mille livres ; et mille écus que nous mettons pour la nourriture ; ne voilà-t-il pas par année vos douze mille francs bien comptés ?

HARPAGON.

Oui : cela n'est pas mal ; mais ce compte-là n'a rien de réel **.

FROSINE.

Pardonnez-moi. N'est-ce pas quelque chose de réel, que de vous apporter en mariage une grande sobriété, l'héritage d'un grand amour de simplicité de parure, et l'acquisition d'un grand fonds de haine pour le jeu ?

HARPAGON.

C'est une raillerie que de vouloir me constituer sa dot de

* *Et cela ne va pas à si peu de chose, qu'il ne monte bien.* Quelques-uns ont cru que *il* n'est pas relatif de *cela*.

** Après le détail singulier que fait Frosine à Harpagon des douze mille francs que sa femme lui apportera, l'Avare répond : *Ce compte-là n'est rien de réel.... C'est une raillerie que de vouloir me constituer sa dot de toutes les dépenses qu'elle ne fera point.* Cela rappelle une épigramme de Martial, liv. 9 : *Nil tibi legavit Fabius,* etc. *Fabius ne vous a rien légué, Bithinicus ; ce Fabius à qui vous donniez tous les ans six mille petites sesterces pour être son héritier ? Ne vous plaignez point ; il n'a fait aucun legs plus considérable à personne : il vous laisse par an six mille petites sesterces* 1.

1 Monnaie Rom. qui se marquoit par ces deux lettres H. S.

toutes les dépenses qu'elle ne fera point. Je n'irai pas donner quittance de ce que je ne reçois pas; et il faut bien que je touche quelque chose.

FROSINE.

Mon Dieu! vous toucherez assez; et elles m'ont parlé d'un certain pays où elles ont du bien, dont vous serez le maître.

HARPAGON.

Il faudra voir cela. Mais, Frosine, il y a encore une chose qui m'inquiète. La fille est jeune, comme tu vois; les jeunes gens, d'ordinaire, n'aiment que leurs semblables, et ne cherchent que leur compagnie; j'ai peur qu'un homme de mon âge ne soit pas de son goût, et que cela ne vienne à produire chez moi certains petits désordres qui ne m'accommoderoient pas.

FROSINE.

Ah! que vous la connoissez mal! C'est encore une particularité que j'avois à vous dire. Elle a une aversion épouvantable pour tous les jeunes gens, et n'a de l'amour que pour les vieillards.

HARPAGON.

Elle?

FROSINE.

Oui, elle. Je voudrois que vous l'eussiez entendu parler là-dessus. Elle ne peut souffrir du tout la vue d'un jeune homme; mais elle n'est point plus ravie, dit-elle, que lorsqu'elle peut voir un beau vieillard avec une barbe majestueuse. Les plus vieux sont pour elle les plus charmans; et je vous avertis de n'aller pas vous faire plus jeune que vous êtes. Elle veut tout au moins qu'on soit sexagénaire; et il n'y a pas quatre mois encore, qu'étant près d'être mariée, elle rompit tout net le mariage, sur ce que son amant fit voir qu'il n'avoit que cinquante-six ans, et qu'il ne prit point de lunettes pour signer le contrat.

HARPAGON.

Sur cela seulement?

FROSINE.

Oui. Elle dit que ce n'est pas contentement pour elle que cinquante-six ans; et surtout elle est pour les nez qui portent des lunettes.

ACTE II. SCÈNE VI.

HARPAGON.

Certes, tu me dis-là une chose toute nouvelle.

FROSINE.

Cela va plus loin qu'on ne vous peut dire. On lui voit dans sa chambre quelques tableaux et quelques estampes ; mais que pensez-vous que ce soit ? Des Adonis, des Céphales, des Pâris et des Apollons ? Non : de beaux portraits de Saturne, du roi Priam, du vieux Nestor, et du bon père Anchise sur les épaules de son fils.

HARPAGON.

Cela est admirable. Voilà ce que je n'aurois jamais pensé; et je suis bien-aise d'apprendre qu'elle est de cette humeur. En effet, si j'avois été femme, je n'aurois point aimé les jeunes hommes.

FROSINE.

Je le crois bien. Voilà de belles drogues que des jeunes gens pour les aimer ! ce sont de beaux morveux, de beaux godelureaux, pour donner envie de leur peau, et je voudrois bien savoir quel ragoût il y a à eux !

HARPAGON.

Pour moi, je n'y en comprends point, et je ne sais pas comment il y a des femmes qui les aiment tant.

FROSINE.

Il faut être folle fieffée. Trouver la jeunesse aimable, est-ce avoir le sens commun ? Sont-ce des hommes que de jeunes blondins, et peut-on s'attacher à ces animaux-là ?

HARPAGON.

C'est ce que je dis tous les jours : avec leur ton de poule laitée, leurs trois petits brins de barbe relevés en barbe de chat ; leurs perruques d'étoupes, leurs haut-de-chausses tout tombant, et leurs estomacs débraillés !

FROSINE.

Hé ! cela est bien bâti, auprès d'une personne comme vous ? Voilà un homme, cela ; il y a de quoi satisfaire à la vue ; et c'est ainsi qu'il faut être fait et vêtu, pour donner de l'amour.

HARPAGON.

Tu me trouves bien ?

FROSINE.

Comment ! vous êtes à ravir, et votre figure est à peindre.

Tournez-vous un peu, s'il vous plaît. Il ne se peut pas mieux. Que je vous voye marcher. Voilà un corps taillé, libre et dégagé comme il faut, et qui ne marque aucune incommodité.

HARPAGON.

Je n'en ai pas de grandes, Dieu merci. Il n'y a que ma fluxion qui me prend de tems en tems *.

FROSINE.

Cela n'est rien. Votre fluxion ne vous sied point mal, et vous avez grace à tousser.

HARPAGON.

Dis-moi un peu : Mariane ne m'a-t-elle point encore vu ? N'a-t-elle point pris garde à moi en passant ?

FROSINE.

Non ; mais nous nous sommes fort entretenues de vous. Je lui ai fait un portrait de votre personne, et je n'ai pas manqué de lui vanter votre mérite, et l'avantage que ce lui seroit d'avoir un mari comme vous.

HARPAGON.

Tu as bien fait ; et je t'en remercie.

FROSINE.

J'aurois, monsieur, une petite prière à vous faire. J'ai un procès que je suis sur le point de perdre, faute d'un peu d'argent ; (*Harpagon prend un air sérieux.*) et vous pourriez facilement me procurer le gain de ce procès, si vous aviez quelque bonté pour moi. Vous ne sauriez croire le plaisir qu'elle aura de vous voir. (*Harpagon reprend un air gai.*) Ah ! que vous lui plairez, et que votre fraise à l'antique ** fera sur son esprit un effet admirable ! Mais surtout, elle sera charmée de votre haut-de-chausse attaché au pourpoint avec des aiguillettes.

---

* *Il n'y a que ma fluxion qui me prend de tems en tems.* Allusion que fait ici Molière à sa propre incommodité, qui le réduisoit souvent au lait pour toute nourriture, et qui avoit fait appréhender plus d'une fois pour ses jours.

** *Votre fraise à l'antique*, etc. Voilà dans cette scène, ainsi que dans la cinquième du premier acte, et la sixième du second, des ajustemens anciens et oubliés ; il est aisé à un acteur qui voudroit se rapprocher de nos usages, de rajeunir ces détails écrits en prose, et de les rendre conformes à ceux que suivroit pour son habillement un vieil avare de nos jours.

ACTE II. SCÈNE VI.

C'est pour la rendre folle de vous ; et un amant aiguilleté sera pour elle un ragoût merveilleux.

HARPAGON
Certes, tu me ravis de me dire cela.

FROSINE.
En vérité, monsieur, ce procès m'est d'une conséquence tout-à-fait grande. (*Harpagon reprend son air sérieux.*) Je suis ruinée si je le perds ; et quelque petite assistance me rétabliroit mes affaires. Je voudrois que vous eussiez vu le ravissement où elle étoit à m'entendre parler de vous. (*Harpagon reprend son air gai.*) La joie éclatoit dans ses yeux au récit de vos qualités ; et je l'ai mise enfin dans une impatience extrême de voir ce mariage entièrement conclu.

HARPAGON.
Tu m'as fait grand plaisir, Frosine ; et je t'en ai, je te l'avoue, toutes les obligations du monde.

FROSINE.
Je vous prie, monsieur, de me donner le petit secours que je vous demande. (*Harpagon reprend encore un air sérieux.*) Cela me remettra sur pied, et je vous en serai éternellement obligée.

HARPAGON.
Adieu. Je vais achever mes dépêches.

FROSINE.
Je vous assure, monsieur, que vous ne sauriez jamais me soulager dans un plus grand besoin.

HARPAGON.
Je mettrai ordre que mon carrosse soit tout prêt pour vous mener à la foire.

FROSINE.
Je ne vous importunerois pas, si je ne m'y voyois forcée par la nécessité.

HARPAGON.
Et j'aurai soin qu'on soupe de bonne heure, pour ne vous point faire malades.

FROSINE.

Ne me refusez pas la grace dont je vous sollicite *. Vous ne sauriez croire, monsieur, le plaisir que....

HARPAGON.

Je m'en vais. Voilà qu'on m'appelle. Jusques à tantôt.

FROSINE *seule*.

Que la fièvre te serre, chien de vilain, à tous les diables. Le ladre a été ferme à toutes mes attaques; mais il ne me faut pas pourtant quitter la négociation; et j'ai l'autre côté, en tout cas, d'où je suis assurée de tirer bonne récompense.

ACTE III.

SCÈNE I.

HARPAGON, CLÉANTE, ÉLISE, VALERE, DAME CLAUDE *tenant un balai*, MAITRE JACQUES, LA MERLUCHE, BRINDAVOINE.

HARPAGON.

Allons, venez-çà, tous **, que je vous distribue mes ordres pour tantôt, et règle à chacun son emploi. Approchez, dame Claude; commençons par vous. Bon! vous voilà les armes à la

---

* *La grace dont je vous sollicite.* On ne dit point *solliciter quelqu'un d'une grace.*

** M. Riccoboni blâme Molière d'avoir donné à Harpagon un nombreux domestique. Mais dès qu'il est d'état à avoir un carrosse et des chevaux, la plus haute avarice n'a pu lui conseiller rien de mieux, que de trouver dans le même individu

ACTE III. SCENE II.

main. Je vous commets au soin de nettoyer partout ; et, surtout, prenez garde de ne point frotter les meubles trop fort, de peur de les user. Outre cela, je vous constitue, pendant le souper, au gouvernement des bouteilles ; et s'il s'en écarte quelqu'une, et qu'il se casse quelque chose, je m'en prendrai à vous, et le rabattrai sur vos gages.

M.e JACQUES *à part.*

Châtiment politique.

HARPAGON *à dame Claude.*

Allez.

SCÈNE II.

HARPAGON, CLÉANTE, ÉLISE, VALÈRE, MAITRE JACQUES, BRINDAVOINE, LA MERLUCHE.

HARPAGON.

Vous, Brindavoine, et vous, la Merluche, je vous établis dans la charge de rincer les verres, et de donner à boire, mais seulement lorsque l'on aura soif, et non pas, selon la coutume de certains impertinens de laquais, qui viennent provoquer les gens, et les faire aviser de boire, lorsqu'on n'y songe pas. Attendez qu'on vous en demande plus d'une fois, et vous ressouvenez de porter toujours beaucoup d'eau.

et son cocher et son cuisinier, de laisser mourir de faim ses chevaux, d'avoir une voiture mal en ordre et des gens mal habillés. A l'égard de l'Intendant, il ne faut pas perdre de vue qu'il ne lui coute rien. Il falloit observer au contraire qu'il y avoit beaucoup d'art de la part de Molière, d'avoir placé son Avare dans un état qui exigeoit de lui quelque espèce de représentation. Si Harpagon étoit un homme du peuple, rien ne le gêneroit dans sa passion basse et sordide ; mais un homme condamné malgré lui au supplice des valets et d'une maison soutenue, offre pour le théâtre un ressort actif et destiné à produire un plus grand nombre d'effets comiques. C'est un des défauts de l'*Avare* de Plaute, qu'*Euclion* passe pour un homme pauvre : *Neque illo quisquam est alter hodie ex paupertate parcior.* Je ne connois personne qui soit si ménager que cet homme-là, tout pauvre qu'il est, dit Mégadore en venant lui demander sa fille. L'indigence connue d'Euclion écarte de lui le ridicule.

L'AVARE.

M.e JACQUES *à part.*

Oui. Le vin pur monte à la tête.

LA MERLUCHE.

Quitterons-nous nos souguenilles, monsieur?

HARPAGON.

Oui, quand vous verrez venir les personnes, et gardez bien de gâter vos habits.

BRINDAVOINE.

Vous savez bien, monsieur, qu'un des devants de mon pourpoint est couvert d'une grande tache de l'huile de la lampe.

LA MERLUCHE.

Et moi, monsieur, que j'ai mon haut-de-chausses tout troué par derrière, et qu'on me voit, révérence parler....

HARPAGON *à la Merluche.*

Paix: rangez cela adroitement du côté de la muraille, et présentez toujours le devant au monde.

(*à Brindavoine, en lui montrant comment il doit mettre son chapeau, au-devant de son pourpoint, pour cacher la tache d'huile.*)

Et vous, tenez toujours votre chapeau ainsi, lorsque vous servirez.

SCÈNE III.

HARPAGON, CLÉANTE, ÉLISE, VALÈRE, MAITRE JACQUES.

HARPAGON.

Pour vous, ma fille, vous aurez l'œil sur ce que l'on desservira, et prendrez garde qu'il ne s'en fasse aucun dégât. Cela sied bien aux filles. Mais cependant préparez-vous à bien recevoir ma maîtresse qui vous doit venir visiter, et vous mener avec elle à la foire. Entendez-vous ce que je vous dis?

ELISE.

Oui, mon père.

SCÈNE IV.

HARPAGON, CLÉANTE, VALÈRE, MAITRE JACQUES.

HARPAGON.

Et vous, mon fils le damoiseau, à qui j'ai la bonté de pardonner l'histoire de tantôt, ne vous allez pas aviser non plus de lui faire mauvais visage.

CLÉANTE.

Mais, mon père ? Mauvais visage ! Et par quelle raison ?

HARPAGON.

Mon Dieu ! nous savons le train des enfans dont les pères se remarient, et de quel œil ils ont coutume de regarder ce qu'on appelle belle-mère. Mais si vous souhaitez que je perde le souvenir de votre dernière fredaine, je vous recommande, surtout, de régaler d'un bon visage cette personne-là, et de lui faire enfin tout le meilleur accueil qu'il vous sera possible.

CLÉANTE.

A vous dire le vrai, mon père, je ne puis pas vous promettre d'être bien-aise qu'elle devienne ma belle-mère. Je mentirois, si je vous le disois ; mais, pour ce qui est de la bien recevoir, et de lui faire bon visage, je vous promets de vous obéir ponctuellement sur ce chapitre.

HARPAGON.

Prenez-y garde, au moins.

CLÉANTE.

Vous verrez que vous n'aurez pas sujet de vous en plaindre.

HARPAGON.

Vous ferez sagement.

SCÈNE V.

HARPAGON, VALÈRE, MAITRE JACQUES.

HARPAGON.

Valère, aide-moi à ceci. Or-çà, maître Jacques, approchez-vous, je vous ai gardé pour le dernier.

M.e JACQUES.

Est-ce à votre cocher, monsieur, ou bien à votre cuisinier que vous voulez parler ? car je suis l'un et l'autre.

HARPAGON.

C'est à tous les deux.

M.e JACQUES.

Mais à qui des deux le premier ?

HARPAGON.

Au cuisinier.

M.e JACQUES.

Attendez donc, s'il vous plaît.

(M.e Jacques ôte sa casaque de cocher, et paroît vêtu en cuisinier.)

HARPAGON.

Quelle diantre de cérémonie est-ce-là ?

M.e JACQUES.

Vous n'avez qu'à parler.

HARPAGON.

Je me suis engagé, maître Jacques, à donner ce soir à souper.

M.e JACQUES *à part*.

Grande merveille !

HARPAGON.

Dis-moi un peu : nous feras-tu bonne chère ?

M.e JACQUES.

Oui, si vous me donnez bien de l'argent.

HARPAGON.

Que diable, toujours de l'argent ! Il semble qu'ils n'ayent autre chose à dire. De l'argent, de l'argent, de l'argent. Ah ! ils n'ont que ce mot à la bouche, de l'argent ! Toujours parler d'argent ! Voilà leur épée de chevet, de l'argent.

VALÈRE.

Je n'ai jamais vu de réponse plus impertinente que celle-là. Voilà une belle merveille, que de faire bonne-chère avec bien de l'argent ! C'est une chose la plus aisée du monde, et il n'y a si pauvre esprit qui n'en fît bien autant ; mais pour agir en habile homme, il faut parler de faire bonne-chère avec peu d'argent.

ACTE III. SCÈNE V.

M.e JACQUES.

Bonne-chère avec peu d'argent!

VALÈRE.

Oui.

M.e JACQUES à *Valère*.

Par ma foi, monsieur l'Intendant, vous nous obligerez de nous faire voir ce secret, et de prendre mon office de cuisinier ; aussi-bien vous mêlez-vous céans d'être le factotum.

HARPAGON.

Taisez-vous. Qu'est-ce qu'il nous faudra ?

M.e JACQUES.

Voilà monsieur votre intendant, qui vous fera bonne-chère pour peu d'argent.

HARPAGON.

Ah ! je veux que tu me répondes.

M.e JACQUES.

Combien serez-vous de gens à table ?

HARPAGON.

Nous serons huit ou dix ; mais il ne faut prendre que huit. Quand il y a à manger pour huit, il y en a bien pour dix.

VALÈRE.

Cela s'entend.

M.e JACQUES.

Hé bien ! il faudra quatre grands potages, et cinq assiettes... Potages... Entrées...*

HARPAGON.

Que diable ! voilà pour traiter une ville toute entière.

M.e JACQUES.

Rôt...

---

* *Potages...... Entrées.* Après ces mots on trouve dans les éditions qui ont été faites postérieurement à la mort de Molière, un long détail de différens mets que quelque acteur chargé du rôle de maître Jacques, avoit apparemment imaginé, sans réfléchir qu'il étoit hors de la nature qu'Harpagon, dès les premiers mots, ne fermât pas la bouche à son cuisinier, en lui criant, comme il fait, qu'*il mange tout son bien.*

Il s'est conservé dans la province une ridicule tradition de ce détail, hors de place : on ose même quelquefois le risquer à Paris.

HARPAGON *mettant la main sur la bouche de maître Jacques.*

Ah! traître, tu manges tout mon bien.

M.e JACQUES.

Entremêts...

HARPAGON *mettant encore la main sur la bouche de maître Jacques.*

Encore?

VALÈRE à *M.e Jacques.*

Est-ce que vous avez envie de faire crever tout le monde; et monsieur a-t-il invité des gens pour les assassiner à force de mangeaille? Allez-vous-en lire un peu les préceptes de la santé, et demander aux médecins s'il y a rien de plus préjudiciable à l'homme que de manger avec excès.

HARPAGON.

Il a raison.

VALÈRE.

Apprenez, maître Jacques, vous et vos pareils, que c'est un coupe-gorge, qu'une table remplie de trop de viandes; que pour se bien montrer ami de ceux que l'on invite, il faut que la frugalité règne dans le repas qu'on donne; et que, suivant le dire d'un ancien, *il faut manger pour vivre, et non pas vivre pour manger* [*].

HARPAGON.

Ah! que cela est bien dit! Approche, que je t'embrasse pour ce mot. Voilà la plus belle sentence que j'aye entendu de ma vie: *Il faut manger pour vivre, et non pas manger pour vi...* Non, ce n'est pas cela. Comment est-ce que tu dis?

VALÈRE.

Qu'*il faut manger pour vivre, et non pas vivre pour manger.*

HARPAGON.

(à *M.e Jacques.*)   (à *Valère.*)

Oui. Entends-tu? Qui est le grand homme qui a dit cela?

---

[*] *Il faut manger pour vivre, et non pas vivre pour manger.* C'étoit une formule ancienne de santé et d'économie, qu'on trouve quelquefois chez les Latins, énoncée par les seules lettres initiales de chaque mot, E. V. V. N. V. V. E., *Ede ut vivas, ne vivas ut edas. Mange pour vivre, et ne vis pas pour manger.* Cette espèce d'adage ne se trouve pas dans le recueil qu'en a fait Erasme.

ACTE III. SCÈNE V.

VALÈRE.

Je ne me souviens pas maintenant de son nom.

HARPAGON.

Souviens-toi de m'écrire ces mots : je les veux faire graver en lettres d'or sur la cheminée de ma salle.

VALÈRE.

Je n'y manquerai pas ; et pour votre souper, vous n'avez qu'à me laisser faire ; je règlerai tout cela comme il faut.

HARPAGON.

Fais donc.

M.e JACQUES.

Tant mieux ! j'en aurai moins de peine.

HARPAGON à *Valère*.

Il faudra de ces choses dont on ne mange guère, et qui rassasient d'abord ; quelque bon harricot bien gras, avec quelque pâté en pot bien garni de marrons.

VALÈRE.

Reposez-vous sur moi.

HARPAGON.

Maintenant, maître Jacques, il faut nettoyer mon carrosse.

M.e JACQUES.

Attendez ; ceci s'adresse au cocher.

(*M.e Jacques remet sa casaque.*)

Vous dites...

HARPAGON.

Qu'il faut nettoyer mon carrosse, et tenir mes chevaux tout prêts pour conduire à la foire...

M.e JACQUES.

Vos chevaux, monsieur ? Ma foi, ils ne sont point du tout en état de marcher. Je ne vous dirai point qu'ils sont sur la litière : les pauvres bêtes n'en ont point ; et ce seroit mal parler ; mais vous leur faites observer des jeûnes si austères, que ce ne sont plus rien que des fantômes ou des façons de chevaux.

HARPAGON.

Les voilà bien malades ! Ils ne font rien.

M.e JACQUES.

Et pour ne faire rien, monsieur, est-ce qu'il ne faut rien manger ? Il leur vaudroit bien mieux, les pauvres animaux, de travailler beaucoup, et de manger de même. Cela me fend le cœur, de les voir ainsi exténués. Car enfin, j'ai une tendresse pour mes chevaux, qu'il me semble que c'est moi-même quand je les vois pâtir. Je m'ôte tous les jours pour eux les choses de la bouche ; et c'est être, monsieur, d'un naturel trop dur, que de n'avoir nulle pitié de son prochain.

HARPAGON.

Le travail ne sera pas grand, d'aller jusqu'à la Foire.

M.e JACQUES.

Non, monsieur, je n'ai point le courage de les mener, et je ferois conscience de leur donner des coups de fouet, en l'état où ils sont. Comment voudriez-vous qu'ils traînassent un carrosse ? ils ne peuvent pas se traîner eux-mêmes.

VALÈRE.

Monsieur, j'obligerai le voisin le Picard à se charger de les conduire : aussi-bien nous fera-t-il ici besoin pour apprêter le souper.

M.e JACQUES.

Soit. J'aime encore mieux qu'ils meurent sous la main d'un autre, que sous la mienne.

VALÈRE.

Maître Jacques fait bien le raisonnable.

M.e JACQUES.

Monsieur l'Intendant fait bien le nécessaire !

HARPAGON.

Paix.

M.e JACQUES.

Monsieur, je ne saurois souffrir les flatteurs; et je vois que ce qu'il en fait, que ces contrôles perpétuels sur le pain et le vin, le bois, le sel et la chandelle, ne sont rien que pour vous gratter et vous faire sa cour. J'enrage de cela, et je suis fâché tous les jours d'entendre ce qu'on dit de vous : car enfin, je me sens pour vous de la tendresse, en dépit que j'en aye ; et, après mes chevaux, vous êtes la personne que j'aime le plus.

ACTE III. SCÈNE V.

HARPAGON.

Pourrois-je savoir de vous, maître Jacques, ce que l'on dit de moi *?

M.e JACQUES.

Oui, monsieur, si j'étois assuré que cela ne vous fâchât point.

HARPAGON.

Non, en aucune façon.

M.e JACQUES.

Pardonnez-moi; je sais fort bien que vous vous mettrez en colère.

HARPAGON.

Point du tout. Au contraire, c'est me faire plaisir; et je suis bien-aise d'apprendre comme on parle de moi.

M.e JACQUES.

Monsieur, puisque vous le voulez, je vous dirai franchement qu'on se moque partout de vous, qu'on nous jette de tous côtés cent brocards à votre sujet, et que l'on n'est point plus ravi que de vous retenir au cul et aux chausses, et de faire sans cesse des contes de votre lésine. L'un dit que vous faites imprimer des almanachs particuliers, où vous faites doubler les Quatre-Tems et les Vigiles, afin de profiter des jeûnes où vous obligez votre monde; l'autre, que vous avez toujours une querelle toute prête à faire à vos valets dans le tems des étrennes ou de leur sortie d'avec vous, pour vous trouver une raison de ne leur donner rien. Celui-là conte qu'une fois vous fîtes assigner le chat d'un de vos voisins, pour vous avoir mangé un

---

* *Pourrois-je savoir de vous, M.e Jacques, ce que l'on dit de moi?* M. Riccoboni, qui semble s'être étudié à trouver dans cette pièce des imitations de la part de Molière, n'a pas vu dans cette scène cinquième ce que notre auteur avoit encore imité de la pièce de l'*Arioste*, que nous avons déjà citée à l'occasion de la scène sixième du second acte.

CLEANDRO.
. . . . E che dice?
DULIPPO.
. . . . Immaginatevi
Quel che si può dir peggio : che il più misero
E più stretto uomo non è di voi, etc.
Atto 2, sc. 4.

reste d'un gigot de mouton ; celui-ci : que l'on vous surprit une nuit, en venant dérober vous-même l'avoine de vos chevaux ; et que votre cocher, qui étoit celui d'avant moi, vous donna, dans l'obscurité, je ne sais combien de coups de bâton, dont vous ne voulûtes rien dire. Enfin, voulez-vous que je vous dise ? On ne sauroit aller nulle part, où l'on ne vous entende accommoder de toutes pièces. Vous êtes la fable et la risée de tout le monde ; et jamais on ne parle de vous que sous les noms d'avare, de ladre, de vilain et de fesse-Matthieu.

HARPAGON *en battant M.e Jacques.*

Vous êtes un sot, un maraud, un coquin et un impudent.

M.e JACQUES.

Hé bien ! ne l'avois-je pas deviné ? Vous ne m'avez pas voulu croire. Je vous avois bien dit que je vous fâcherois de vous dire la vérité.

HARPAGON.

Apprenez à parler.

SCÈNE VI.

VALERE, MAITRE JACQUES.

VALÈRE *riant*.

A ce que je puis voir, maître Jacques, on paye fort mal votre franchise.

M.e JACQUES.

Morbleu, monsieur le nouveau venu, qui faites l'homme d'importance, ce n'est pas votre affaire. Riez de vos coups de bâton quand on vous en donnera ; ne venez pas rire des miens.

VALÈRE.

Ah ! monsieur maître Jacques, ne vous fâchez pas, je vous prie.

M.e JACQUES *à part.*

Il file doux. Je veux faire le brave, et, s'il est assez sot pour me craindre, le frotter quelque peu. (*haut.*) Savez-vous bien, monsieur le rieur, que je ne ris pas, moi, et que si vous m'échauffez la tête, je vous ferai rire d'une autre sorte? (*M.e Jacques pousse Valère jusqu'au bout du théâtre, en le menaçant *.*)

VALÈRE.

Hé! doucement.

M.e JACQUES.

Comment, doucement? il ne me plaît pas, moi.

VALÈRE.

De grace!

M.e JACQUES.

Vous êtes un impertinent.

VALÈRE.

Monsieur maître Jacques.

M.e JACQUES.

Il n'y a point de monsieur maître Jacques, pour un double. Si je prends un bâton, je vous rosserai d'importance.

VALÈRE.

Comment! un bâton?

(*Valère fait reculer maître Jacques à son tour.*)

M.e JACQUES.

Hé! je ne parle pas de cela.

VALÈRE.

Savez-vous bien, monsieur le fat, que je suis homme à vous rosser vous-même?

M.e JACQUES.

Je n'en doute pas.

VALÈRE.

Que vous n'êtes, pour tout potage, qu'un faquin de cuisinier?

M.e JACQUES.

Je le sais bien.

---

* Autre ressemblance, à ce que dit M. Riccoboni, de cette scène avec *la Cameriera nobile*, ou la Femme-de-Chambre de qualité. Ce jeu de théâtre de Valère, qui feint d'abord de reculer devant maître Jacques, et qui punit ensuite ses bravades par quelques coups de bâton, a tout-à-fait l'air d'une scène Italienne; et la réclamation peut-être juste.

L'AVARE.

VALÈRE.
Et que vous ne me connoissez pas encore ?
M.e JACQUES.
Pardonnez-moi.
VALÈRE.
Vous me rosserez, dites-vous ?
M.e JACQUES.
Je le disois en raillant.
VALÈRE.
Et moi, je ne prends point de goût à votre raillerie.
(Donnant des coups de bâton à maître Jacques.)
Apprenez que vous êtes un mauvais railleur.
M.e JACQUES *seul.*
Peste soit la sincérité! C'est un mauvais métier. Désormais j'y renonce, et ne veux plus dire vrai. Passe encore pour mon maître ; il a quelque droit de me battre : mais, pour ce monsieur l'intendant, je m'en vengerai, si je puis.

SCÈNE VII.
MARIANE, FROSINE, MAITRE JACQUES.

FROSINE.
Savez-vous, maître Jacques, si votre maître est au logis ?
M.e JACQUES.
Oui, vraiment, il y est ; je ne le sais que trop.
FROSINE.
Dites-lui, je vous prie, que nous sommes ici.

SCÈNE VIII.
MARIANE, FROSINE.

MARIANE.
Ah ! que je suis, Frosine, dans un étrange état; et s'il faut dire ce que je sens, que j'appréhende cette vue !
FROSINE.
Mais pourquoi, et quelle est votre inquiétude ?

ACTE III. SCÈNE VIII.

MARIANE.

Hélas! me le demandez-vous ? Et ne vous figurez-vous point les alarmes d'une personne toute prête à voir le supplice où l'on veut l'attacher ?

FROSINE.

Je vois bien que, pour mourir agréablement, Harpagon n'est pas le supplice que vous voudriez embrasser ; et je connois à votre mine, que le jeune blondin dont vous m'avez parlé, vous revient un peu dans l'esprit.

MARIANE.

Oui. C'est une chose, Frosine, dont je ne veux pas me défendre ; et les visites respectueuses qu'il a rendues chez nous, ont fait, je vous l'avoue, quelque effet dans mon âme.

FROSINE.

Mais avez-vous su quel il est ?

MARIANE.

Non ; je ne sais point quel il est. Mais je sais qu'il est fait d'un air à se faire aimer ; que, si l'on pouvoit mettre les choses à mon choix, je le prendrois plutôt qu'un autre, et qu'il ne contribue pas peu à me faire trouver un tourment effroyable dans l'époux qu'on veut me donner.

FROSINE.

Mon Dieu! tous ces blondins sont agréables, et débitent fort bien leur fait ; mais la plupart sont gueux comme des rats ; et il vaut mieux, pour vous, de prendre un vieux mari qui vous donne beaucoup de bien. Je vous avoue que les sens ne trouvent pas si bien leur compte du côté que je dis, et qu'il y a quelques petits dégoûts à essuyer avec un tel époux ; mais cela n'est pas pour durer ; et sa mort, croyez-moi, vous mettra bientôt en état d'en prendre un plus aimable, qui réparera toutes choses.

MARIANE.

Mon Dieu! Frosine, c'est une étrange affaire, lorsque, pour être heureuse, il faut souhaiter ou attendre le trépas de quelqu'un ; et la mort ne suit pas tous les projets que nous faisons.

FROSINE.

Vous moquez-vous ? Vous ne l'épousez qu'aux conditions de vous laisser veuve bientôt ; et ce doit être-là un des articles du contrat. Il seroit bien impertinent de ne pas mourir dans trois mois ! Le voici en propre personne.

MARIANE.

Ah ! Frosine, quelle figure !

SCÈNE IX.

HARPAGON, MARIANE, FROSINE.

HARPAGON à *Mariane*.

Ne vous offensez pas, ma belle, si je viens à vous avec des lunettes. Je sais que vos appas frappent assez les yeux, sont assez visibles d'eux-mêmes, et qu'il n'est pas besoin de lunettes pour les apercevoir ; mais enfin, c'est avec des lunettes qu'on observe les astres, et je maintiens et garantis que vous êtes un astre ; mais un astre, le plus bel astre qui soit dans le pays des astres. Frosine, elle ne répond mot, et ne témoigne, ce me semble, aucune joie de me voir.

FROSINE.

C'est qu'elle est encore toute suprise : et puis, les filles ont toujours honte à témoigner d'abord ce qu'elles ont dans l'ame.

HARPAGON.

(à *Frosine*.) (à *Mariane*.)

Tu as raison. Voilà, belle mignonne, ma fille qui vient vous saluer.

SCÈNE X.

HARPAGON, ÉLISE, MARIANE, FROSINE.

MARIANE.

Je m'acquitte bien tard, madame, d'une telle visite.

ÉLISE.

Vous avez fait, madame, ce que je devois faire ; et c'étoit à moi de vous prévenir.

HARPAGON.

Vous voyez qu'elle est grande ; mais mauvaise herbe croît toujours.

ACTE III. SCÈNE XI.

MARIANE *bas à Frosine.*

Oh, l'homme déplaisant!

HARPAGON *bas à Frosine.*

Que dit la belle?

FROSINE.

Qu'elle vous trouve admirable.

HARPAGON.

C'est trop d'honneur que vous me faites, adorable mignonne.

MARIANE *à part.*

Quel animal!

HARPAGON.

Je vous suis trop obligé de ces sentimens.

MARIANE *à part.*

Je n'y puis plus tenir.

SCÈNE XI.

HARPAGON, MARIANE, ÉLISE, CLÉANTE, VALÈRE, FROSINE, BRINDAVOINE.

HARPAGON.

Voici mon fils aussi qui vous vient faire la révérence.

MARIANE *bas à Frosine.*

Ah! Frosine, quelle rencontre! c'est justement celui dont je t'ai parlé.

FROSINE *à Mariane.*

L'aventure est merveilleuse.

HARPAGON.

Je vois que vous vous étonnez de me voir de si grands enfans; mais je serai bientôt défait de l'un et de l'autre.

CLEANTE *à Mariane.*

Madame, à vous dire le vrai, c'est ici une aventure où, sans doute, je ne m'attendois pas; et mon père ne m'a pas peu surpris, lorsqu'il m'a dit tantôt le dessein qu'il avoit formé.

MARIANE.

Je puis dire la même chose. C'est une rencontre imprévue,

qui m'a surprise autant que vous, et je n'étois point préparée à une telle aventure.

CLÉANTE.

Il est vrai que mon père, madame, ne peut pas faire un plus beau choix, et que ce m'est une sensible joie que l'honneur de vous voir : mais avec tout cela, je ne vous assurerai point que je me réjouis du dessein où vous pourriez être de devenir ma belle-mère. Le compliment, je vous l'avoue, est trop difficile pour moi ; et c'est un titre, s'il vous plaît, que je ne vous souhaite point. Ce discours paroîtra brutal aux yeux de quelques-uns ; mais je suis assuré que vous serez personne à le prendre comme il faudra ; que c'est un mariage, madame, où vous vous imaginez bien que je dois avoir de la répugnance ; que vous n'ignorez pas, sachant ce que je suis, comme il choque mes intérêts ; et que vous voulez bien enfin que je vous dise, avec la permission de mon père, que si les choses dépendoient de moi, cet hymen ne se feroit point.

HARPAGON.

Voilà un compliment bien impertinent ! Quelle belle confession à lui faire !

MARIANE.

Et moi, pour vous répondre, j'ai à vous dire que les choses sont fort égales ; et que si vous auriez de la répugnance à me voir votre belle-mère, je n'en aurois pas moins, sans doute, à vous voir mon beau-fils. Ne croyez pas, je vous prie, que ce soit moi qui cherche à vous donner cette inquiétude. Je serois fort fâchée de vous causer du déplaisir ; et, si je ne m'y vois forcée par une puissance absolue, je vous donne ma parole que je ne consentirai point au mariage qui vous chagrine.

HARPAGON.

Elle a raison. A sot compliment, il faut une réponse de même. Je vous demande pardon, ma belle, de l'impertinence de mon fils ; c'est un jeune sot qui ne sait pas encore la conséquence des paroles qu'il dit.

MARIANE.

Je vous promets que ce qu'il m'a dit ne m'a point du tout offensée ; au contraire, il m'a fait plaisir de m'expliquer ainsi ses véritables sentimens. J'aime de lui un aveu de la sorte ; et, s'il avoit parlé d'autre façon, je l'en estimerois bien moins.

ACTE III. SCENE XI.

HARPAGON.

C'est beaucoup de bonté à vous, de vouloir ainsi excuser ses fautes. Le tems le rendra plus sage, et vous verrez qu'il changera de sentimens.

CLÉANTE.

Non, mon père, je ne suis point capable d'en changer, et je prie instamment madame de le croire.

HARPAGON.

Mais voyez quelle extravagance ! il continue encore plus fort.

CLÉANTE.

Voulez-vous que je trahisse mon cœur ?

HARPAGON.

Encore ! Avez-vous envie de changer de discours ?

CLÉANTE.

Hé bien ! puisque vous voulez que je parle d'autre façon, souffrez, madame, que je me mette ici à la place de mon père, et que je vous avoue que je n'ai rien vu dans le monde de si charmant que vous ; que je ne conçois rien d'égal au bonheur de vous plaire, et que le titre de votre époux est une gloire, une félicité que je préférerois aux destinées des plus grands princes de la terre. Oui, madame, le bonheur de vous posséder est, à mes regards, la plus belle de toutes les fortunes ; c'est où j'attache toute mon ambition. Il n'y a rien que je ne sois capable de faire pour une conquête si précieuse ; et les obstacles les plus puissans....

HARPAGON.

Doucement, mon fils, s'il vous plaît.

CLÉANTE.

C'est un compliment que je fais pour vous à madame.

HARPAGON.

Mon Dieu ! j'ai une langue pour m'expliquer moi-même, et je n'ai pas besoin d'un interprète comme vous. Allons, donnez des sièges.

FROSINE.

Non ; il vaut mieux, de ce pas, que nous allions à la foire, afin d'en revenir plus tôt, et d'avoir tout le tems ensuite de nous entretenir.

HARPAGON à *Brindavoine*.

Qu'on mette donc les chevaux au carrosse.

SCÈNE XII*.

HARPAGON, MARIANE, ÉLISE, CLÉANTE, VALÈRE, FROSINE.

HARPAGON à *Mariane*.

Je vous prie de m'excuser, ma belle, si je n'ai pas songé à vous donner un peu de collation avant que de partir.

CLÉANTE.

J'y ai pourvu, mon père, et j'ai fait apporter ici quelques bassins d'oranges de la Chine, de citrons doux, et de confitures, que j'ai envoyé quérir de votre part.

HARPAGON *bas à Valère.*

Valère !

VALÈRE à *Harpagon.*

Il a perdu le sens.

CLÉANTE.

Est-ce que vous trouvez, mon père, que ce ne soit pas assez ? Madame aura la bonté d'excuser cela, s'il lui plaît.

MARIANE.

C'est une chose qui n'étoit pas nécessaire.

CLÉANTE.

Avez-vous jamais vu, madame, un diamant plus vif que celui que vous voyez que mon père a au doigt ?

MARIANE.

Il est vrai qu'il brille beaucoup.

CLÉANTE *ôtant du doigt de son père le diamant, et le donnant à Mariane.*

Il faut que vous le voyiez de près.

MARIANE.

Il est fort beau, sans doute, et jette quantité de feux.

---

* M. Riccoboni revendique aussi cette scène pour la farce italienne. Elle a du naturel et de la plaisanterie. La situation violente où se trouve Harpagon en voyant passer son diamant dans les mains de Mariane, à qui Cléante le donne comme un présent de son père, appartenoit nécessairement au sujet que traitoit Molière, qui, dans ce cas-là, croyoit *reprendre son bien*, comme il le disoit de la scène du Pédant joué, dont il s'étoit emparé.

ACTE III. SCENE XII.

CLÉANTE *se mettant au-devant de Mariane, qui veut rendre le diamant.*

Non, madame : il est en de trop belles mains. C'est un présent que mon père vous fait.

HARPAGON.

Moi ?

CLÉANTE.

N'est-il pas vrai, mon père, que vous voulez que madame le garde pour l'amour de vous ?

HARPAGON *bas à son fils.*

Comment ?

CLÉANTE *à Mariane.*

Belle demande ! Il me fait signe de vous le faire accepter.

MARIANE.

Je ne veux point....

CLÉANTE *à Mariane.*

Vous moquez-vous ? Il n'a garde de le reprendre.

HARPAGON *à part.*

J'enrage.

MARIANE.

Ce seroit....

CLÉANTE *empêchant toujours Mariane de rendre le diamant.*

Non, vous dis-je ; c'est l'offenser.

MARIANE.

De grace...

CLÉANTE.

Point du tout.

HARPAGON *à part.*

Peste soit...

CLÉANTE.

Le voilà qui se scandalise de votre refus.

HARPAGON *bas à son fils.*

Ah ! traître.

CLÉANTE *à Mariane.*

Vous voyez qu'il se désespère.

HARPAGON *bas à son fils en le menaçant.*

Bourreau que tu es !

L'AVARE.

CLÉANTE.

Mon père, ce n'est pas ma faute. Je fais ce que je puis pour l'obliger à le garder ; mais elle est obstinée.

HARPAGON *bas à son fils avec emportement.*

Pendard !

CLÉANTE.

Vous êtes cause, madame, que mon père me querelle.

HARPAGON *bas à son fils avec les mêmes gestes.*

Le coquin !

CLÉANTE à *Marianne.*

Vous le ferez tomber malade. De grace, madame, ne résistez pas davantage.

FROSINE à *Mariane.*

Mon Dieu ! que de façons ! Gardez la bague, puisque monsieur le veut.

MARIANE à *Harpagon.*

Pour ne vous point mettre en colère, je la garde maintenant, et je prendrai un autre tems pour vous la rendre.

SCÈNE XIII.

HARPAGON, MARIANE, ÉLISE, CLÉANTE, VALÈRE, FROSINE, BRINDAVOINE.

BRINDAVOINE.

Monsieur, il y a là un homme qui veut vous parler.

HARPAGON.

Dis-lui que je suis empêché*, et qu'il revienne une autre fois.

BRINDAVOINE.

Il dit qu'il vous apporte de l'argent.

HARPAGON à *Mariane.*

Je vous demande pardon; je reviens tout-à-l'heure.

---

* *Que je suis empêché.* On dit aujourd'hui *embarrassé.*

SCÈNE XIV.

HARPAGON, MARIANE, ÉLISE, CLÉANTE, VALÈRE, FROSINE, LA MERLUCHE.

LA MERLUCHE *courant et faisant tomber Harpagon.*

Monsieur...

HARPAGON.

Ah ! je suis mort.

CLÉANTE.

Qu'est-ce, mon père ? Vous êtes-vous fait mal ?

HARPAGON.

Le traître assurément a reçu de l'argent de mes débiteurs, pour me faire rompre le cou.

VALÈRE *à Harpagon.*

Cela ne sera rien.

LA MERLUCHE *à Harpagon.*

Monsieur, je vous demande pardon ; je croyois bien faire d'accourir vite.

HARPAGON.

Que viens-tu faire ici, bourreau ?

LA MERLUCHE.

Vous dire que vos deux chevaux sont déferrés.

HARPAGON.

Qu'on les mène promptement chez le maréchal.

CLÉANTE.

En attendant qu'ils soient ferrés, je vais faire pour vous, mon père, les honneurs de votre logis, et conduire madame dans le jardin, où je ferai porter la collation.

SCÈNE XV.

HARPAGON, VALÈRE.

HARPAGON.

Valère, aye un peu l'œil à tout cela, et prends soin, je te prie, de m'en sauver le plus que tu pourras, pour le renvoyer au marchand.

VALÈRE.

C'est assez.

HARPAGON seul.

O fils impertinent ! As-tu envie de me ruiner ?

ACTE IV.

SCÈNE I.

CLÉANTE, MARIANE, ÉLISE, FROSINE.

CLÉANTE.

Rentrons ici ; nous serons beaucoup mieux. Il n'y a plus autour de nous personne de suspect, et nous pouvons parler librement.

ÉLISE.

Oui, madame, mon frère m'a fait confidence de la passion qu'il a pour vous. Je sais les chagrins et les déplaisirs que sont capables de causer de pareilles traverses ; et c'est, je vous assure, avec une tendresse extrême que je m'intéresse à votre aventure.

MARIANE.

C'est une douce consolation que de voir dans ses intérêts une personne comme vous ; et je vous conjure, madame, de me garder toujours cette généreuse amitié, si capable de m'adoucir les cruautés de la fortune.

FROSINE.

Vous êtes, par ma foi, de malheureuses gens l'un et l'autre, de ne m'avoir point, avant tout ceci, avertie de cette affaire ?

ACTE IV. SCÈNE I.

Je vous aurois, sans doute, détourné cette inquiétude *, et n'aurois point amené les choses où l'on voit qu'elles sont.

CLÉANTE.

Que veux-tu? C'est ma mauvaise destinée qui l'a voulu ainsi. Mais, belle Mariane, quelles résolutions sont les vôtres?

MARIANE.

Hélas! suis-je en pouvoir de faire des résolutions **? Et, dans la dépendance où je me vois, puis-je former que des souhaits?

CLÉANTE.

Point d'autre appui pour moi dans votre cœur, que de simples souhaits? Point de pitié officieuse? Point de secourable bonté? Point d'affection agissante?

MARIANE.

Que saurois-je vous dire? Mettez-vous en ma place, et voyez ce que je puis faire. Avisez, ordonnez vous-même : je m'en remets à vous; et je vous crois trop raisonnable, pour vouloir exiger de moi que ce qui peut m'être permis par l'honneur et la bienséance.

CLÉANTE.

Hélas! où me réduisez-vous, que de me renvoyer *** à ce que voudront permettre les fâcheux sentimens d'un rigoureux honneur, et d'une scrupuleuse bienséance?

MARIANE.

Mais que voulez-vous que je fasse? Quand je pourrois passer sur quantité d'égards où notre sexe est obligé, j'ai de la considération pour ma mère. Elle m'a toujours élevée avec une tendresse extrême, et je ne saurois me résoudre à lui donner du déplaisir. Faites, agissez auprès d'elle; employez tous vos soins à gagner son esprit. Vous pouvez faire et dire tout ce que

---

* *Je vous aurois détourné cette inquiétude*, ou, selon d'autres éditions, *détourné de cette inquiétude*, ne se disent ni l'un ni l'autre.

** *De faire des résolutions.* Plusieurs ont cru que *faire des résolutions* ne se dit point.

*** *Où me réduisez-vous, que de me renvoyer.* Plusieurs ont cru que cette construction n'est pas exacte.

vous voudrez ; je vous en donne la licence * ; et s'il ne tient qu'à me déclarer en votre faveur, je veux bien consentir à lui faire un aveu, moi-même, de tout ce que je sens pour vous.

CLÉANTE.

Frosine, ma pauvre Frosine, voudrois-tu nous servir ?

FROSINE.

Par ma foi, faut-il le demander ? Je le voudrois de tout mon cœur. Vous savez que, de mon naturel, je suis assez humaine. Le ciel ne m'a point fait l'ame de bronze, et je n'ai que trop de tendresse à rendre ** de petits services, quand je vois des gens qui s'entre-aiment en tout bien et en tout honneur. Que pourrions-nous faire à ceci ?

CLÉANTE.

Songe un peu, je te prie.

MARIANE.

Ouvre-nous des lumières ***.

ÉLISE.

Trouve quelque invention pour rompre ce que tu as fait.

FROSINE.

(*à Mariane.*)

Ceci est assez difficile. Pour votre mère, elle n'est pas tout-à-fait déraisonnable, et peut-être pourroit-on la gagner et la résoudre à transporter au fils le don qu'elle veut faire au père.

(*à Cléante.*)

Mais le mal que j'y trouve, c'est que votre père est votre père.

CLÉANTE.

Cela s'entend.

FROSINE.

Je veux dire qu'il conservera du dépit, si l'on montre qu'on le refuse ; et qu'il ne sera point d'humeur ensuite à donner son consentement à votre mariage. Il faudroit, pour bien faire,

---

* *Je vous en donne la licence.* On diroit aujourd'hui *la permission.*

** *Je n'ai que trop de tendresse à rendre*, etc. *Tendresse à faire quelque chose* ne se dit pas.

*** *Ouvrez-nous des lumières*, ne se dit pas.

ACTE IV. SCÈNE I.

que le refus vînt de lui-même, et tâcher, par quelque moyen, de le dégoûter de votre personne.

CLÉANTE.

Tu as raison.

FROSINE.

Oui, j'ai raison; je le sais bien. C'est-là ce qu'il faudroit; mais le diantre est d'en pouvoir trouver les moyens. Attendez*: si nous avions quelque femme un peu sur l'âge, qui fût de mon talent, et jouât assez bien pour contrefaire une dame de qualité, par le moyen d'un train fait à la hâte, et d'un bisarre nom de marquise ou de vicomtesse, que nous supposerions de la Basse-Bretagne, j'aurois assez d'adresse pour faire accroire à votre père que ce seroit une personne riche, outre ses maisons, de cent mille écus en argent comptant; qu'elle seroit éperduement amoureuse de lui, et souhaiteroit de se voir sa femme, jusqu'à lui donner tout son bien par contrat de mariage; et je ne doute point qu'il ne prêtât l'oreille à la proposition. Car enfin, il vous aime fort, je le sais; mais il aime un peu plus l'argent; et quand, ébloui de ce leurre, il auroit une fois consenti à ce qui vous touche, il importeroit peu, ensuite, qu'il se désabusât, en venant à vouloir voir clair aux effets de notre marquise.

CLÉANTE.

Tout cela est fort bien pensé.

FROSINE.

Laissez-moi faire. Je viens de me ressouvenir d'une de mes amies, qui sera notre fait.

---

* M. Diderot a aperçu dans cette scène, un défaut qu'il a relevé dans une de ses Préfaces. *Il ne faut pas tendre des fils à faux*, dit-il; *tel est le discours de Frosine dans l'Avare. Elle s'engage à détourner Harpagon du dessein d'épouser Mariane, par le moyen d'une vicomtesse de Basse-Bretagne, dont elle se promet des merveilles, et le Spectateur avec elle. Cependant la pièce finit sans qu'on y revoye ni Frosine, ni sa Basse-Bretonne, qu'on attend toujours. C'est un petit défaut de l'art, que Frosine ne paroisse pas au dénouement de la pièce, et qu'elle ait fait une promesse surabondante que les événemens subséquens de la pièce rendent inutile.* Nous sommes de bonne-foi: M. Diderot a raison ici contre Molière.

CLÉANTE.

Sois assuré, Frosine, de ma reconnoissance, si tu viens à bout de la chose. Mais, charmante Mariane, commençons, je vous prie, par gagner votre mère : c'est toujours beaucoup faire que de rompre ce mariage. Faites-y de votre part, je vous en conjure, tous les efforts qu'il vous sera possible. Servez-vous de tout le pouvoir que vous donne sur elle cette amitié qu'elle a pour vous. Déployez sans réserve les graces éloquentes, les charmes tout-puissans que le ciel a placés dans vos yeux et dans votre bouche ; et n'oubliez rien, s'il vous plaît, de ces tendres paroles, de ces douces prières, et de ces caresses touchantes, à qui je suis persuadé qu'on ne sauroit rien refuser.

MARIANE.

J'y ferai tout ce que je puis, et n'oublierai aucune chose.

SCÈNE II.

HARPAGON, CLÉANTE, MARIANE, ÉLISE, FROSINE.

HARPAGON *à part, sans être aperçu.*

Ouais, mon fils baise la main de sa prétendue belle-mère, et sa prétendue belle-mère ne s'en défend pas fort. Y auroit-il quelque mystère là-dessous ?

ELISE.

Voilà mon père.

HARPAGON.

Le carrosse est tout prêt ; vous pouvez partir quand il vous plaira.

CLÉANTE.

Puisque vous n'y allez pas, mon père, je m'en vais les conduire.

HARPAGON.

Non : demeurez. Elles iront toutes seules, et j'ai besoin de vous.

SCÈNE III*.

HARPAGON, CLÉANTE.

HARPAGON.

Or çà, intérêt de belle-mère à part, que te semble, à toi, de cette personne.

CLÉANTE.

Ce qui me semble ?

HARPAGON.

Oui ; de son air, de sa taille, de sa beauté, de son esprit ?

CLÉANTE.

Là, là.

HARPAGON.

Mais encore ?

CLÉANTE.

A vous en parler franchement, je ne l'ai pas trouvée ici ce que j'en avois cru. Son air est de franche coquette, sa taille est assez gauche, sa beauté très-médiocre, et son esprit des plus communs. Ne croyez pas que ce soit, mon père, pour vous en dégoûter ; car belle-mère pour belle-mère, j'aime autant celle-là qu'une autre.

HARPAGON.

Tu lui disois tantôt pourtant....

CLÉANTE.

Je lui ai dit quelques douceurs en votre nom, mais c'étoit pour vous plaire.

HARPAGON.

Si bien donc, que tu n'aurois pas d'inclination pour elle ?

CLÉANTE.

Moi ? Point du tout.

---

* M. de Voltaire a remarqué que l'épreuve de l'Avare sur le cœur de son fils, est la même que celle de Mithridate dans la Tragédie de ce nom, représentée en 1673, un mois avant la mort de Molière. Harpagon et le roi de Pont sont deux vieillards amoureux, dit-il ; l'un et l'autre ont leur fils pour rival ; l'un et l'autre se servent du même artifice pour découvrir l'intelligence qui est entre leur fils et leur maîtresse, et les deux pièces finissent par le mariage du jeune homme.

HARPAGON.

J'en suis fâché, car cela rompt une pensée qui m'étoit venue dans l'esprit. J'ai fait, en la voyant ici, réflexion sur mon âge ; et j'ai songé qu'on pourra trouver à redire de me voir marier à une jeune personne. Cette considération m'en faisoit quitter le dessein ; et comme je l'ai fait demander, et que je suis pour elle engagé de parole, je te l'aurois donnée, sans l'aversion que tu témoignes.

CLEANTE.

A moi ?

HARPAGON.

A toi.

CLEANTE.

En mariage ?

HARPAGON.

En mariage.

CLEANTE.

Ecoutez. Il est vrai qu'elle n'est pas fort à mon goût ; mais pour vous faire plaisir, mon père, je me résoudrai à l'épouser si vous voulez.

HARPAGON.

Moi ? Je suis plus raisonnable que tu ne penses. Je ne veux point forcer ton inclination.

CLEANTE.

Pardonnez-moi, je ferai cet effort pour l'amour de vous.

HARPAGON.

Non, non. Un mariage ne sauroit être heureux, où l'inclination n'est pas.

CLEANTE.

C'est une chose, mon père, qui peut-être viendra ensuite : et l'on dit que l'amour est souvent un fruit du mariage.

HARPAGON.

Non. Du côté de l'homme on ne doit point risquer l'affaire ; et ce sont des suites fâcheuses, où je n'ai garde de me commettre. Si tu avois senti quelque inclination pour elle, à la bonne heure ; je te l'aurois fait épouser, au lieu de moi ; mais cela n'étant pas, je suivrai mon premier dessein, et je l'épouserai moi-même.

ACTE IV. SCENE III.

CLÉANTE

Hé bien! mon père, puisque les choses sont ainsi, il faut vous découvrir mon cœur; il faut vous révéler notre secret. La vérité est que je l'aime, depuis un jour que je la vis dans une promenade; que mon dessein étoit tantôt de vous la demander pour femme, et que rien ne m'a retenu, que la déclaration de vos sentimens et la crainte de vous déplaire.

HARPAGON.

Lui avez-vous rendu visite?

CLEANTE.

Oui, mon père.

HARPAGON.

Beaucoup de fois?

CLÉANTE.

Assez, pour le tems qu'il y a.

HARPAGON.

Vous a-t-on bien reçu?

CLÉANTE.

Fort bien, mais sans savoir qui j'étois; et c'est ce qui a fait tantôt la surprise de Mariane.

HARPAGON.

Lui avez-vous déclaré votre passion, et le dessein où vous étiez de l'épouser?

CLEANTE.

Sans doute; et même j'en avois fait à sa mère quelque peu d'ouverture.

HARPAGON.

A-t-elle écouté, pour sa fille, votre proposition?

CLÉANTE.

Oui, fort civilement.

HARPAGON.

Et la fille correspond-elle fort à votre amour?

CLÉANTE.

Si j'en dois croire les apparences, je me persuade, mon père, qu'elle a quelque bonté pour moi.

HARPAGON *bas à part.*

Je suis bien-aise d'avoir appris un tel secret, et voilà justement ce que je demandois. (*haut.*) Or, sus, mon fils, savez-vous ce qu'il y a? C'est qu'il faut songer, s'il vous plaît, à vous défaire de votre amour, à cesser toutes vos poursuites auprès d'une personne que je prétends pour moi; et à vous marier dans peu avec celle qu'on vous destine.

CLÉANTE.

Oui, mon père; c'est ainsi que vous me jouez! Hé bien! puisque les choses en sont venues-là, je vous déclare, moi, que je ne quitterai point la passion que j'ai pour Mariane; qu'il n'y a point d'extrémité où je ne m'abandonne pour vous disputer sa conquête; et que, si vous avez pour vous le consentement d'une mère, j'aurai d'autres secours, peut-être, qui combattront pour moi.

HARPAGON.

Comment; pendard! tu as l'audace d'aller sur mes brisées?

CLÉANTE.

C'est vous qui allez sur les miennes; et je suis le premier en date.

HARPAGON.

Ne suis-je pas ton père, et ne me dois-tu pas respect?

CLÉANTE.

Ce ne sont point ici des choses où les enfans soient obligés de déférer aux pères; et l'amour ne connaît personne.

HARPAGON.

Je te ferai bien me connoître avec de bons coups de bâton.

CLÉANTE.

Toutes vos menaces ne feront rien.

HARPAGON.

Tu renonceras à Mariane.

CLÉANTE.

Point du tout.

HARPAGON.

Donnez-moi un bâton tout-a-l'heure.

SCÈNE IV.

HARPAGON, CLÉANTE, MAITRE JACQUES.

M.e JACQUES.

Hé, hé, hé! messieurs, qu'est ceci? A quoi songez-vous.

ACTE IV. SCÈNE IV.

CLÉANTE *.

Je me moque de cela.

M.e JACQUES *à Cléante.*

Ah! monsieur, doucement.

HARPAGON.

Me parler avec cette impudence!

M.e JACQUES *à Harpagon.*

Ah! monsieur, de grace.

CLÉANTE.

Je n'en démordrai point.

M.e JACQUES *à Cléante.*

Hé quoi! à votre père?

HARPAGON.

Laisse-moi faire.

M.e JACQUES *à Harpagon.*

Hé quoi! à votre fils? Encore passe pour moi.

HARPAGON.

Je te veux faire toi-même, maître Jacques, juge de cette affaire, pour montrer comme j'ai raison.

M.e JACQUES.

(*à Cléante.*)

J'y consens. Eloignez-vous un peu.

HARPAGON.

J'aime une fille que je veux épouser; et le pendard a l'insolence de l'aimer avec moi, et d'y prétendre malgré mes ordres.

M.e JACQUES.

Ah! il a tort.

HARPAGON.

N'est-ce pas une chose épouvantable, qu'un fils qui veut entrer en concurrence avec son père, et ne doit-il, par respect, s'abstenir de toucher à mes inclinations?

* La Suivante de Qualité avoit encore fourni cette scène à Molière, au rapport de Riccoboni, et il faut convenir qu'en raison de son peu de vraisemblance, elle a quelque chose du terroir. Maître Jacques, qui va du père au fils, et qui les laisse persuadés qu'ils sont prêts l'un et l'autre à se céder Mariane, l'objet de leur division, tandis qu'ils lui ont dit le contraire, est une vraie caricature dont on auroit deviné la source, quand Riccoboni ne l'auroit pas découverte.

M.e JACQUES.

Vous avez raison. Laissez-moi lui parler, et demeurez là.

CLÉANTE *à maître Jacques, qui s'approche de lui.*

Hé bien, oui, puisqu'il veut te choisir pour juge, je n'y recule point, il ne m'importe qui que ce soit ; et je veux bien aussi me rapporter à toi, maître Jacques, de notre différend.

M.e JACQUES.

C'est beaucoup d'honneur que vous me faites.

CLÉANTE.

Je suis épris d'une jeune personne qui répond à mes vœux, et reçoit tendrement les offres de ma foi, et mon père s'avise de venir troubler notre amour par la demande qu'il en fait faire.

M.e JACQUES.

Il a tort, assurément.

CLÉANTE.

N'a-t-il point de honte, à son âge, de songer à se marier ? Lui sied-il bien d'être amoureux ? Et ne devroit-il pas laisser cette occupation aux jeunes gens ?

M.e JACQUES.

Vous avez raison. Il se moque. Laissez-moi lui dire deux
(*à Harpagon.*)
mots. Hé bien ! votre fils n'est pas si étrange que vous le dites, et il se met à la raison. Il dit qu'il sait le respect qu'il vous doit ; qu'il ne s'est emporté que dans la première chaleur ; et qu'il ne fera point refus de se soumettre à ce qu'il vous plaira, pourvu que vous vouliez le traiter mieux que vous ne faites, et lui donner quelque personne en mariage dont il ait lieu d'être content.

HARPAGON.

Ah ! dis-lui, maître Jacques, que, moyennant cela, il pourra espérer toutes choses de moi ; et que, hors Mariane, je lui laisse la liberté de choisir celle qu'il voudra.

M.e JACQUES.

(*à Cléante.*)

Laissez-moi faire. Hé bien ! votre père n'est pas si déraisonnable que vous le faites : et il m'a témoigné que ce sont vos emportemens qui l'ont mis en colère ; qu'il n'en veut seulement qu'à votre manière d'agir, et qu'il sera fort disposé à vous accor-

ACTE IV. SCENE IV.

der ce que vous souhaitez, pourvu que vous vouliez vous y prendre par la douceur, et lui rendre les déférences, les respects et les soumissions qu'un fils doit à son père.

CLÉANTE.

Ah! maître Jacques; tu lui peux assurer que, s'il m'accorde Mariane, il me verra toujours le plus soumis de tous les hommes, et que jamais je ne ferai aucune chose que par ses volontés.

M.e JACQUES à *Harpagon*.

Cela est fait; il consent à ce que vous dites.

HARPAGON.

Voilà qui va le mieux du monde.

M.e JACQUES à *Cléante*.

Tout est conclu; il est content de vos promesses.

CLÉANTE.

Le ciel en soit loué!

M.e JACQUES.

Messieurs, vous n'avez qu'à parler ensemble : vous voilà d'accord maintenant; et vous alliez vous quereller, faute de vous entendre.

CLÉANTE.

Mon pauvre maître Jacques, je te serai obligé toute ma vie.

M.e JACQUES.

Il n'y a pas de quoi, monsieur.

HARPAGON.

Tu m'as fait plaisir, maître Jacques; et cela mérite récompense.

(*Harpagon fouille dans sa poche; maître Jacques tend la main; mais Harpagon ne tire que son mouchoir, en disant :*)

Va, je m'en souviendrai, je t'assure.

M.e JACQUES.

Je vous baise les mains.

SCÈNE V*.

HARPAGON, CLÉANTE.

CLÉANTE.

Je vous demande pardon, mon père, de l'emportement que j'ai fait paroître.

* C'est dans cette scène, ainsi que vers la fin de la troisième du même acte, que Cléante parle trop peu respectueusement à son père. Ecoutons M. Rousseau de Genève. *C'est un grand vice d'être avare et de prêter à usure ; mais n'en est-ce pas un plus grand encore à un fils de voler son père, de lui manquer de respect, de lui faire mille insultans reproches ; et quand ce père irrité lui donne sa malédiction, de répondre d'un air guoguenard, qu'il n'a que faire de ses dons ? Si la plaisanterie est excellente, en est-elle moins punissable ? Et la pièce où l'on fait aimer le fils insolent qui l'a faite, en est-elle moins une école de mauvaises mœurs ?*

M. Riccoboni avoit fait cette critique dans ses observations sur la comédie, pag. 255 et suiv. Il avoit dit en 1736 que Molière à cet égard *avoit sacrifié les mœurs à l'esprit, et son devoir à son génie.* Cependant il cherche à excuser notre auteur sur ce défaut, par la violence de la passion du jeune homme, par l'obstacle déraisonnable qu'on met à son mariage, par la disette d'argent où il se trouve, par le désespoir où le jette l'infâme usure de son père, et enfin par sa jeunesse. Il observe d'ailleurs qu'après *avoir exécuté ce que l'enthousiasme de son génie lui demandoit, Molière est revenu sur ses pas, et n'a rien oublié pour corriger la faute qu'il avoit faite dans le caractère de Cléante, en nous montrant ce jeune homme rapportant le trésor de son père, et le suppliant avec décence de lui accorder Mariane.*

Il est difficile de voir, avec M. Riccoboni, cette décence, qui ne consiste, de la part du fils, qu'à rapporter la cassette à son père, et à s'en faire un droit pour épouser Mariane ; mais on ajoutera à ce qu'il vient de dire pour la défense de Molière, qu'en voulant peindre à son siècle le vice de l'usure et de la basse avarice, il n'avoit pas dû oublier ces grands traits de la nature, qui nous montreront toujours un homme aussi vil qu'Harpagon, méprisé par tous ses entours, et dépouillé même de tous les droits d'un père, parce que lui-même est sans tendresse pour ses propres enfans, comme Moliere l'a marqué expressément dans la scène quatrieme du cinquieme acte, lorsqu'Harpagon dit à sa fille : *il valoit bien mieux pour moi qu'il te laissât noyer, que de faire ce qu'il a fait.*

ACTE IV. SCÈNE V.

HARPAGON.

Cela n'est rien.

CLEANTE.

Je vous assure que j'en ai tous les regrets du monde.

HARPAGON.

Et moi, j'ai toutes les joies du monde de te voir raisonnable.

CLEANTE.

Quelle bonté à vous d'oublier si vîte ma faute !

HARPAGON.

On oublie aisément les fautes des enfans, lorsqu'ils rentrent dans leur devoir.

CLEANTE.

Quoi ! ne garder aucun ressentiment de toutes mes extravagances ?

HARPAGON.

C'est une chose où tu m'obliges, par la soumission et le respect où tu te ranges.

CLEANTE.

Je vous promets, mon père, que, jusques au tombeau, je conserverai dans mon cœur le souvenir de vos bontés.

HARPAGON.

Et moi, je te promets qu'il n'y aura aucune chose que tu n'obtiennes de moi.

L'impertinence de ses valets avec lui, et le défaut de soumission de ses enfans, sont le vrai châtiment de l'Avare ; et Molière eut manqué son but, s'il nous l'eut offert comme un maître plus redouté, et comme un père plus heureux.

S'il arrivoit à quelqu'un de vouloir tracer le caractere d'un mauvais père, ne lui donneroit-il que des enfans pleins de vertu ? Peindroit-il la bénédiction du ciel répandue sur toute sa famille ? Et la vérité ne le conduiroit-elle pas à tracer les désordres d'un fils rebuté par sa sévérité et par ses injustices, et peut-être l'honneur de sa fille dans le plus grand danger ? Cet écrivain justifieroit-il par-là l'inconduite du fils ou les foiblesses de la fille ? Non : mais il verseroit dans la classe des pères de famille un utile effroi ; il les rameneroit au plaisir et à l'intérêt de se faire aimer.

On pourroit dire ici de M. R... ce que Racine le fils dit du célèbre Lamotte, qui cherchoit des défauts dans Iphigénie... Est-ce à force d'esprit qu'on tombe dans l'erreur ?

Faciunt-ne intelligendo ut nihil intelligant ?

CLEANTE.

Ah! mon père, je ne vous demande plus rien ; et c'est m'avoir assez donné, que de me donner Mariane.

HARPAGON.

Comment ?

CLEANTE.

Je dis, mon père, que je suis trop content de vous, et que je trouve toutes choses dans la bonté que vous avez de m'accorder Mariane.

HARPAGON.

Qui est-ce qui parle de t'accorder Mariane ?

CLEANTE.

Vous, mon père.

HARPAGON.

Moi ?

CLEANTE.

Sans doute.

HARPAGON.

Comment ! c'est toi qui as promis d'y renoncer ?

CLEANTE.

Moi, y renoncer ?

HARPAGON.

Oui.

CLEANTE.

Point du tout.

HARPAGON.

Tu ne t'es pas départi d'y prétendre ?

CLEANTE.

Au contraire, j'y suis plus porté que jamais.

HARPAGON.

Quoi ! pendard, de rechef ?

CLEANTE.

Rien ne me peut changer.

HARPAGON.

Laisse-moi faire, traître.

CLEANTE.

Faites tout ce qu'il vous plaira.

HARPAGON.

Je te défends de me jamais voir.

ACTE IV. SCÈNE VI.

CLEANTE.

A la bonne heure.

HARPAGON.

Je t'abandonne.

CLEANTE.

Abandonnez.

HARPAGON.

Je te renonce pour mon fils.

CLEANTE.

Soit.

HARPAGON.

Je te déshérite.

CLEANTE.

Tout ce que vous voudrez.

HARPAGON.

Et je te donne ma malédiction.

CLEANTE.

Je n'ai que faire de vos dons.

SCÈNE VI *.

CLÉANTE, LA FLÈCHE.

LA FLÈCHE *sortant du jardin avec une cassette.*

Ah! monsieur, que je vous trouve à propos! suivez-moi, vîte.

CLEANTE.

Qu'y a-t-il?

LA FLÈCHE.

Suivez-moi, vous dis-je : nous sommes bien.

CLEANTE.

Comment?

LA FLECHE.

Voici votre affaire.

---

* C'est ici que Molière revient à Plaute. Un valet a découvert le trésor de l'Avare, et l'emporte; chez l'un et l'autre Poëte, l'Avare paroît aussitôt; et sa douleur extravagante, ses transports, ses cris sont à-peu-près les mêmes, et chez l'auteur latin et chez l'auteur français.

CLEANTE.

Quoi?

LA FLECHE.

J'ai guigné ceci tout le jour.

CLEANTE.

Qu'est-ce que c'est?

LA FLÈCHE.

Le trésor de votre père que j'ai attrapé.

CLEANTE.

Comment as-tu fait?

LA FLÈCHE.

Vous saurez tout. Sauvons-nous : je l'entends crier.

SCÈNE VII.

HARPAGON, *criant au voleur dès le jardin.*

Au voleur, au voleur, à l'assassin, au meurtre! Justice, juste ciel! Je suis perdu; je suis assassiné; on m'a coupé la gorge; on m'a dérobé mon argent. Qui peut-ce être? Qu'est-il devenu? Où est-il? Où se cache-t-il? Que ferai-je pour le trouver? Où courir? Où ne pas courir? N'est-il point-là? N'est-il point ici? Qui est-ce? Arrête.

(*à lui-même se prenant par le bras.*)

Rends-moi mon argent, coquin... Ah, c'est moi! mon esprit est troublé, et j'ignore où je suis, qui je suis, et ce que je fais. Hélas! mon pauvre argent, mon pauvre argent, mon cher ami! on m'a privé de toi. Et puisque tu m'es enlevé, j'ai perdu mon support, ma consolation, ma joie : tout est fini pour moi, et je n'ai plus que faire au monde. Sans toi, il m'est impossible de vivre. C'en est fait; je n'en puis plus; je me meurs; je suis mort; je suis enterré. N'y a-t-il personne qui veuille me ressusciter, en me rendant mon cher argent, ou en m'apprenant qui l'a pris? Hé! que dites-vous? ce n'est personne. Il faut, qui que ce soit qui ait fait le coup, qu'avec beaucoup de soin on ait épié l'heure : on a choisi justement le tems que je parlois à mon traître de fils. Sortons. Je veux aller querir la Justice, et faire donner la question à toute ma maison, à servantes, à valets, à fils, à fille, et à moi aussi. Que de gens assemblés! Je ne jette mes regards sur personne qui ne me donne des soupçons, et tout me semble mon voleur. Hé, de quoi est-ce qu'on parle-là de celui qui m'a dérobé? quel bruit on fait la-haut! est-ce mon voleur qui y est? De grace, si l'on sait des nouvelles de mon voleur, je supplie que l'on m'en dise. N'est-il point caché là parmi vous? Ils me regardent tous, et se mettent à rire. Vous verrez qu'ils ont part, sans doute, au vol que l'on m'a fait. Allons vite, des commissaires, des archers, des prévôts, des juges, des gênes, des potences et des bourreaux. Je veux faire pendre tout le monde; et si je ne trouve mon argent, je me pendrai moi-même après.

ACTE V.

SCÈNE I.

HARPAGON, UN COMISSAIRE.

LE COMISSAIRE.

Laissez-moi faire; je sais mon métier, Dieu merci. Ce n'est pas d'aujourd'hui que je me mêle de découvrir des vols; et je voudrois avoir autant de sacs de mille francs, que j'ai fait pendre de personnes.

HARPAGON.

Tous les magistrats sont intéressés à prendre cette affaire en main; et si l'on ne me fait retrouver mon argent, je demanderai justice de la justice.

LE COMMISSAIRE.

Il faut faire toutes les poursuites requises. Vous dites qu'il y avoit dans cette cassette?...

HARPAGON.

Dix mille écus bien comptés.

LE COMMISSAIRE.

Dix mille écus !

HARPAGON.

Dix mille écus.

LE COMMISSAIRE.

Le vol est considérable !

HARPAGON.

Il n'y a pas de supplice assez grand pour l'énormité de ce crime ; et s'il demeure impuni, les choses les plus sacrées ne sont plus en sûreté.

LE COMMISSAIRE.

En quelles espèces étoit cette somme ?

HARPAGON.

En bons louis d'or et pistoles bien trébuchantes.

LE COMMISSAIRE.

Qui soupçonnez-vous de ce vol ?

HARPAGON.

Tout le monde ; et je veux que vous arrêtiez prisonniers la ville et les faubourgs.

LE COMMISSAIRE.

Il faut, si vous m'en croyez, n'effaroucher personne, et tâcher doucement d'attraper quelques preuves, afin de procéder après, par la rigueur, au recouvrement des deniers qui vous ont été pris.

SCÈNE II *.

HARPAGON, UN COMMISSAIRE, MAITRE JACQUES.

M.e JACQUES *dans le fond du théâtre, en se retournant du côté par lequel il est entré.*

Je m'en vais revenir. Qu'on me l'égorge tout-à-l'heure ; qu'on me lui fasse griller les pieds ; qu'on me le mette dans l'eau bouillante, et qu'on me le pende au plancher.

* M. Riccoboni cite encore, à l'égard de ces scènes, le canevas Italien de *Lélio et Arlequin valets dans la même maison*, où Arlequin, par l'animosité qu'il a contre Lélio, vole une

ACTE V. SCÈNE II.

HARPAGON à M.e Jacques.

Qui? Celui qui m'a dérobé?

M.e JACQUES.

Je parle d'un cochon de lait que votre intendant me vient d'envoyer, et je veux vous l'accommoder à ma fantaisie.

HARPAGON.

Il n'est pas question de cela; et voilà monsieur à qui il faut parler d'autre chose.

LE COMMISSAIRE à M.e Jacques.

Ne vous épouvantez point. Je suis un homme à ne vous point scandaliser *, et les choses iront dans la douceur.

M.e JACQUES.

Monsieur est de votre souper?

LE COMMISSAIRE.

Il faut ici, mon cher ami, ne rien cacher à votre maître.

M.e JACQUES.

Ma foi, monsieur, je montrerai tout ce que je sais faire, et je vous traiterai du mieux qu'il me sera possible.

HARPAGON.

Ce n'est pas là l'affaire.

M.e JACQUES.

Si je ne vous fais pas aussi bonne chère que je voudrois, c'est la faute de monsieur votre intendant, qui m'a rogné les ailes avec les ciseaux de son économie.

HARPAGON.

Traître! il s'agit d'autre chose que de souper; et je veux que tu me dises des nouvelles de l'argent qu'on m'a pris.

---

bourse et l'accuse d'en être le voleur; ce qui amène l'équivoque plaisante du vol et de la bourse et de l'amour de Lélio pour Flaminia, fille de Pantalon. Au reste M. Riccoboni qui, par une belle passion pour le théâtre de son pays, avoit entrepris de prouver qu'il n'y avoit pas dans la comédie de l'*Avare* quatre scènes qui appartinssent véritablement à Molière, convient cependant qu'un pareil ouvrage n'en est que plus difficile à faire, et que les copies de notre auteur *deviennent des originaux entre ses mains, et perdent le caractère d'imitation servile qu'il est si difficile aux Auteurs de ne pas laisser dans les ouvrages dont les idées ne leur appartiennent pas.*

* *Je suis homme à ne vous point scandaliser. Scandaliser* n'a pas paru le terme propre.

M.e JACQUES.

On vous a pris de l'argent ?

HARPAGON.

Oui, coquin; et je m'en vais te faire pendre, si tu ne me le rends.

LE COMMISSAIRE à *Harpagon*.

Mon Dieu! ne le maltraitez point. Je vois à sa mine qu'il est honnête homme; et que, sans se faire mettre en prison, il vous découvrira ce que vous voulez savoir. Oui, mon ami, si vous nous confessez la chose, il ne vous sera fait aucun mal, et vous serez récompensé comme il faut par votre maître. On lui a pris aujourd'hui son argent; et il n'est pas que vous ne sachiez quelques nouvelles de cette affaire.

M.e JACQUES, *bas à part*.

Voici justement ce qu'il me faut pour me venger de notre intendant. Depuis qu'il est entré céans, il est le favori; on n'écoute que ses conseils; et j'ai aussi sur le cœur les coups de bâton de tantôt.

HARPAGON.

Qu'as-tu à ruminer ?

LE COMMISSAIRE à *Harpagon*.

Laissez-le faire. Il se prépare à vous contenter; et je vous ai bien dit qu'il étoit honnête homme.

M.e JACQUES.

Monsieur, si vous voulez que je vous dise les choses, je crois que c'est monsieur votre cher intendant qui a fait le coup.

HARPAGON.

Valère ?

M.e JACQUES.

Oui.

HARPAGON.

Lui ! qui me paroît si fidèle ?

M.e JACQUES.

Lui-même. Je crois que c'est lui qui vous a dérobé.

HARPAGON.

Et sur quoi le crois-tu ?

M.e JACQUES.

Sur quoi ?

ACTE V. SCÈNE II.

HARPAGON.

Oui.

M.e JACQUES.

Je le crois.... sur ce que je le crois.

LE COMMISSAIRE.

Mais il est nécessaire de dire les indices que vous avez.

HARPAGON.

L'as-tu vu rôder autour du lieu où j'avois mis mon argent?

M.e JACQUES.

Oui, vraiment. Où étoit-il, votre argent?

HARPAGON.

Dans le jardin.

M.e JACQUES.

Justement ; je l'ai vu rôder dans le jardin. Et dans quoi est-ce que cet argent étoit?

HARPAGON.

Dans une cassette.

M.e JACQUES.

Voilà l'affaire. Je lui ai vu une cassette.

HARPAGON.

Et cette cassette, comment est-elle faite? Je verrai bien si c'est la mienne.

M.e JACQUES.

Comment est-elle faite?

HARPAGON.

Oui.

M.e JACQUES.

Elle est faite.... elle est faite comme une cassette.

LE COMMISSAIRE.

Cela s'entend. Mais dépeignez-la un peu pour voir.

M.e JACQUES.

C'est une grande cassette.

HARPAGON.

Celle qu'on m'a volée, est petite.

M.e JACQUES.

Hé oui, elle est petite, si on le veut prendre par-là ; mais je l'appelle grande pour ce qu'elle contient.

LE COMMISSAIRE.

Et de quelle couleur est-elle?

M.e JACQUES.

De quelle couleur?

LE COMMISSAIRE.

Oui.

M.e JACQUES.

Elle est de couleur.... là, d'une certaine couleur.... Ne sauriez-vous m'aider à dire?

HARPAGON.

Hé?

M.e JACQUES.

N'est-elle pas rouge?

HARPAGON.

Non, grise.

M.e JACQUES.

Hé, oui, gris-rouge; c'est ce que je voulois dire.

HARPAGON.

Il n'y a point de doute; c'est elle assurément. Ecrivez, monsieur, écrivez sa déposition. Ciel! à qui désormais se fier! il ne faut plus jurer de rien; et je crois, après cela, que je suis homme à me voler moi-même.

M.e JACQUES à *Harpagon.*

Monsieur, le voici qui revient. Ne lui allez pas dire au moins que c'est moi qui vous ai découvert cela.

SCÈNE III *.

HARPAGON, UN COMMISSAIRE, VALÈRE, MAITRE JACQUES.

HARPAGON.

Approche; viens confesser l'action la plus noire, l'attentat le plus horrible qui jamais ait été commis.

* Cette scène excellente est due à Plaute, et Molière, l'a imitée comme il a coutume de faire, en surpassant son original. Il faut remarquer que Molière, toujours aussi attentif qu'il pouvoit l'être aux bienséances, lève tous les doutes qu'on pourroit avoir sur la conduite d'Elise avec son amant, puisqu'il fait dire à ce dernier, que *c'est d'une ardeur toute pure et respectueuse qu'il a brûlé pour elle; qu'il aimeroit mieux mourir que da*

ACTE V. SCÈNE III.

VALÈRE.

Que voulez-vous monsieur ?

HARPAGON.

Comment, traître ! tu ne rougis pas de ton crime ?

VALÈRE.

De quel crime voulez-vous donc parler ?

HARPAGON.

De quel crime je veux parler, infâme ? comme si tu ne savois pas ce que je veux dire ! C'est en vain que tu prétendrois de le déguiser : l'affaire est découverte, et l'on vient de m'apprendre tout. Comment ! abuser ainsi de ma bonté, et s'introduire exprès chez moi pour me trahir, pour me jouer un tour de cette nature !

VALÈRE.

Monsieur, puisqu'on vous a découvert tout, je ne veux point chercher de détours, et vous nier la chose.

M.e JACQUES *à part.*

Oh, oh ! aurois-je deviné sans y penser ?

VALÈRE.

C'étoit mon dessein de vous en parler, et je voulois attendre pour cela, des conjonctures favorables ; mais puisqu'il est ainsi, je vous conjure de ne vous point fâcher, et de vouloir entendre mes raisons.

HARPAGON.

Et quelles belles raisons peux-tu me donner, voleur infâme ?

VALÈRE.

Ah ! monsieur, je n'ai pas mérité ces noms. Il est vrai que j'ai commis une offense envers vous, mais, après tout, ma faute est pardonnable.

HARPAGON.

Comment ! pardonnable ? Un guet-à-pens, un assassinat de la sorte ?

lui avoir fait paroître aucune pensée offensante ; qu'elle est trop sage et trop honnête pour cela. L'auteur de Plaute étoit sur ce point dans une position bien différente, puisque la fille d'Euclion venoit d'accoucher, et qu'elle avoit été violée par son amant.

L'AVARE.
VALÈRE.
De grace, ne vous mettez point en colère. Quand vous m'aurez oüi, vous verrez que le mal n'est pas si grand que vous le faites.

HARPAGON.
Le mal n'est pas si grand que je le fais! Quoi! mon sang, mes entrailles, pendard!

VALÈRE.
Votre sang, monsieur, n'est pas tombé dans de mauvaises mains. Je suis d'une condition à ne lui point faire de tort; et il n'y a rien en tout ceci que je ne puisse bien réparer.

HARPAGON.
C'est bien mon intention, et que tu me restitue ce que tu m'as ravi.

VALÈRE.
Votre honneur, monsieur, sera pleinement satisfait.

HARPAGON.
Il n'est pas question d'honneur là-dedans. Mais dis-moi qui t'a porté à cette action?

VALÈRE.
Hélas! me le demandez-vous?

HARPAGON.
Oui, vraiment, je te le demande.

VALERE.
Un dieu qui porte les excuses de tout ce qu'il fait faire : l'Amour.

HARPAGON.
L'Amour!

VALÈRE.
Oui.

HARPAGON.
Bel amour, bel amour; ma foi! l'amour de mes louis d'or!

VALERE.
Non, monsieur, ce ne sont point vos richesses qui m'ont tenté; ce n'est pas cela qui m'a ébloui; et je proteste de ne prétendre rien à tous vos biens, pourvu que vous me laissiez celui que j'ai.

ACTE V. SCÈNE III.

HARPAGON.

Non ferai, de par tous les diables ; je ne te le laisserai pas. Mais voyez quelle insolence, de vouloir retenir le vol qu'il m'a fait !

VALÈRE.

Appelez-vous cela un vol ?

HARPAGON.

Si je l'appelle un vol ? un trésor comme celui-là !

VALÈRE.

C'est un trésor, il est vrai, et le plus précieux que vous ayez, sans doute ; mais ce ne sera pas le perdre, que de me le laisser. Je vous le demande à genoux, ce trésor plein de charmes ; et pour bien faire, il faut que vous me l'accordiez.

HARPAGON.

Je n'en ferai rien. Qu'est-ce à dire, cela ?

VALÈRE.

Nous nous sommes promis une foi mutuelle, et avons fait serment de ne nous point abandonner.

HARPAGON.

Le serment est admirable, et la promesse plaisante !

VALÈRE.

Oui ; nous nous sommes engagés d'être l'un à l'autre à jamais.

HARPAGON.

Je vous en empêcherai bien, je vous assure.

VALÈRE.

Rien, que la mort, ne nous peut séparer.

HARPAGON.

C'est être bien endiablé après mon argent !

VALÈRE.

Je vous ai déjà dit, monsieur, que ce n'étoit point l'intérêt qui m'avoit poussé à faire ce que j'ai fait. Mon cœur n'a point agi par les ressorts que vous pensez, et un motif plus noble m'a inspiré cette résolution.

HARPAGON.

Vous verrez que c'est par charité chrétienne qu'il veut avoir mon bien. Mais j'y donnerai bon ordre ; et la justice, pendard effronté, me va faire raison de tout.

VALÈRE.

Vous en userez comme vous voudrez; et me voilà prêt à souffrir toutes les violences qu'il vous plaira; mais je vous prie de croire au moins que, s'il y a du mal, ce n'est que moi qu'il en faut accuser; et que votre fille, en tout ceci, n'est aucunement coupable.

HARPAGON.

Je le crois bien, vraiment! il seroit fort étrange que ma fille eût trempé dans ce crime. Mais je veux ravoir mon affaire, et que tu me confesses en quel endroit tu me l'as enlevée.

VALÈRE.

Moi? Je ne l'ai point enlevée, et elle est encore chez vous.

HARPAGON.

(*à part.*)   (*haut.*)

O ma chère cassette! Elle n'est point sortie de ma maison?

VALÈRE.

Non, monsieur.

HARPAGON.

Hé, dis-moi un peu; tu n'y as point touché?

VALÈRE.

Moi, y toucher! Ah! vous lui faites tort, aussi bien qu'à moi; et c'est d'une ardeur toute pure et respectueuse, que j'ai brûlé pour elle.

HARPAGON *à part*.

Brûlé pour ma cassette!

VALÈRE.

J'aimerois mieux mourir, que de lui avoir fait paroître aucune pensée offensante: elle est trop sage et trop honnête pour cela.

HARPAGON *à part*.

Ma cassette trop honnête!

VALÈRE.

Tous mes desirs se sont bornés à jouir de sa vue; et rien de criminel n'a profané la passion que ses beaux yeux m'ont inspirée.

HARPAGON *à part*.

Les beaux yeux de ma cassette! Il parle d'elle comme un amant d'une maîtresse.

ACTE V. SCÈNE III.

VALÈRE.

Dame Claude, monsieur, sait la vérité de cette aventure, et elle vous peut rendre témoignage....

HARPAGON.

Quoi ! ma servante est complice de l'affaire ?

VALÈRE.

Oui, monsieur : elle a été témoin de notre engagement ; et c'est après avoir connu l'honnêteté de ma flamme, qu'elle m'a aidé à persuader votre fille de me donner sa foi, et de recevoir la mienne.

HARPAGON.

(*à part.*)

Hé ! est-ce que la peur de la justice le fait extravaguer ? (*à Valère.*)
Que nous brouilles-tu ici de ma fille ?

VALÈRE.

Je dis, monsieur, que j'ai eu toutes les peines du monde à faire consentir sa pudeur à ce que vouloit mon amour.

HARPAGON.

La pudeur de qui ?

VALÈRE.

De votre fille ; et c'est seulement depuis hier qu'elle a pu se résoudre à nous signer mutuellement une promesse de mariage.

HARPAGON.

Ma fille t'a signé une promesse de mariage ?

VALÈRE.

Oui, monsieur, comme de ma part je lui en ai signé une.

HARPAGON.

O ciel ! autre disgrace.

M.e JACQUES *au Commissaire.*

Ecrivez, monsieur, écrivez.

HARPAGON.

Rengrégement de mal ! Surcroît de désespoir ! (*au Commissaire.*) Allons, monsieur, faites le dû de votre charge, et dressez-lui-moi son procès comme larron et comme suborneur.

M.e JACQUES.

Comme larron et comme suborneur.

VALÈRE.

Ce sont des noms qui ne me sont point dus; et quand on saura qui je suis...

L'AVARE.
SCÈNE IV*.
HARPAGON, ÉLISE, MARIANE, VALÈRE, FROSINE, MAITRE JACQUES, UN COMMISSAIRE.

HARPAGON.

Ah! fille scélérate! fille indigne d'un père comme moi! C'est ainsi que tu pratiques les leçons que je t'ai données? Tu te lais-

---

* Deux auteurs, *Simon Carpentier*, Professeur Royal à Paris, et *Antonius Codrus Urceus*, Professeur à Boulogne, ont suppléé à ce qui nous manquoit du cinquième acte de Plaute; mais ce n'est d'aucun de ces auteurs que Molière a emprunté son dénouement. Les deux reconnoissances imprévues et subites que fait Anselme de son fils et de sa fille, nuisent à la perfection de cet ouvrage.

Il faudroit au moins que dans la scène sixième du premier acte, où Harpagon parle d'Anselme à sa fille comme d'un homme prudent et sage dont on vante les grands biens, il ajoutât que cet Anselme cherche, par le mariage, à réparer la perte de deux enfans qu'il avoit eus en Italie sous un autre nom: cela prépareroit un peu au romanesque du dénouement, et rien ne seroit si facile à ajouter dans une pièce en prose.

On a remarqué d'ailleurs qu'Harpagon n'étoit puni que du côté de son amour, et que sa cassette retrouvée devoit lui rendre supportable la peine de perdre ce qu'il aime bien moins que son cher argent. Mais ne l'est-il pas aussi par le mépris général dont il est couvert, et dont il a eu tant de preuves dans le cours de l'action, et surtout par la perte qu'il a faite de l'estime de ses propres enfans! Le mépris est un châtiment chez une Nation sensible à l'honneur. *C'est une pilule*, a dit Molière, *qu'on peut bien avaler, mais qu'on ne peut mâcher sans faire la grimace.*

Molière avoit écrit son *Avare* en prose, dit M. de Voltaire dans ses questions sur l'Encyclopédie, pour le mettre ensuite en vers; mais il parut si bon, ajoute-t-il, que les comédiens voulurent le jouer tel qu'il étoit, et que personne n'osa depuis y toucher.

Il y a des plaisanteries faites pour la prose, et d'autres pour les vers. Tel bon conte dans la conversation, deviendroit insipide s'il étoit versifié; et tel autre ne réussiroit bien qu'en rimes. Molière avoit, à cet égard, le tact le plus sûr, et il n'est aucune de ses comédies en prose, qui ne perdît de son naturel et de sa plaisanterie naïve, si elle étoit écrite autrement qu'elle ne l'est.

ACTE V. SCÈNE IV.

ses prendre d'amour pour un voleur infâme, et tu lui engages ta foi sans mon consentement! Mais vous serez trompés l'un et l'autre. (à Elise.) Quatre bonnes murailles me répondront de ta conduite ; (à Valère.) et une bonne potence me fera raison de ton audace.

VALÈRE.

Ce ne sera point votre passion qui jugera l'affaire; et l'on m'écoutera au moins avant que de me condamner.

HARPAGON.

Je me suis abusé de dire une potence, et tu seras roué tout vif.

ELISE *aux genoux d'Harpagon.*

Ah! mon père, prenez des sentimens un peu plus humains, je vous prie, et n'allez point pousser les choses dans les dernières violences du pouvoir paternel*. Ne vous laissez point entraîner aux premiers mouvemens de votre passion, et donnez-vous le tems de considérer ce que vous voulez faire. Prenez la peine de mieux voir celui dont vous vous offensez**. Il est tout autre que vos yeux ne le jugent; et vous trouverez moins étrange que je me sois donnée à lui, lorsque vous saurez que sans lui vous ne m'auriez plus il y a long-tems. Oui, mon père; c'est lui qui me sauva de ce grand péril que vous savez que je courus dans l'eau, et à qui vous devez la vie de cette même fille ; dont....

HARPAGON.

Tout cela n'est rien, et il valoit bien mieux pour moi qu'il te laissât noyer, que de faire ce qu'il a fait.

ELISE.

Mon père, je vous conjure par l'amour paternel, de me...

HARPAGON.

Non, non ; je ne veux rien entendre, et il faut que la justice fasse son devoir.

M.e JACQUES *à part.*

Tu me paieras mes coups de bâton.

---

* *Pousser les choses dans les dernières violences du pouvoir paternel*, a paru peu naturel.

** *Celui dont vous vous offensez.* On ne dit point *s'offenser de quelqu'un*, mais *de quelque chose.*

L'AVARE.

FROSINE *à part.*

Voici un étrange embarras!

SCÈNE V.

ANSELME, HARPAGON, ÉLISE, MARIANE, FROSINE, VALÈRE, UN COMMISSAIRE, MAITRE JACQUES.

ANSELME.

Qu'est-ce, seigneur Harpagon? je vous vois tout ému.

HARPAGON.

Ah! seigneur Anselme, vous me voyez le plus infortuné de tous les hommes, et voici bien du trouble et du désordre au contrat* que vous venez de faire. On m'assassine dans le bien; on m'assassine dans l'honneur; et voilà un traître, un scélérat qui a violé tous les droits les plus saints, qui s'est coulé chez moi sous le titre de domestique, pour me dérober mon argent, et pour me suborner ma fille.

VALÈRE.

Qui songe à votre argent, dont vous me faites un galimatias?

HARPAGON

Oui, ils se sont donné l'un à l'autre une promesse de mariage. Cet affront vous regarde, seigneur Anselme, et c'est vous qui devez vous rendre partie contre lui, et faire, à vos dépens, toutes les poursuites de la justice, pour vous venger de son insolence.

ANSELME.

Ce n'est pas mon dessein de me faire épouser par force, et de rien prétendre à un cœur qui se seroit donné: mais pour vos intérêts, je suis prêt à les embrasser, ainsi que les miens propres.

HARPAGON.

Voilà monsieur qui est un honnête commissaire, qui n'oubliera rien, à ce qu'il m'a dit, de la fonction de son office.

---

* *Bien du trouble et du désordre au contrat*, n'a pas paru une expression propre.

ACTE V. SCÈNE V.

(au Commissaire, montrant Valère.)

Chargez-le comme il le faut, monsieur, et rendez les choses bien criminelles.

VALÈRE.

Je ne vois pas quel crime on me peut faire de la passion que j'ai pour votre fille, et le supplice où vous croyez que je puisse être condamné pour notre engagement, lorsqu'on saura ce que je suis.

HARPAGON.

Je me moque de tous ces contes; et le monde aujourd'hui n'est plein que de ces larrons de noblesse, que de ces imposteurs qui tirent avantage de leur obscurité, et s'habillent insolemment du premier nom illustre qu'ils s'avisent de prendre.

VALÈRE.

Sachez que j'ai le cœur trop bon * pour me parer de quelque chose qui ne soit point à moi; et que tout Naples peut rendre témoignage de ma naissance.

ANSELME.

Tout beau! prenez garde à ce que vous allez dire. Vous risquez ici plus que vous ne pensez; et vous parlez devant un homme à qui tout Naples est connu, et qui peut aisément voir clair dans l'histoire que vous ferez.

VALÈRE.

Je ne suis point homme à rien craindre; et si Naples vous est connu, vous savez qui étoit Don Thomas d'Alburci.

ALSELME.

Sans doute, je le sais; et peu de gens l'ont connu mieux que moi.

HARPAGON.

Je ne me soucie ni de Don Thomas, ni de Don Martin.

(Harpagon voyant deux chandelles allumées, en souffle une.)

ANSELME.

De grace, laissez-le parler; nous verrons ce qu'il en veut dire.

VALÈRE.

Je veux dire que c'est lui qui m'a donné le jour.

ANSELME.

Lui?

---

* *Le cœur trop bon*, a paru impropre.

VALÈRE.
Oui.

ANSELME.
Allez ; vous vous moquez. Cherchez quelqu'autre histoire qui vous puisse mieux réussir, et ne prétendez pas vous sauver sous cette imposture.

VALÈRE.
Songez à mieux parler. Ce n'est point une imposture, et je n'avance rien qu'il ne me soit aisé de justifier.

ANSELME.
Quoi ! vous osez vous dire le fils de Don Thomas d'Alburci ?

VALÈRE.
Oui, je l'ose, et je suis prêt de soutenir cette vérité contre qui que ce soit.

ANSELME.
L'audace est merveilleuse ! Apprenez, pour vous confondre, qu'il y a seize ans pour le moins, que l'homme dont vous nous parlez, périt sur mer avec ses enfans et sa femme, en voulant dérober leur vie aux cruelles persécutions qui ont accompagné les désordres de Naples, et qui en firent exiler plusieurs nobles familles.

VALÈRE.
Oui ; mais apprenez, pour vous confondre, vous, que son fils, âgé de sept ans, avec un domestique, fut sauvé de ce naufrage par un vaisseau espagnol, et que ce fils sauvé est celui qui vous parle. Apprenez que le capitaine de ce vaisseau, touché de ma fortune, prit amitié pour moi, qu'il me fit élever comme son propre fils, et que les armes furent mon emploi dès que je m'en trouvai capable ; que j'ai su depuis peu que mon père n'étoit pas mort, comme je l'avois toujours cru ; que passant ici pour l'aller chercher, une aventure, par le ciel concertée, me fit voir la charmante Elise ; que cette vue me rendit esclave de ses beautés, et que la violence de mon amour et les sévérités de son père me firent prendre la résolution de m'introduire dans son logis, et d'envoyer un autre à la quête de mes parens.

ANSELME.
Mais quels témoignages encore, autres que vos paroles, nous peuvent assurer que ce ne soit point une fable que vous ayez bâtie sur une vérité ?

ACTE V. SCÈNE V.

VALÈRE.

Le capitaine espagnol, un cachet de rubis qui étoit à mon père, un brasselet d'agathe que ma mère m'avoit mis au bras, le vieux Pédro, ce domestique qui se sauva avec moi du naufrage.

MARIANE.

Hélas ! à vos paroles je puis ici répondre, moi, que vous n'imposez point, et tout ce que vous dites me fait connoître clairement que vous êtes mon frère.

VALÈRE.

Vous ma sœur !

MARIANE.

Oui. Mon cœur s'est ému dès le moment que vous avez ouvert la bouche ; et notre mère, que vous allez ravir, m'a mille fois entretenue des disgraces de notre famille. Le ciel ne nous fit point aussi périr dans ce triste naufrage ; mais il ne nous sauva la vie que par la perte de notre liberté ; et ce furent des corsaires qui nous recueillirent, ma mère et moi, sur un débris de notre vaisseau. Après dix ans d'esclavage, une heureuse fortune nous rendit notre liberté ; et nous retournâmes dans Naples, où nous trouvâmes tout notre bien vendu, sans y pouvoir trouver des nouvelles de notre père. Nous passâmes à Gênes, où ma mère alla ramasser quelques malheureux restes d'une succession qu'on avoit déchirée ; et de là, fuyant la barbare injustice de ses parens, elle vint en ces lieux, où elle n'a presque vécu que d'une vie languissante.

ANSELME.

O ciel ! quels sont les traits de ta puissance ! et que tu fais bien voir qu'il n'appartient qu'à toi de faire des miracles ! Embrassez-moi, mes enfans, et mêlez tous deux vos transports à ceux de votre père.

VALÈRE.

Vous êtes notre père ?

MARIANE.

C'est vous que ma mère a tant pleuré ?

ANSELME.

Oui, ma fille ; oui, mon fils ; je suis Don Thomas d'Alburci, que le ciel garantit des ondes avec tout l'argent qu'il portoit, et qui, vous ayant tous cru morts durant plus de seize ans, se préparoit, après de longs voyages, à chercher dans l'hymen d'une douce et sage personne, la consolation de quelque nouvelle famille. Le peu de sûreté que j'ai vu pour ma vie à retourner à Naples, m'a fait y renoncer pour toujours; et ayant su trouver moyen d'y faire vendre ce que j'avois, je me suis habitué ici, où, sous le nom d'Anselme, j'ai voulu m'é-loigner * les chagrins de cet autre nom, qui m'a causé tant de traverses.

HARPAGON à *Anselme*.

C'est-là votre fils?

ANSELME.

Oui.

HARPAGON.

Je vous prends à partie pour me payer dix mille écus qu'il m'a volés.

ANSELME.

Lui! vous avoir volé?

HARPAGON.

Lui même.

VALÈRE.

Qui vous dit cela?

HARPAGON.

Maître Jacques.

VALÈRE à *M.e Jacques*.

C'est toi qui le dis?

M.e JACQUES.

Vous voyez que je ne dis rien.

HARPAGON.

Oui. Voilà monsieur le commissaire qui a reçu sa déposition.

VALÈRE.

Pouvez-vous me croire capable d'une action si lâche?

HARPAGON.

Capable ou non capable, je veux ravoir mon argent.

---

* *M'éloigner les chagrins*, pour dire *éloigner de moi*, n'a pas paru français.

ACTE V. SCÈNE VI.

SCÈNE VI ET DERNIÈRE.

HARPAGON, ANSELME, ÉLISE, MARIANE, CLÉANTE, VALÈRE, FROSINE, UN COMMISSAIRE, MAITRE JACQUES, LA FLÈCHE.

CLÉANTE.

Ne vous tourmentez point, mon père, et n'accusez personne. J'ai découvert des nouvelles de votre affaire ; et je viens ici pour vous dire que, si vous voulez vous résoudre à me laisser épouser Mariane, votre argent vous sera rendu.

HARPAGON.

Où est-il ?

CLÉANTE.

Ne vous mettez point en peine. Il est en lieu dont je réponds, et tout ne dépend que de moi. C'est à vous de me dire à quoi vous vous déterminez ; et vous pouvez choisir, ou de me donner Mariane, ou de perdre votre cassette.

HARPAGON.

N'en a-t-on rien ôté ?

CLÉANTE.

Rien du tout. Voyez si c'est votre dessein de souscrire à ce mariage, et de joindre votre consentement à celui de sa mère, qui lui laisse la liberté de faire un choix entre nous deux.

MARIANE à *Cléante.*

Mais vous ne savez pas que ce n'est pas assez que ce consen-
(*montrant Valère.*)
tement ; et que le ciel, avec un frère que vous voyez, vient de
(*montrant Anselme.*)
me rendre un père, dont vous avez à m'obtenir.

ANSELME.

Le ciel, mes enfans, ne me redonne point à vous pour être contraire à vos vœux. Seigneur Harpagon, vous jugez bien que le choix d'une jeune personne tombera sur le fils plutôt que sur le père : allons, ne vous faites point dire ce qu'il n'est point nécessaire d'entendre ; et consentez, ainsi que moi, à ce double hymenée.

HARPAGON.

Il faut, pour me donner conseil, que je voye ma cassette.

CLEANTE.

Vous la verrez saine et entière.

HARPAGON.

Je n'ai point d'argent à donner en mariage à mes enfans.

ANSELME.

Hé bien! j'en ai pour eux; que cela ne vous inquiète point.

HARPAGON.

Vous obligerez-vous à faire tous les frais de ces deux mariages?

ANSELME.

Oui, je m'y oblige. Êtes-vous satisfait?

HARPAGON.

Oui, pourvu que, pour les noces, vous me fassiez faire un habit.

ANSELME.

D'accord. Allons jouir de l'alégresse que cet heureux jour nous présente.

LE COMMISSAIRE.

Holà, messieurs, holà! Tout doucement, s'il vous plaît. Qui me payera mes écritures?

HARPAGON.

Nous n'avons que faire de vos écritures.

LE COMMISSAIRE.

Oui? Mais je ne prétends pas, moi, les avoir faites pour rien.

HARPAGON *montrant M.e Jacques.*

Pour votre paiement, voilà un homme que je vous donne à pendre.

M.e JACQUES.

Hélas! comment faut-il donc faire? On me donne des coups de bâton pour dire vrai, et on me veut pendre pour mentir!

ANSELME.

Seigneur Harpagon, il lui faut pardonner cette imposture.

HARPAGON.

Vous payerez donc le commissaire?

ANSELME.

Soit. Allons vîte faire part de notre joie à votre mère.

HARPAGON.

Et moi, voir ma chère cassette.

FÊTE

DE VERSAILLES.

EN 1668.

Le roi ayant accordé la paix aux instances de ses alliés et aux vœux de toute l'Europe, et donné des marques d'une modération et d'une bonté sans exemple, même dans le plus fort de ses conquêtes, ne pensoit plus qu'à s'appliquer aux affaires de son royaume, lorsque, pour réparer, en quelque sorte, ce que la cour avoit perdu dans le carnaval, pendant son absence, il résolut de faire une fête dans les jardins de Versailles, où, parmi les plaisirs que l'on trouve dans un séjour si délicieux, l'esprit fût encore touché de ces beautés surprenantes et extraordinaires, dont ce grand prince sait si bien assaisonner tous ses divertissemens.

Pour cet effet voulant donner la comédie en suite d'une collation, et après la comédie, le souper qui fut suivi d'un bal et d'un feu d'artifice, il jeta les yeux sur les personnes qu'il jugea les plus capables pour disposer toutes les choses propres à cela. Il leur marqua lui-même les endroits où la disposition du lieu pouvoit, par sa beauté naturelle, contribuer davantage à leur décoration; et, parce que l'un des plus beaux ornemens de cette maison est la quantité des eaux que l'art y a conduites malgré la nature qui les lui avoit refusées, sa majesté leur ordonna de s'en servir, le plus qu'ils pourroient, à l'embellissement de ces lieux, et même leur ouvrit les moyens de les employer, et d'en tirer les effets qu'elles peuvent faire.

Pour l'exécution de cette fête, le duc de Créqui, comme premier gentilhomme de la chambre, fut chargé de ce qui regardoit la comédie; le maréchal de Bellefonds, comme premier maître-d'hôtel du roi, prit soin de la collation, du souper, et de tout ce qui regardoit le service des tables; et M. Colbert, comme surintendant des bâtimens, fit construire et embellir les divers lieux destinés à ce divertissement royal, et donna les ordres pour l'exécution des feux d'artifice.

Le sieur Vigarani eut ordre de dresser le théâtre pour la comédie, le sieur Gissey d'accommoder un endroit pour le souper, et le sieur le Vau, premier architecte du roi, un autre pour le bal.

Le mercredi, dix-huitième jour de juillet, le roi étant parti de Saint-Germain, vint dîner à Versailles avec la reine, monseigneur le dauphin, monsieur et madame. Le reste de la cour étant arrivé incontinent après midi, trouva des officiers du roi qui faisoient les honneurs, et recevoient tout le monde dans les salles du château, où il y avoit, en plusieurs endroits, des tables dressées, et de quoi se rafraîchir; les principales dames furent conduites dans des chambres particulières pour se reposer.

Sur les six heures du soir, le roi, ayant commandé au marquis de Gesvres, capitaine de ses gardes, de faire ouvrir toutes les portes, afin qu'il n'y eût personne qui ne prît part au divertissement, sortit du château avec la reine, et tout le reste de la cour, pour prendre le plaisir de la promenade.

Quand leurs majestés eurent fait le tour du grand parterre, elles descendirent dans celui du gazon qui est du côté de la grotte, où, après avoir considéré les fontaines qui les embellissent, elles s'arrêtèrent particulièrement à regarder celle qui est en bas du petit parc, du côté de la pompe. Dans le milieu de son bassin, l'on voit un dragon de bronze, qui, percé d'une flèche, semble vomir le sang par la gueule, en poussant en l'air un bouillon d'eau qui retombe en pluie, et couvre tout le bassin.

Autour de ce dragon, il y a quatre petits amours sur des cygnes, qui font chacun un grand jet d'eau, et qui nagent vers le bord comme pour se sauver. Deux de ces amours, qui sont en face du dragon, se cachent le visage avec la main pour ne le pas voir, et sur leur visage l'on aperçoit toutes les marques de la crainte parfaitement exprimée, les deux autres, plus hardis, parce que le monstre n'est pas tourné de leur côté, l'attaquent de leurs armes. Entre ces amours sont des dauphins de bronze, dont la gueule ouverte pousse en l'air de gros bouillons d'eau.

Leurs majestés allèrent ensuite chercher le frais dans ces bosquets si délicieux, où l'épaisseur des arbres empêche que le soleil ne se fasse sentir. Lorsqu'elles furent dans celui dont un grand nombre d'agréables allées forment une espèce de labyrinthe, elles arrivèrent, après plusieurs détours, dans un cabinet de verdure pentagone, où aboutissent cinq allées. Au milieu de ce cabinet, il y a une fontaine dont le bassin est bordé de gazon. De ce bassin sortoient cinq tables en manière de buffets, chargées de toutes les choses qui peuvent composer une collation magnifique.

L'une de ces tables représentoit une montagne, où, dans plusieurs espèces de cavernes, on voyoit diverses sortes de viandes froides, l'autre étoit comme la face d'un palais bâti de massepains et pâtes sucrées. Il y en avoit une chargée de pyramides de confitures sèches, une autre d'une infinité de vases remplis de toutes sortes de liqueurs; et la dernière étoit composée de caramels. Toutes ces tables, dont les plans étoient ingénieusement formés en divers compartimens, étoient couvertes d'une infinité de choses délicates, et disposées d'une manière toute nouvelle; leurs pieds et leurs dossiers étoient environnés de feuillages mêlés de festons de fleurs, dont une partie étoit soutenue par des bacchantes. Il y avoit, entre ces tables, une petite pelouse de mousse verte, qui s'avançoit dans le bassin, et sur laquelle on voyoit, dans de grands vases, des orangers dont les fruits étoient confits; chacun de ces orangers avoit à côté de lui deux autres arbres de différentes espèces, dont les fruits étoient pareillement confits.

Du milieu de ces tables s'élevoit un jet d'eau de plus de trente pieds de haut, dont la chute faisoit un bruit très-agréable ; de sorte qu'en voyant tous ces buffets d'une même hauteur, joints les uns aux autres par des branches d'arbres et de fleurs dont ils étoient revêtus, il sembloit que ce fût une petite montagne, du haut de laquelle sortît une fontaine.

La palissade qui fait l'enceinte de ce cabinet, étoit disposée d'une manière toute particulière ; le jardinier, ayant employé son industrie à bien ployer les branches des arbres, et à les lier ensemble en diverses façons, en avoit formé une espèce d'architecture. Dans le milieu du couronnement, on voyoit un socle de verdure, sur lequel il y avoit un dez qui portoit un vase rempli de fleurs. Aux côtés du dez, et sur le même socle, étoient deux autres vases de fleurs ; et en cet endroit le haut de la palissade venant doucement à s'arrondir en forme de globe, se terminoit aux deux extrémités par deux autres vases aussi remplis de fleurs.

Au lieu de sièges de gazon, il y avoit, tout autour du cabinet, des couches de melons, dont la quantité, la grosseur et la bonté étoient surprenantes pour la saison. Ces couches étoient faites d'une manière toute extraordinaire ; et, à bien considérer la beauté de ce lieu, l'on auroit pu dire autrefois que les hommes n'auroient point eu de part à un si bel arrangement, mais que quelques divinités de ces bois auroient employé leurs soins pour l'embellir de la sorte.

Comme il y a cinq allées qui se terminent toutes dans ce cabinet, et qui forment une étoile, l'on trouvoit ces allées ornées de chaque côté de vingt-six arcades de cyprès. Sous chaque arcade, et sur des sièges de gazon, il y avoit de grands vases remplis de divers arbres chargés de leurs fruits. Dans la première de ces allées, il n'y avoit que des orangers de Portugal. La seconde étoit toute de bigarreautiers et cerisiers mêlés ensemble. La troisième étoit bordée d'abricotiers et de pêchers; la quatrième, de groseillers de Hollande; et dans la cinquième, l'on ne voyoit que des poiriers de différentes espèces. Tous ces arbres faisoient un agréable objet à la vue, à cause de leurs fruits qui paroissoient encore davantage contre l'épaisseur du bois.

Au bout de ces cinq allées, il y a cinq grandes niches de verdure, que l'on voit toutes en face du milieu du cabinet. Ces niches étoient cintrées; et sur les pilastres des côtés s'élevoient deux rouleaux qui s'alloient joindre à un quarré qui étoit au milieu. Dans ce quarré, l'on voyoit les chiffes du roi composés de différentes fleurs; et des deux côtés pendoient des festons qui s'attachoient à l'extrémité des rouleaux. A côté de la niche il y avoit deux arcades aussi de verdure, avec leurs pilastres, d'un côté et d'autre; et tous ces pilastres étoient terminés par des vases remplis de fleurs.

Dans l'une de ces niches étoit la figure du dieu Pan, qui, ayant sur le visage toutes les marques de la joie, sembloit prendre part à celle de toute l'assemblée. Le sculpteur l'avoit disposé dans une action qui faisoit connoître qu'il étoit mis là comme la divinité qui présidoit dans ce lieu.

Dans les quatre autres niches, il y avoit quatre satyres, deux hommes et deux femmes, qui tous sembloient danser, et témoigner le plaisir qu'ils ressentoient de se voir visités par un si grand monarque, suivi d'une si belle cour. Toutes ces figures étoient dorées, et faisoient un effet admirable contre le verd de ces palissades.

Après que leurs majestés eurent été quelque tems dans cet endroit si charmant, et que les dames eurent fait collation, le roi abandonna les tables au pillage des gens qui suivoient ; et la destruction d'un arrangement si beau, servit encore d'un divertissement agréable à toute la cour, par l'empressement et la confusion de ceux qui démolissoient ces châteaux de massepains, et ces montagnes de confitures.

Au sortir de ce lieu, le roi rentrant dans une calèche, la reine dans sa chaise, et tout le reste de la cour dans leurs carrosses, poursuivirent leur promenade pour se rendre à la comédie ; et, passant dans une grande allée de quatre rangs de tilleuls, firent le tour du bassin de la fontaine des cygnes, qui termine l'allée royale vis-à-vis du château. Ce bassin est un quarré long finissant par deux demi-ronds. Sa longueur est de soixante toises, sur quarante de large. Dans son milieu, il y a une infinité de jets d'eau, qui, réunis ensemble, font une gerbe d'une hauteur et d'une grosseur extraordinaires.

A côté de la grande allée royale, il y en a deux autres qui en sont éloignées d'environ deux cents pas; celle qui est à droite en montant vers le château, s'appelle l'allée du roi, et celle qui est à gauche l'allée des prés. Ces trois allées sont traversées par une autre qui se termine à deux grilles qui font la clôture du petit parc. Les deux allées des côtés et celle qui les traverse, ont cinq toises de large; mais à l'endroit où elles se rencontrent, elles forment un grand espace qui a plus de treize toises en quarré. C'est dans cet endroit de l'allée du roi, que le sieur Vigarani avoit disposé le lieu de la comédie. Le théâtre, qui avançoit un peu dans le quarré de la place, s'enfonçoit de dix toises dans l'allée qui monte vers le château, et laissoit pour la salle un espace de treize toises de face sur neuf de large.

L'exhaussement de ce salon étoit de trente pieds jusqu'à la corniche, d'où les côtés du plafond s'élevoient encore de huit pieds jusqu'au dernier enfoncement. Il étoit couvert de feuillée par-dehors; et par-dedans paré de riches tapisseries que le sieur du Metz, intendant des meubles de la couronne, avoit pris soin de faire disposer de la manière la plus belle et la plus convenable pour la décoration de ce lieu. Du haut du plafond pendoient trente-deux chandeliers de crystal, portant chacun dix bougies de cire blanche. Autour de la salle étoient plusieurs sièges disposés en amphithéâtre, remplis de plus de douze cents personnes; et dans le parterre il y avoit encore sur des bancs une plus grande quantité de monde. Cette salle étoit percée par deux grandes arcades, dont l'une étoit vis-à-vis du théâtre, et l'autre du côté qui va vers la grande allée. L'ouverture du théâtre étoit de trente-six pieds, et de chaque côté il y avoit deux grandes colonnes torses de bronze et de lapis, environnées de branches et de feuilles de vigne d'or; elles étoient posées sur des piédestaux de marbre, et portoient une grande corniche aussi de marbre, dans le milieu de laquelle on voyoit les armes du roi sur un cartouche doré, accompagnées de trophées; l'architecture étoit d'ordre ionique. Entre chaque colonne il y avoit une figure: celle qui étoit à droite, représentoit la Paix, et celle qui étoit à gauche figuroit la Victoire, pour montrer que sa majesté est toujours en état de faire que ses peuples jouissent d'une paix heureuse et pleine d'abondance, en rétablissant le repos dans l'Europe, ou d'une victoire glorieuse et remplie de joie, quand elle est obligée de prendre les armes pour soutenir ses droits.

Lorsque leurs majestés furent arrivées dans ce lieu, dont la grandeur et la magnificence surprirent toute la cour, et quand elles eurent pris leurs places sous le haut dais qui étoit au milieu du parterre, on leva la toile qui cachoit la décoration du théâtre; et alors les yeux se trouvant tout-à-fait trompés, l'on crut voir effectivement un jardin d'une beauté extraordinaire.

A l'entrée de ce jardin, l'on découvroit deux

palissades si ingénieusement moulées, qu'elles formoient un ordre d'architecture, dont la corniche étoit soutenue par quatre termes qui représentoient des satyres. La partie d'en bas de ces termes, et ce qu'on appelle gaine, étoient de de jaspe, et le reste de bronze doré. Ces satyres portoient sur leurs têtes des corbeilles pleines de fleurs ; et sur les piédestaux de marbre qui soutenoient ces mêmes termes, il y avoit de grands vases dorés aussi remplis de fleurs.

Un peu plus loin, paroissoient deux terrasses revêtues de marbre blanc, qui environnoient un long canal. Au bord de ces terrasses, il y avoit des masques dorés qui vomissoient de l'eau dans le canal ; et au-dessus de ces masques, on voyoit des vases de bronze doré, d'où sortoient aussi autant de véritables jets d'eau.

On montoit sur ces terrasses par trois degrés ; et sur la même ligne où étoient rangés les termes, il y avoit d'un côté et d'autre une allée de grands arbres, entre lesquels paroissoient des cabinets d'une architecture rustique. Chaque cabinet couvroit un grand bassin de marbre, soutenu sur un piédestal de même matière, et de ces bassins sortoient autant de jets d'eau.

Le bout du canal le plus proche étoit bordé de douze jets d'eau, qui formoient autant de chandeliers ; et à l'autre extrémité, on voyoit un superbe édifice en forme de dôme. Il étoit percé de trois grands portiques, au travers desquels on découvroit une grande étendue de pays.

D'abord on vit sur le théâtre une collation magnifique d'oranges de Portugal, et de toutes sortes de fruits chargés à fond et en pyramides dans trente-six corbeilles, qui furent servies à toute la cour par le maréchal de Bellefonds, et par plusieurs seigneurs, pendant que le sieur de Launay, intendant des menus plaisirs et affaires de la chambre, donnoit de tous côtés des imprimés qui contenoient le sujet de la comédie et du ballet.

Bien que la pièce qu'on représenta doive être considérée comme un impromptu et un de ces ouvrages où la nécessité de satisfaire sur-le-champ aux volontés du roi, ne donne pas toujours le loisir d'y apporter la dernière main, et d'en former les derniers traits, néanmoins il est certain qu'elle est composée de parties si diversifiées et si agréables, qu'on peut dire qu'il n'en a guère paru sur le théâtre de plus capable de satisfaire tout ensemble l'oreille et les yeux des spectateurs. La prose dont on s'est servi, est un langage très-propre pour l'action qu'on représente; et les vers qui se chantent entre les actes de la comédie, conviennent si bien au sujet, et expriment si tendrement les passions dont ceux qui les récitent doivent être émus, qu'il n'y a jamais rien eu de plus touchant. Quoiqu'il semble que ce soient deux comédies que l'on joue en même tems, dont l'une soit en prose et l'autre en vers, elles sont pourtant si bien unies à un même sujet, qu'elles ne font qu'une même pièce, et ne représentent qu'une seule action.

ACTEURS

Des Intermèdes de la Comédie de George Dandin.

GEORGE DANDIN.
BERGERS dansans, déguisés en valets de fête.
BERGERS jouant de la flûte.
CLIMÈNE, bergère chantante.
CLORIS, bergère chantante.
TIRCIS, berger chantant, amant de Climène.
PHILÈNE, berger chantant, amant de Cloris.
UNE BERGÈRE.
BATELIERS dansans.
UN PAYSAN, ami de George Dandin.
CHŒURS DE BERGERS, chantans.
BERGERS et BERGÈRES, dansans.
UN SATYRE, chantant.
UN SUIVANT DE BACCHUS, chantant.
CHŒUR DES SUIVANS DE BACCHUS, chantans.
CHŒUR DES SUIVANS DE L'AMOUR, chantans.
UN BERGER, chantant.
SUIVANS DE BACCHUS et BACCHANTES, dansans.
SUIVANS DE L'AMOUR, dansans.

INTERMÈDES
DE LA COMÉDIE
DE GEORGE DANDIN.

PREMIER INTERMÈDE.

SCÈNE I.

GEORGE DANDIN, BERGERS *déguisés en valets de fête*, BERGERS *jouant de la flûte.*

PREMIÈRE ENTRÉE.

Quatre Bergers déguisés en valets de fête, accompagnés de quatre Bergers jouant de la flûte, entrent en dansant, et obligent George Dandin de danser avec eux.

George Dandin, mal satisfait de son mariage, et n'ayant l'esprit rempli que de fâcheuses pensées, quitte bientôt les Bergers, avec lesquels il n'a demeuré que par contrainte.

SCÈNE II.
CLIMÈNE, CLORIS.
CLIMÈNE.

L'AUTRE jour d'Annette
J'entendis la voix,

Qui, sur sa musette,
Chantoit dans nos bois :
Amour, que sous ton empire
On souffre de maux cuisans !
Je le puis bien dire,
Puisque je le sens.

CLORIS.

La jeune Lisette,
Au même moment,
Sur le ton d'Annette,
Reprit tendrement :
Amour, si, sous ton empire,
Je souffre des maux cuisans,
C'est de n'oser dire
Tout ce que je sens.

SCÈNE III.

TIRCIS, PHILÈNE, CLIMÈNE, CLORIS.

CLORIS.

Laissez-nous en repos, Philène.

CLIMÈNE.

Tircis, ne viens point m'arrêter.

TIRCIS et PHILENE ENSEMBLE.

Ah ! belle inhumaine,
Daigne un moment m'écouter.

CLIMÈNE et CLORIS ENSEMBLE.

Mais que me veux-tu conter ?

TIRCIS et PHILÈNE ENSEMBLE.

Que d'une flamme immortelle,
Mon cœur brûle sous tes lois.

CLIMÈNE et CLORIS ENSEMBLE.

Ce n'est pas une nouvelle,
Tu me l'as dit mille fois.

PHILÈNE à *Cloris.*

Quoi ! veux-tu, toute ma vie,
Que j'aime et n'obtienne rien ?

CLORIS.
Non : ce n'est pas mon envie.
N'aime plus : je le veux bien.
TIRCIS à *Climène.*
Le ciel me force à l'hommage
Dont tous ces bois sont témoins.
CLIMÈNE.
C'est au ciel, puisqu'il t'engage,
A te payer de tes soins.
PHILÈNE à *Cloris.*
C'est par ton mérite extrême,
Que tu captives mes vœux.
CLORIS.
Si je mérite qu'on m'aime,
Je ne dois rien à tes feux.
TIRCIS et PHILÈNE ENSEMBLE.
L'éclat de tes yeux me tue.
CLIMÈNE et CLORIS ENSEMBLE.
Détourne de moi tes pas.
TIRCIS et PHILÈNE ENSEMBLE.
Je me plais dans cette vue.
CLIMÈNE et CLORIS ENSEMBLE.
Berger, ne t'en plains donc pas.
PHILÈNE.
Ah ! belle Climène !
TIRCIS.
Ah ! belle Cloris !
PHILÈNE à *Climène.*
Rends-la pour moi plus humaine.
TIRCIS à *Cloris.*
Dompte pour moi ses mépris.
CLIMÈNE à *Cloris.*
Sois sensible à l'amour que te porte Philène.
CLORIS à *Climène.*
Sois sensible à l'ardeur dont Tircis est épris.
CLIMÈNE à *Cloris.*
Si tu veux me donner ton exemple, bergère,
Peut-être je le recevrai.

FÊTE

CLORIS à *Climène.*
Si tu veux te résoudre à marcher la première,
Possible que je te suivrai.

CLIMÈNE à *Philène.*
Adieu, berger.

CLORIS à *Tircis.*
Adieu, berger.

CLIMÈNE à *Philène.*
Attends un favorable sort.

CLORIS à *Tircis.*
Attends un doux succès du mal qui te possède.

TIRCIS.
Je n'attends aucun remède.

PHILÈNE.
Et je n'attends que la mort.

TIRCIS et PHILENE ENSEMBLE.
Puisqu'il nous faut languir en de tels déplaisirs,
Mettons fin, en mourant, à nos tristes soupirs.

IIe INTERMÈDE.

SCÈNE I.

GEORGE DANDIN, UNE BERGÈRE.

La Bergère vient apprendre à George Dandin le désespoir de Tircis et de Philène, qui se sont précipités dans les eaux. George Dandin, agité d'autres inquiétudes, la quitte en colère.

SCÈNE II.

CLORIS.

Ah! mortelles douleurs!
Qu'ai-je plus à prétendre?

Coulez, coulez, mes pleurs :
Je n'en puis trop répandre.

Pourquoi faut-il qu'un tyrannique honneur
Tienne notre ame en esclave asservie ?
Hélas ! pour contenter sa barbare rigueur,
J'ai réduit mon amant à sortir de la vie.

Ah ! mortelles douleurs !
Qu'ai-je plus à prétendre ?
Coulez, coulez, mes pleurs :
Je n'en puis trop répandre.

Me puis-je pardonner, dans ce funeste sort,
Les sévères froideurs dont je m'étois armée ?
Quoi donc, mon cher amant ! je t'ai donné la mort ?
Est-ce le prix, hélas ! de m'avoir tant aimée !

Ah ! mortelles douleurs !
Qu'ai-je plus à prétendre ?
Coulez, coulez, mes pleurs :
Je n'en puis trop répandre.

III.ᶜ INTERMÈDE.

SCÈNE I.

GEORGE DANDIN, UNE BERGÈRE, BATELIERS.

La Bergère qui avoit annoncé à George Dandin le malheur de Tircis et de Philène, lui vient dire que ces Bergers ne sont point morts, et lui montre les Bateliers qui les ont sauvés. George Dandin n'écoute pas plus tranquillement ce second récit, qu'il n'avoit fait le premier, et se retire.

SCÈNE II.

ENTRÉE DE BALLET.

Les Bateliers qui ont sauvé Tircis et Philène, ravis de la récompense qu'ils ont reçue, expriment leur joie en dansant, et font une manière de jeu avec leurs crocs.

IV.ᵉ IMTERMÈDE.

SCENE I.

GEORGE DANDIN, UN PAYSAN.

Ce paysan, ami de George Dandin, lui conseille de noyer dans le vin toutes ses inquiétudes, et l'emmène pour joindre sa troupe, voyant venir toute la foule des Bergers amoureux, qui commencent à célébrer, par des chants et des danses, le pouvoir de l'amour.

SCÈNE II.

Le théâtre change, et représente de grandes roches entremêlées d'arbres, où l'on voit plusieurs Bergers qui jouent des instrumens.

CLORIS, CLIMÈNE, TIRCIS, PHILÈNE, CHŒUR DE BERGERS *chantans*, **BERGERS** et **BERGÈRES** *dansans*.

CLORIS.

Ici l'ombre des ormeaux
Donne un teint frais aux herbettes;

Et les bords de ces ruisseaux
Brillent de mille fleurettes
Qui se mirent dans les eaux.
Prenez, bergers, vos musettes;
Ajustez vos chalumeaux,
Et mêlons nos chansonnettes
Au chant des petits oiseaux.

Le Zéphire, entre ces eaux,
Fait mille courses secrètes ;
Et les rossignols nouveaux,
De leurs douces amourettes
Parlent aux tendres rameaux.
Prenez, bergers, vos musettes;
Ajustez vos chalumeaux,
Et mêlons nos chansonnettes
Au chant des petits oiseaux.

PREMIÈRE ENTRÉE DE BALLET.

Bergers et Bergères dansans.

CLIMÈNE.

Ah! qu'il est doux, belle Sylvie,
Ah! qu'il est doux de s'enflammer !
Il faut retrancher de la vie
Ce qu'on en passe sans aimer.

CLORIS.

Ah ! les beaux jours qu'Amour nous donne,
Lorsque sa flamme unit les cœurs !
Est-il ni gloire ni couronne
Qui vaille ses moindres douceurs ?

TIRCIS.

Qu'avec peu de raison on se plaint d'un martyre
Que suivent de si doux plaisirs!

PHILÈNE.

Un moment de bonheur, dans l'amoureux empire,
Répare dix ans de soupirs.

TOUS ENSEMBLE.

Chantons tous de l'Amour le pouvoir adorable;

Chantons tous dans ces lieux
Ses attraits glorieux :
Il est le plus aimable
Et le plus grand des dieux.

SCÈNE III.

Un grand rocher couvert d'arbres, sur lequel est assise toute la troupe de Bacchus, s'avance sur le bord du théâtre.

UN SATYRE, UN SUIVANT DE BACCHUS, CHŒUR DE SATYRES *chantans*, SUIVANS DE BACCHUS *et* BACCHANTES *dansans*, CLORIS, CLIMÈNE, TIRCIS, PHILENE, CHŒUR DE BERGERS *chantans*, BERGERS *et* BERGÈRES *dansans*.

LE SATYRE.

Arrêtez ; c'est trop entreprendre.
Un autre dieu, dont nous suivons les lois,
S'oppose à cet honneur qu'à l'Amour osent rendre
Vos musettes et vos voix :
A des titres si beaux Bacchus seul peut prétendre ;
Et nous sommes ici pour défendre ses droits.

CHŒUR DE SATYRES.

Nous suivons de Bacchus le pouvoir adorable
Nous suivons en tous lieux
Ses attraits glorieux ;
Il est le plus aimable
Et le plus grand des dieux.

SECONDE ENTRÉE DE BALLET.

Suivans de Bacchus et Bacchantes dansans.

CLORIS.

C'est le printems qui rend l'ame
A nos champs semés de fleurs ;
Mais c'est l'amour et sa flamme
Qui font revivre nos cœurs.

DE VERSAILLES, en 1668.

UN SUIVANT *de Bacchus.*
Le soleil chasse les ombres
Dont le ciel est obscurci;
Et des ames les plus sombres
Bacchus chasse le souci.

CHOEUR *des Suivans de Bacchus.*
Bacchus est révéré sur la terre et sur l'onde.

CHOEUR *des Suivans de l'Amour.*
Et l'Amour est un Dieu qu'on adore en tous lieux.

CHOEUR *des Suivans de Bacchus.*
Bacchus à son pouvoir a soumis tout le monde.

CHOEUR *des Suivans de l'Amour.*
Et l'Amour a dompté les hommes et les dieux.

CHOEUR *des Suivans de Bacchus.*
Rien peut-il égaler sa douceur sans seconde ?

CHOEUR *des Suivans de l'Amour.*
Rien peut-il égaler ses charmes précieux ?

CHOEUR *des Suivans de Bacchus.*
Fi de l'amour et de ses feux !

CHOEUR *des Suivans de l'Amour.*
Ah ! quel plaisir d'aimer !

CHOEUR *des Suivans de Bacchus.*
Ah ! quel plaisir de boire !

CHOEUR *des Suivans de l'Amour.*
A qui vit sans amour, la vie est sans appas.

CHOEUR *des Suivans de Bacchus.*
C'est mourir, que de vivre et de ne boire pas.

CHOEUR *des Suivans de l'Amour.*
Aimables fers !

CHOEUR *des Suivans de Bacchus.*
Douce victoire !

CHOEUR *des Suivans de l'Amour.*
Ah ! quel plaisir d'aimer !

CHOEUR *des Suivans de Bacchus.*
Ah ! quel plaisir de boire !

TOUS ENSEMBLE.
Non, non; c'est un abus.
Le plus grand Dieu de tous,

FÊTE

CHOEUR *des Suivans de l'Amour.*
C'est l'Amour.
CHOEUR *des Suivans de Bacchus.*
C'est Bacchus.

ACTE IV.

UN BERGER, *et les mêmes acteurs:*

UN BERGER.

C'est trop, c'est trop, bergers. Eh! pourquoi ces débats?
Souffrons qu'en un parti la raison nous assemble.
L'Amour a des douceurs; Bacchus a des appas;
Ce sont deux déités qui sont fort bien ensemble.
Ne les séparons pas.
LES DEUX CHOEURS.
Mêlons donc leurs douceurs aimables.
Mêlons nos voix dans ces lieux agréables,
Et faisons répéter aux échos d'alentour,
Qu'il n'est rien de plus doux que Bacchus et l'Amour.

TROISIÈME ENTRÉE DE BALLET.

Les Bergers et Bergères se mêlent avec les suivans de Bacchus et les Bacchantes. Les suivans de Bacchus frappent avec leurs tyrses les espèces de tambours de basques que portent les Bacchantes, pour représenter ces cribles qu'elles portoient anciennement aux fêtes de Bacchus. Les uns et les autres font différentes postures, pendant que les Bergers et les Bergères dansent plus sérieusement.

Noms des personnes qui ont représenté, chanté et dansé dans les intermèdes de la comédie de George Dandin.

George Dandin, *le sieur Molière.* Bergers dansans, déguisés en valets de fête; *les sieurs Beauchamp, Saint-André, la Pierre, Favier.* Bergers jouant de la flûte, *les sieurs Descôteaux, Philbert, Jean et Martin Hotteterre.* Climène, *mademoiselle Hilaire.* Cloris, *mademoiselle des Fronteaux.* Tircis, *le sieur Blondel.* Philène, *le sieur Gaye.* Une Bergère, *mademoiselle....* Bateliers dansans, *les sieurs Beauchamp, Jouan, Chicanneau, Favier, Noblet, Mayeux.* Un paysan, ami de George Dandin, *le sieur....* Bergers dansans, *les sieurs Chicanneau, Saint-André, la Pierre, Favier.* Bergères dansantes, *les sieurs Bonard, Arnald, Noblet, Foignard.* Satyre chantant, *le sieur Estival.* Suivans de Bacchus chantans, *le sieur Gingan.* Suivans de Bacchus dansans, *les sieurs Beauchamp, Dolivet, Chicanneau, Mayeux.* Bacchantes dansantes, *les sieurs Paysan, Manceau, le Roi, Pesan.* Un berger, *le sieur le Gros.*

Cet agréable spectacle étant fini de la sorte, le roi et toute la cour sortirent par le portique du côté gauche du salon, et qui rend dans l'allée de traverse, au bout de laquelle, à l'endroit où elle coupe l'allée des prés, l'on aperçut de loin un édifice élevé de cinquante pieds de haut. Sa figure étoit octogone, et sur le haut de la converture s'élevoit une espèce de dôme d'une grandeur et d'une hauteur si belle et si proportionnée, que le tout ensemble ressembloit beaucoup à ces beaux temples antiques dont l'on voit encore quelques restes ; il étoit tout couvert de feuillage, et rempli d'une infinité de lumières. A mesure qu'on s'en approchoit, on y découvroit mille différentes beautés. Il étoit isolé, et l'on voyoit dans les huit angles autant de pilastres qui servoient comme de pieds forts ou d'arcs-boutans élevés de quinze pieds de haut. Au-dessus de ces pilastres, il y avoit de grands vases ornés de différentes façons et remplis de lumières. Du haut de ces vases sortoit une fontaine, qui, retombant à l'entour, les environnoit comme d'une cloche de crystal ; ce qui faisoit un effet d'autant plus admirable, qu'on voyoit un feu éclairer agréablement au milieu de l'eau.

Cet édifice étoit percé de huit portes. Au-devant de celle par où l'on entroit, et sur deux piédestaux de verdure, étoient deux grandes figures dorées qui représentoient deux faunes jouant chacun d'un instrument. Au-dessus de ces portes, on voyoit comme une espèce de frise ornée de huit grands bas-reliefs, représentant, par des figures assises, les quatre saisons de l'année, et les quatre parties du jour. A côté des premières, il y avoit de doubles L, et, à côté des autres, des fleurs de lys. Elles étoient toutes enchâssées parmi ce feuillage, et faites avec un artifice de lumière si beau et si surprenant, qu'il sembloit que toutes ces figures, ces L, et ces fleurs de lys, fussent d'un métal lumineux et transparent.

Le tour du petit dôme étoit aussi orné de huit bas-reliefs éclairés de la même sorte ; mais, au lieu de figures, c'étoient des trophées disposés en différentes manières. Sur les angles du principal édifice et du petit dôme, il y avoit de grosses boules de verdure qui en terminoient les extrémités.

Si l'on fut surpris en voyant par-dehors la beauté de ce lieu, on le fut encore davantage en voyant le dedans. Il étoit presque impossible de ne se pas persuader que ce ne fût un enchantement, tant il y paroissoit de choses qui sembloient ne se pouvoir faire que par magie ! Sa grandeur étoit de huit toises de diametre. Au milieu il y avoit un grand rocher, et autour du rocher une table de figure octogone chargée de soixante-quatre couverts. Ce rocher étoit percé en quatre endroits ; il sembloit que la nature eût fait choix de tout ce qu'elle a de plus beau et de plus riche pour la composition de cet ouvrage, et qu'elle eût elle-même pris plaisir d'en faire son chef-d'œuvre, tant les ouvriers avoient bien su cacher l'artifice dont ils s'étoient servis pour l'imiter !

Sur la cime du rocher étoit le cheval Pégase ; il sembloit, en se cabrant, faire sortir de l'eau qu'on voyoit couler doucement de dessous ses pieds ; mais qui aussitôt tomboit avec abondance, et formoit comme quatre fleuves. Cette eau, qui se précipitoit avec violence, et par gros bouillons parmi les pointes du rocher, le rendoit tout blanc d'écume, et ne s'y perdoit que pour paroître ensuite plus belle et plus brillante ; car, ressortant avec impétuosité par des endroits cachés, elle faisoit des chutes d'autant plus agréables, qu'elles se séparoient en plusieurs petits ruisseaux parmi les cailloux et les coquilles. Il sortoit de tous les endroits les plus creux du rocher mille gouttes d'eau qui, avec celle des cascades, venoient inonder une pelouse couverte de mousse et de divers coquillages, qui en faisoit l'entrée. C'étoit sur ce beau vert, et à l'entour de ces coquilles, que ces eaux, venant à se répandre et à couler agréablement, faisoient une infinité de retours qui paroissoient autant de petites ondes d'argent, et, avec un murmure doux et agréable qui s'accordoit au bruit des cascades, tomboient en cent différentes manières dans huit canaux qui séparoient la table d'avec le rocher, et en recevoient toutes les eaux. Ces canaux étoient revêtus de carreaux de porcelaine et de mousse, au bord desquels il y avoit de grands vases à l'antique, émaillés d'or et d'azur, qui, jetant l'eau par trois différens endroits, remplissoient trois grandes coupes de crystal qui se dégorgeoient encore dans ces mêmes canaux.

Au-dessous du cheval Pégase, et vis-à-vis la porte par où l'on entroit, on voyoit la figure d'Apollon assise, tenant dans sa main une lyre ; les neuf Muses étoient au-dessous de lui, qui tenoient aussi divers instrumens. Dans les quatre coins du rocher, et au-dessous de la chute de ces fleuves, il y avoit quatre figures couchées qui en représentoient les divinités.

De quelque côté qu'on regardât ce rocher, l'on

y voyoit toujours différens effets d'eau ; et les lumières dont il étoit éclairé, étoient si bien disposées, qu'il n'y en avoit point qui ne contribuassent à faire paroître toutes les figures qui étoient d'argent, et à faire briller davantage les divers éclats de l'eau et les différentes couleurs des pierres et des crystaux dont il étoit composé. Il y avoit même des lumières si industrieusement cachées dans les cavités de ce rocher, qu'elles n'étoient point aperçues, mais qui cependant le faisoient voir partout, et donnoient un lustre et un éclat merveilleux à toutes les gouttes d'eau qui tomboient.

Des huit portes dont ce salon étoit percé, il y en avoit quatre au droit des quatre grandes allées, et quatre autres qui étoient vis-à-vis des petites allées qui sont dans les angles de cette place. A côté de chaque porte, il y avoit quatre grandes niches percées à jour, et remplies d'un grand pied d'argent; au-dessus étoit un grand vase de même matière, qui portoit une girandole de crystal, allumée de dix bougies de cire blanche. Dans les huit angles qui forment la figure de ce lieu, il y avoit un corps solide taillé rustiquement, et dont le fond verdâtre brilloit en façon de crystal ou d'eau congelée. Contre ce corps étoient quatre coquilles de marbre les unes au-dessus des autres, et dans des distances fort proportionnées, la plus haute étoit la moins grande, et celles de dessous augmentoient toujours en grandeur; pour mieux recevoir l'eau qui tomboit des unes dans les autres. On avoit mis sur la coquille la plus élevée une girandole de crystal, allumée de dix bougies, et de cette coquille sortoit de l'eau en forme de nappe, qui tombant dans la seconde coquille, se répandoit dans une troisième, où l'eau d'un masque posé au-dessus venant se rendre, la remplissoit encore davantage. Cette troisième coquille étoit portée par deux dauphins, dont les écailles étoient de couleur de nacre ; ces deux dauphins jetoient de l'eau dans la quatrième coquille, où tomboit aussi en nappe l'eau de la coquille qui étoit au-dessus, et toutes ces eaux venoient enfin se rendre dans un bassin de marbre, aux deux extrémités duquel étoit deux grands vases remplis d'orangers.

Le plafond de ce lieu n'étoit pas cintré en forme de voûte ; il s'élevoit jusques à l'ouverture du petit dôme par huit pans, qui représentoient un compartiment de menuiserie artistement taillé de feuillages dorés. Dans ces compartimens, qui paroissoient percés, l'on avoit peint des branches d'arbres au naturel, pour avoir plus d'union avec la feuillée dont le corps de cet édifice étoit composé. Le haut du petit dôme étoit aussi un compartiment d'une riche broderie d'or et d'argent sur un fond vert.

Outre vingt-cinq lustres de crystal, chacun de dix bougies, qui éclairoient ce lieu, et qui tomboient du haut de la voûte, il y en avoit encore d'autres au milieu des huit portes, qui étoient attachés avec de grandes écharpes de gaze d'argent entre des festons de fleurs, noués avec de pareilles écharpes enrichies d'une frange de même.

Sur la grande corniche qui régnoit tout autour de ce salon, étoient rangés soixante-quatre vases de porcelaine remplis de diverses fleurs ; et entre ces vases, on avoit mis soixante-quatre boules de crystal de diverses couleurs, et d'un pied de diamètre, soutenues sur des pieds d'argent ; elles paroissoient comme autant de pierres précieuses, et étoient éclairées d'une manière si ingénieuse, que la lumière passant au travers, et se trouvant chargée des différentes couleurs de ces crystaux, se répandoit partout le haut du plafond, où elle faisoit des effets si admirables, qu'il sembloit que ce fussent les couleurs même d'un véritable arc-en-ciel. De cette corniche, et du tour que formoit l'ouverture du petit dôme, pendoient plusieurs festons de toutes sortes de fleurs, attachés avec de grandes écharpes de gaze d'argent, dont les bouts tombant entre chaque feston, paroissoient avec beaucoup d'éclat et de grace sur tout le corps de cette architecture qui étoit de feuillage, et dont l'on avoit si bien su former différentes sortes de verdure, que la diversité des arbres qu'on y avoit employés, et que l'on avoit su accommoder les uns auprès des autres, ne faisoit pas une des moindres beautés de la composition de cet agréable édifice.

Au-delà du portique, qui étoit vis-à-vis de celui par où l'on entroit, on avoit dressé un buffet d'une beauté et d'une richesse toutes extraordinaires. Il étoit enfoncé de dix-huit pieds dans l'allée, et l'on y montoit par trois grands degrés en forme d'estrade. Il y avoit des deux côtés de ce buffet, deux manières d'ailes élevées d'environ dix pieds de haut, dont le dessous servoit pour passer ceux qui portoient les viandes. Sur le milieu de chacune de ces ailes, étoit un socle de verdure, qui portoit un grand guéridon d'argent, chargé d'une girandole aussi d'argent, allumée de bougies de cire blanche, et à côté de ces guéridons, plusieurs grands vases d'argent; contre ce socle étoit attachée une grande plaque d'argent à trois branches, portant chacune un flambeau de cire blanche.

Sur la table du buffet, il y avoit quatre degrés de deux pieds de large, et de trois à quatre pieds de haut, qui s'élevoient jusques à un plafond de feuillée de vingt-cinq pieds d'exhaussement. Sur ce buffet et sur ces degrés, l'on voyoit dans une disposition agréable, vingt-quatre bassins d'argent d'une grandeur extrême, et d'un ouvrage merveilleux; ils étoient séparés les uns des autres par autant de grands vases, des cassolettes, et des girandoles d'argent d'une pareille beauté. Il y avoit sur la table vingt-quatre grands pots d'argent, remplis de toutes sortes de fleurs, avec la nef du roi, la vaisselle et les verres destinés pour son service. Au-devant de la table, on voyoit une grande cuvette d'argent en forme de coquille, et aux deux bouts du buffet, quatre guéridons d'argent de six pieds de haut, sur lesquels étoient des girandoles d'argent allumées de dix bougies de cire blanche.

Dans les deux autres arcades qui étoient à côté de celle-ci, étoient deux autres buffets moins hauts et moins larges que celui du milieu ; chaque table avoit deux degrés, sur lesquels étoient dressés quatre grands bassins d'argent, qui accompagnoient un grand vase chargé d'une girandole allumée de dix bougies ; et entre ces bassins et ce vase, il y avoit plusieurs figures d'argent. Aux deux bouts du buffet, l'on voyoit deux grandes plaques, portant chacune trois flambeaux de cire blanche ; au-dessus du dossier, un guéridon d'argent, chargé de plusieurs bougies, et à côté plusieurs grands vases d'un prix et d'une pesanteur extraordinaires, outre six grands bassins qui servoient de fond. Devant chaque table, il y avoit une grande cuvette d'argent, pesant mille marcs ; et ces tables, qui étoient comme des crédences pour accompagner le grand buffet du roi, étoient destinées pour le service des dames.

Au-delà de l'arcade qui servoit d'entrée du côté de l'allée qui descend vers les grilles du grand parc, étoit un enfoncement de dix-huit toises de long, qui formoit comme un avant-salon.

Ce lieu étoit terminé d'un grand portique de verdure, au-delà duquel il y avoit une grande salle bornée par les deux côtés des palissades de l'allée, et par l'autre bout d'un autre portique de feuillage. Dans cette salle l'on avoit dressé quatre grandes tentes très-magnifiques, sous lesquelles étoient huit tables accompagnées de leurs buffets chargés de bassins, de verres et de lumières, disposés dans un ordre tout-à-fait singulier.

Lorsque le roi fut entré dans le salon octogone, et que toute la cour, surprise de la beauté et de la disposition si extraordinaire de ce lieu, en eut bien considéré toutes les parties, sa majesté se mit à table, le dos tourné du côté par où elle étoit entrée; et lorsque Monsieur eut pris aussi sa place, les dames qui étoient nommées par sa majesté pour y souper, prirent les leurs selon qu'elles se rencontrèrent, sans garder aucun rang. Celles qui eurent cet honneur, furent:

Mesdemoiselles d'Angoulême.
Madame Aubry de Courcy.
Madame de Saint-Abre.
Madame de Broglio.
Madame de Bailleul.
Madame de Bonnelle.
Madame Bignon.
Madame de Bordeaux.
Mademoiselle Borelle.
Madame de Brissac.
Madame de Coulange.
Madame la maréchale de Clérambaut.
Madame la maréchale de Castelnau.
Madame de Comminge.
Madame la marquise de Castelnau.
Mademoiselle d'Elbœuf.
Madame la maréchale d'Albret, et mademoi-
    selle sa fille.
Madame la maréchale d'Estrées.

DE VERSAILLES, en 1668

Madame la maréchale de la Ferté.
Madame de la Fayette.
Madame la comtesse de Fiesque.
Madame de Fontenay-Hotman.
Madame de Ficubet.
Madame la maréchale de Grancey, et mesdemoiselles ses deux filles.
Madame des Hameaux.
Madame la maréchale de l'Hôpital.
Madame la Lieutenante-Civile.
Madame la comtesse de Louvigny.
Mademoiselle de Manicham.
Madame de Meckelbourg.
Madame la Grande-Maréchale.
Madame de Marré.
Madame de Nemours.
Madame de Richelieu.
Madame la duchesse de Richemont.
Mademoiselle de Tresmes.
Madame Tambonneau.
Madame de la Trousse.
Madame la présidente Tubœuf.
Madame la duchesse de la Vallière.
Madame la marquise de la Vallière.
Madame de Vilacerf.
Madame la duchesse de Wirtemberg, et madame sa fille.
Madame de Valavoir.

Comme la somptuosité de ce festin passe tout ce qu'on en pourroit dire, tant par l'abondance et la délicatesse des viandes qui y furent servies, que par le bel ordre que le maréchal de Bellefonds et le sieur de Valentiné, contrôleur-général de la maison du Roi, y apportèrent, je n'entreprendrai pas d'en faire le détail ; je dirai seulement que le pied du rocher étoit revêtu, parmi les coquilles et la mousse, de quantité de pâtes, de confitures, de conserves, d'herbages et de fruits sucrés, qui sembloient être crûs parmi les pierres, et en faire partie. Il y avoit sur les huit angles qui marquent la figure du rocher et de la table, huit pyramides de fleurs, dont chacune étoit composée de treize porcelaines remplies de différens mets. Il y eut cinq services, chacun de cinquante-six plats ; les plats du dessert étoient chargés de seize porcelaines en pyramides, où tout ce qu'il y a de plus exquis et de plus rare dans la saison y paroissoit, à l'œil et au goût, d'une manière qui secondoit bien ce que l'on avoit fait dans cet agréable lieu pour charmer la vue.

Dans une allée assez proche de là, et sous une tente, étoit la table de la reine, où mangeoient Madame, Mademoiselle, Madame la princesse, Madame la princesse de Carignan. Monseigneur le Dauphin soupa au château dans son appartement.

Le roi étoit servi par monsieur le duc ; et Monsieur, par le sieur Valentiné. Le sieur Grotteau, contrôleur de la bouche, les sieurs Gaut et Chamois, contrôleurs d'office, mettoient les viandes sur la table.

Le maréchal de Bellefonds servoit la reine ; et le sieur Courtet, contrôleur d'office, servoit

Madame ; le sieur de la Grange, aussi contrôleur d'office, mettoit sur table ; les cent-suisses de la garde portoient les viandes, et les pages et valets-de-pied du roi, de la reine, de Monsieur et de Madame, servoient les tables de leurs majestés.

Dans le même tems que l'on portoit sur ces deux tables, il y en avoit huit autres que l'on servoit de la même manière, qui étoient dressées sous les quatre tentes dont j'ai parlé ; et ces tables avoient leurs maîtres-d'hôtel, qui faisoient porter les viandes par les gardes-suisses.

La première étoit celle,

De madame la comtesse de Soissons, de 20 couverts.

De madame la princesse de Bade, de 20 couverts.

De madame la duchesse du Créqui, de 20 couverts.

De madame la maréchale de la Mothe, de 20 couverts.

De madame de Montausier, de 40 couverts.

De madame la maréchale de Bellefonds, de 65 couverts.

De madame la maréchale d'Humières, de 20 couverts.

De madame de Béthune, de 20 couverts.

Il y en avoit encore trois autres dans une petite allée à côté de celle que tenoit madame la maréchale de Bellefonds, de quinze à seize couverts chacune, dont les maîtres-d'hôtel du roi avoient le soin.

Quantité d'autres tables se servoient de la desserte de la reine, et des autres, pour les femmes de la reine, et pour d'autres personnes.

Dans la grotte, proche du château, il y eut trois tables pour les ambassadeurs, qui furent servies en même tems, de vingt-deux couverts chacune.

Il y avoit encore en plusieurs endroits des tables dressées, où l'on donnoit à manger à tout le monde; et l'on peut dire que l'abondance des viandes, des vins et des liqueurs, la beauté et l'excellence des fruits et des confitures, et une infinité d'autres choses délicatement apprêtées, faisoient bien voir que la magnificence du roi se répandoit de tous côtés.

Le roi s'étant levé de table pour donner un nouveau divertissement aux dames, et passant par le portique où l'allée monte vers le château, les conduisit dans la salle du bal.

A deux cents pas de l'endroit où l'on avoit soupé, et dans une traverse d'allées qui forme un espace d'une vaste grandeur, l'on avoit dressé un édifice d'une figure octogone, haut de plus de neuf toises, et large de dix. Toute la cour marcha le long de l'allée, sans s'apercevoir du lieu où elle étoit; mais comme elle eut fait plus de la moitié du chemin, il y eut une palissade de verdure qui, s'ouvrant tout d'un coup de part et d'autre, laissa voir, au travers d'un grand portique, un salon rempli d'une infinité de lumières, et une longue allée au-delà, dont l'extraordinaire beauté surprit tout le monde.

Ce bâtiment n'étoit pas tout de feuillages, comme celui où l'on avoit soupé ; il représentoit une superbe salle, revêtue de marbre et de porphire, et ornée seulement en quelques endroits, de verdure et de festons. Un grand portique de seize pieds de large, et de trente-deux de haut, servoit d'entrée à ce riche salon, il avançoit environ trois toises dans l'allée, et cette avance servoit encore de vestibule, et faisoit symétrie aux autres enfoncemens qui se rencontroient dans les huit côtés. Du milieu du portique pendoient de grands festons de fleurs, attachés de part et d'autre. Aux deux côtés de l'entrée, et sur deux piédestaux, on voyoit des termes représentant des satyres, qui étoient là comme les gardes de ce beau lieu. A la hauteur de huit pieds, ce salon étoit ouvert par les six côtés, entre la porte par où l'on entroit, et l'allée du milieu ; ces ouvertures formoient six grandes arcades, qui servoient de tribunes, où l'on avoit dressé plusieurs sièges en forme d'amphithéâtre, pour asseoir plus de six-vingt personnes dans chacune. Ces enfoncemens étoient ornés de feuillages, qui, venant se terminer contre les pilastres et le haut des arcades, y montroit assez que ce bel endroit étoit paré comme à un jour de fête, puisque l'on y mêloit des feuilles et des fleurs pour l'orner ; car les impostes et les clefs des arcades étoient marquées par des festons et des ceintures de fleurs.

Du côté droit, dans l'arcade du milieu, et au haut de l'enfoncement, étoit une grotte de rocaille, où, dans un large bassin travaillé rustiquement, l'on voyoit Arion porté sur un dauphin, et tenant une lyre; il avoit à côté de lui deux Tritons: c'étoit dans ce lieu que les musiciens étoient placés. A l'opposite, l'on avoit mis tous les joueurs d'instrumens; l'enfoncement de l'arcade où ils étoient, formoit aussi une grotte, où l'on voyoit Orphée sur un rocher, qui sembloit joindre sa voix à celles de deux Nymphes assises auprès de lui. Dans le fond des quatre autres arcades, il y avoit d'autres grottes, où, par la gueule de certains monstres, sortoit de l'eau qui tomboit dans des bassins rustiques, d'où elle s'échappoit entre des pierres, et degouttoient lentement parmi la mousse et les rocailles.

Contre les huit pilastres qui formoient ces arcades, et sur des piédestaux de marbre, l'on avoit posé huit grandes figures de femmes, qui tenoient dans leurs mains divers instrumens, dont elles sembloient se servir pour contribuer au divertissement du bal.

Dans le milieu des piédestaux, il y avoit des masques de bronze doré, qui jetoient de l'eau dans un bassin. Au bas de chaque piédestal, et des deux côtés du même bassin, s'élevoient deux jets d'eau, qui formoient deux chandeliers. Tout autour de ce salon, régnoit un siége de marbre, sur lequel, d'espace en espace, étoient plusieurs vases remplis d'orangers.

Dans l'arcade qui étoit vis-à-vis de l'entrée, et qui servoit d'ouverture à une grande allée de verdure, l'on voyoit encore, sur deux piédestaux, deux figures qui représentoient Flore et Pomone. De ces piédestaux, il en sortoit de l'eau comme de ceux du salon.

Le haut du salon s'élevoit au-dessus de la corniche par huit pans, jusqu'à la hauteur de douze pieds, puis, formant un plafond de figure octogone, laissoit, dans le milieu, une ouverture de pareille forme, dont l'enfoncement étoit de cinq à six pieds. Dans ces huit pans, étoient huit grands soleils d'or, soutenus de huit figures qui représentoient les douze mois de l'année, avec les signes du zodiaque. Le fond étoit d'azur, semé de fleurs-de-lys d'or; et le reste enrichi de roses et d'autres ornemens d'or, d'où pendoient trente-deux lustres, portant chacun douze bougies.

Outre toutes ces lumières, qui faisoient le plus beau jour du monde, il y avoit dans les six tribunes vingt-quatre plaques, dont chacune portoit neuf bougies; et aux deux côtés des huit pilastres, au-dessus des figures, sortoient de la feuillée de grands fleurons d'argent, en forme de branches d'arbres, qui soutenoient treize chandeliers disposés en pyramides. Aux deux côtés de la porte, et dans l'endroit qui servoit comme de vestibule, il y avoit six grandes plaques en ovales, enrichies de chiffres du Roi; chacune de ces plaques portoit seize chandeliers allumés de seize bougies.

L'allée qui aboutit au milieu de ce salon, avoit plus de vingt pieds de large; elle étoit toute défeuillée de part et d'autre, et paroissoit découverte par le haut; par les côtés, elle sembloit accompagnée de huit cabinets, où, à chaque encoignure, l'on voyoit, sur des piédestaux de marbre, des termes qui représentoient des Satyres; à l'endroit où étoient ces termes, les cabinets se fermoient en berceau.

Au bout de l'allée, il y avoit une grotte de rocaille, où l'art étoit si heureusement joint à la nature, que, parmi les figures qui l'ornoient, on y voyoit cette belle négligence et cet arrangement rustique, qui donne un si grand plaisir à la vue.

Au haut, et dans le lieu le plus enfoncé de la grotte, on découvroit une espèce de masque de bronze doré, représentant la tête d'un monstre marin. Deux tritons argentés ouvroient les deux côtés de la gueule de ce masque, duquel s'élevoit, en forme d'aigrette, un gros bouillon d'eau, dont la chute augmentant celle qui tomboit de sa gueule extraordinairement grande, faisoit une nappe qui se répandoit dans un grand bassin d'où ces deux tritons sembloient sortir.

De ce bassin se formoit une autre grande nappe, accompagnée de deux gros jets d'eau, que deux animaux, d'une figure monstrueuse, vomissoient en se regardant l'un et l'autre. Ces deux animaux, qui ne paroissoient qu'à demi hors de la roche, étoient aussi de bronze doré. De cette quantité d'eau qu'ils jetoient, et de celle de ce bassin qui tomboit dans un autre beaucoup plus grand, il se formoit une troisième nappe, qui, couvrant tout le bas du rocher, et se déchirant inégalement contre les pierres d'en bas, faisoit paroître des éclats si beaux et si extraordinaires, qu'on ne les peut bien exprimer.

Cette abondance d'eau qui, comme un agréable torrent, se précipitoit de la sorte par différentes chutes, sembloit couvrir le rocher de plusieurs voiles d'argent, qui n'empêchoient pas qu'on ne vît la disposition des pierres et des coquillages, dont les couleurs paroissoient encore avec plus de beauté parmi la mousse mouillée, et au travers de l'eau qui tomboit en bas, où elle formoit de gros bouillons d'écume.

De ce dernier endroit, où toute cette eau finissoit sa chute dans un quarré qui étoit au pied de la grotte, elle se divisoit en deux canaux qui, bordant les deux côtés de l'allée, venoient se terminer dans un grand bassin, dont la figure étoit d'un carré long, augmenté par les quatre côtés de quatre demi-ronds, lequel séparoit l'allée d'avec le salon : mais cette eau ne couloit pas sans faire paroître mille beaux effets ; car vis-à-vis des huit cabinets, il y avoit, dans chaque canal, deux jets d'eau qui formoient de chaque côté seize lances de douze à quinze pieds de haut ; et d'espace en espace, l'eau de ces canaux, venant à tomber, faisoit des cascades qui composoient autant de petites nappes argentées, dont la longueur de chaque canal étoit agréablement interrompue.

Ces canaux étoient bordés de gazon de part et d'autre. Du côté des cabinets, et entre les termes qui en marquoient les encoignures, il y avoit dans de grands vases des orangers chargés de fleurs et de fruits ; et le milieu de l'allée étoit d'un sable jaune qui partageoit les deux lisières de gazon.

Dans le bassin qui séparoit l'allée d'avec le salon, il y avoit un groupe de quatre dauphins dans des coquilles de bronze doré, posées sur un petit rocher : ces quatre dauphins ne formoient qu'une seule tête, qui étoit renversée, et qui, ouvrant la gueule en haut, poussoit un jet d'eau d'une grosseur extraordinaire. Après que cette, eau, qui s'élevoit de plus de trente pieds de haut, avoit frappé la feuillée avec violence, elle retomboit dans le bassin en mille petites boules de crystal.

Aux deux côtés de ce bassin, il y avoit quatre grandes plaques en ovale ; chargées chacune de quinze bougies ; mais comme toutes les autres lumières qui éclairoient cette allée, étoient cachées derrière les pilastres et les termes qui marquoient les cabinets, l'on ne voyoit qu'un jour universel qui se répandoit si agréablement dans tout ce lieu, et en découvroit les parties avec tant de beauté, que tout le monde préféroit cette clarté à la lumière des plus beaux jours. Il n'y avoit point de jet d'eau qui ne fît paroître mille brillans ; et l'on reconnoissoit principalement dans ce lieu et dans la grotte où le roi avoit soupé, une distribution d'eaux si belle et si extraordinaire que jamais il ne s'est rien vu de pareil. Le sieur Joly, qui en avoit eu la conduite, les avoit si bien ménagées, que, produisant toutes des effets différens, il y avoit encore une union et un certain accord qui faisoient paroître partout une agréable beauté ; la chute des unes servant, en plusieurs endroits, à donner plus d'éclat à la chute des autres. Les jets d'eau qui s'élevoient de quinze pieds sur le devant des deux canaux, venoient peu-à-peu à se diminuer de hauteur et de force, à mesure qu'ils s'éloignoient de la vue ; de sorte que s'accordant avec la belle manière dont l'on avoit disposé l'allée, il sembloit que cette allée, qui n'avoit guère plus de quinze toises de long, en eût quatre fois davantage, tant toutes choses y étoient bien conduites !

Pendant que, dans un séjour si charmant, leurs Majestés et toute la cour prenoient le divertissement du bal à la vue de ces beaux objets, et au bruit de ces eaux qui n'interrompoient qu'agréablement le son des instrumens, l'on préparoit ailleurs d'autres spectacles dont personne ne s'étoit aperçu, et qui devoient surprendre tout le monde. Le sieur Gissey, outre le soin qu'il avoit pris du lieu où le roi avoit soupé, et des dessins de tous les habits de la comédie, se trouvant encore chargé des illuminations qu'on devoit mettre au château, et en plusieurs endroits du parc, travailloit à mettre toutes ces choses en ordre, pour faire que ce beau divertissement eût une fin aussi heureuse et aussi agréable, que le succès en avoit été favorable jusques alors ; ce qui arriva en effet par les soins qu'il y prit. Car en un moment toutes les choses furent si bien ordonnées, que quand leurs Majestés sortirent du bal, elles aperçurent le tour du fer-à-cheval et le château tout en feu, mais d'un feu si beau et si agréable, que cet élément, qui ne paroît guère dans l'obscurité de la nuit sans donner de la crainte et de la frayeur, ne causoit que du plaisir et de l'admiration. Deux cents vases de quatre pieds de haut, de plusieurs façons, et ornés de différentes manières, entouroient ce grand espace qui enferme les parterres de gazon, et qui forme le fer-à-cheval. Au bas des degrés qui sont au milieu, on voyoit quatre figures représentant quatre fleuves ; et au-dessus, sur quatre piédestaux qui sont aux extrémités des rampes, quatre autres figures qui représentoient les quatre parties du monde. Sur les angles du fer-à-cheval, et entre les vases, il y avoit trente-huit candélabres ou chandeliers antiques, de six pieds de haut ; et ces vases, ces candélabres et ces figures étant éclairés de la même sorte que celles qui avoient paru dans la frise du salon où l'on avoit soupé, faisoient un spectacle merveilleux. Mais la cour étant arrivée au haut du fer-à-cheval, et découvrant encore mieux tout le château, ce fut alors que tout le monde demeura dans une surprise qui ne se peut connoître qu'en la ressentant.

Il étoit orné de quarante-cinq figures. Dans le milieu de la porte du château, il y en avoit une qui représentoit Janus, et, des deux côtés, dans les quatorze fenêtres d'en-bas, l'on voyoit différens trophées de guerre. A l'étage d'en-haut, il y avoit quinze figures qui représentoient diverses Vertus, et au-dessus, un soleil avec des lyres ; et d'autres instrumens ayant rapport à Apollon, qui paroissoient en quinze différens endroits. Toutes ces figures étoient de diverses couleurs, mais si brillantes et si belles, que l'on ne pouvoit dire si c'étoient différens métaux allumés, ou des pierres de plusieurs couleurs qui fussent éclairées par un artifice inconnu. Les balustrades qui environnent le fossé du château étoient illuminées de la même sorte ; et dans les endroits où, durant le jour, on avoit vu des vases remplis d'orangers et de fleurs, l'on y voyoit cent vases de diverses formes, allumés de différentes couleurs.

De si merveilleux objets arrêtoient la vue de tout le monde, lorsqu'un bruit qui s'éleva vers la grande allée, fit qu'on se tourna de ce côté-là. Aussitôt on la vit éclairée, d'un bout à l'autre, de soixante-douze termes, faits de la même manière que les figures qui étoient au château, et qui la bordoient des deux côtés. De ces termes il partit en un moment un si grand nombre de fusées, que les unes, se croisant sur l'allée, faisoient une espèce de berceau, et les autres s'élevant tout droit, et laissant jusques en terre une grosse trace de lumière, formoient comme une haute palissade de feu. Dans le tems que ces fusées montoient jusques au ciel, et qu'elles remplissoient l'air de mille clartés plus brillantes que les étoiles, l'on voyoit, tout-au-bas de l'allée, le grand bassin d'eau, qui paroissoit une mer de flamme et de lumière, dans laquelle une infinité de feux plus rouges et plus vifs sembloient se jouer au milieu d'une clarté plus blanche et plus claire.

A de si beaux effets, se joignit le bruit de plus de cinq cents boîtes, qui, étant dans le grand parc, et fort éloignées, sembloient être l'écho de ces grands éclats dont les grosses fusées faisoient retentir l'air, lorsqu'elles étoient en haut.

Cette grande allée ne fut guère en cet état, que les trois bassins des fontaines qui sont dans le parterre de gazon, au bas du fer-à-cheval, parurent trois sources de lumières. Mille feux sortoient du milieu de l'eau, qui, comme furieux et s'échappant d'un lieu où ils auroient été retenus par force, se répandoient de tous côtés sur les bords du parterre. Une infinité d'autres feux sortant de la gueule des lézards, des crocodiles, des grenouilles, et des autres animaux de bronze qui sont sur les bords des fontaines, sembloient aller secourir les premiers, et, se jettant dans l'eau sous la figure de plusieurs serpens, tantôt séparément, tantôt joints ensemble par gros pelotons, lui faisoient une rude guerre. Dans ces combats, accompagnés de bruits épouvantables, et d'un embrâsement qu'on ne peut représenter, ces deux élémens étoient si étroitement mêlés ensemble, qu'il étoit impossible de les distinguer. Mille fusées qui s'élevoient en l'air, paroissoient comme des jets d'eau enflammés ; et l'eau qui bouillonnoit de toutes parts, ressembloit à des flots de feu et à des flammes agitées.

Bien que tout le monde sût que l'on préparoit des feux d'artifice, néanmoins, en quelque lieu qu'on allât durant le jour, l'on n'y voyoit nulle disposition ; de sorte que, dans le tems que chacun étoit en peine du lieu où ils devoient paroître, l'on s'en trouva tout-d'un-coup environné ; car, non-seulement ils partoient de ces bassins de fontaines, mais encore des grandes allées qui environnent le parterre ; et en voyant sortir de terre mille flammes qui s'élevoient de tous côtés, l'on ne savoit s'il y avoit des canaux qui fournissoient cette nuit-là autant de feux, comme pendant le jour on avoit vu des jets d'eau qui rafraîchissoient ce beau parterre. Cette surprise causa un agréable désordre parmi tout le monde, qui, ne sachant où se retirer, se cachoit dans l'épaisseur des bocages, et se jettoit contre terre.

Ce spectacle ne dura qu'autant de tems qu'il en faut pour imprimer dans l'esprit une belle image de ce que l'eau et le feu peuvent faire quand ils se rencontrent ensemble et qu'ils se font la guerre ; et chacun croyant que la fête se termineroit par un artifice si merveilleux, retournoit vers le château, quand, du côté du grand étang, l'on vit tout-d'un-coup le ciel rempli d'éclairs, et l'air d'un bruit qui sembloit faire trembler la terre. Chacun se rangea vers la grotte pour voir cette nouveauté, et aussitôt il sortit de la tour de la pompe qui élève toutes les eaux, une infinité de grosses fusées qui remplirent tous les environs de feu et de lumières. A quelque hauteur qu'elles montassent, elles laissoient attachée à la tour une grosse queue, qui ne s'en séparoit point que la fusée n'eût rempli l'air d'une infinité d'étoiles qu'elle y alloit répandre. Tout le haut de cette tour sembloit être embrâsé, et de moment en moment, elle vomissoit une infinité de feux, dont les uns s'élevoient jusqu'au ciel, et les autres ne montant pas si haut sembloient se jouer par mille mouvemens agréables qu'ils faisoient. Il y en avoit même, qui, marquant les chiffres du Roi par leurs tours et retours, traçoient dans l'air de doubles L, toutes brillantes d'une lumière très-vive et très-pure. Enfin, après que de cette tour il fut sorti, à plusieurs fois, une si grande quantité de fusées, que jamais on n'a rien vu de semblable, toutes ces lumières s'éteignirent; et, comme si elles eussent obligé les étoiles du ciel à se retirer, l'on s'aperçut que, de ce côté-là, la plus grande partie ne se voyoit plus, mais que le jour, jaloux des avantages d'une si belle nuit, commençoit à paroître.

Leurs Majestés prirent aussitôt le chemin de Saint-Germain avec toute la cour, et il n'y eut que monseigneur le Dauphin qui demeura dans le château.

Ainsi finit cette grande Fête, de laquelle, si l'on remarque bien toutes les circonstances, on verra qu'elle a surpassé, en quelque façon, ce qui a jamais été fait de plus mémorable. Car, soit que l'on regarde comme en si peu de tems l'on a dressé des lieux d'une grandeur extraordinaire pour la comédie, pour le souper et pour le bal, soit que l'on considère les divers ornemens dont on les a embellis, le nombre des lumières dont on les a éclairés, la quantité d'eau qu'il a fallu conduire, et la distribution qui en a été faite, la somptuosité des repas où l'on a vu une quantité de toutes sortes de viandes qui n'est pas concevable; et enfin, toutes les choses nécessaires à la magnificence de ces spectacles, et à la conduite de tant de différens ouvriers, on avouera qu'il ne s'est jamais rien fait de plus surprenant et qui ait causé plus d'admiration.

MONSIEUR

DE

POURCEAUGNAC,

COMÉDIE-BALLET.

AVERTISSEMENT

DE L'ÉDITEUR

SUR

M. DE POURCEAUGNAC.

Cette comédie-ballet, en trois actes et en prose, fut représentée à Chambord le 6 octobre 1669, et sur le théâtre du Palais-Royal le 15 novembre suivant.

Pourceaugnac est une farce, a dit M. de Voltaire; *mais il y a dans toutes les farces de Molière des scènes dignes de la haute comédie.*

Les farces auxquelles les anciens avoient donné le nom de *Mimes*, étoient une dégénération successive de la vraie comédie; mais elles conservèrent, de tems à autre, quelque chose de son utilité. *Sophron*, chez les Grecs, avoit composé des *Mimes*, que *Platon* avoit sous son chevet à l'heure de sa mort; et les sentences de *P.... Syrus* qui nous sont restées, justifient bien l'opinion de Senèque, qui les

AVERTISSEMENT

trouvoit dignes d'un meilleur cadre. *Quàm multa Publi non excalceatis, sed cothurnatis dicenda sunt!* Ep. 8.

Dans le seizième siècle, ce furent les Italiens, seuls en possession d'une comédie supportable, qui renouvelèrent les farces ou les pièces mimiques; mais on n'y reconnut aucune des traces des *Sophron* et des *Syrus*, quoique les auteurs de cette nation comparent leur *Zanni* aux mimes des Romains *Mattacini o Zanni*..... *che comegli antichi Osci e Attellani, ancora oggi con goffissima lingua Bergamasca o Norcina* (1)..... *fanno l'arte del far ridere.*

Le goût de la littérature et de la langue italienne, apporté en France par deux reines de la maison de Médicis, nous fit connoître la farce, et nous la fit trop aimer. Delà le règne des *Turlupins* des *Bruscambilles*, des *Gros-Guillaume*, des *Gaulihier-Garguille*, et des *Tabarin* qui, pour distraire les spectateurs de l'attention sérieuse qu'exigeoient les tragédies du tems, cherchoient à faire rire par des déguisemens, des masques, des contorsions, des intrigues ridicules, et par des bouffonneries indécentes et grossières.

Cet usage s'étoit perdu dans la capitale à la mort de tous ces farceurs, lorsque Molière, dans

---

(1) Norcna, ville de la Toscane.

son début à Paris, le renouvela par une représentation du *Docteur amoureux*, qui avoit été précédé de *Nicomède*. Il est vrai que les farces de Molière, du moins celles dont il s'occupa dans la suite, étoient bien supérieures aux folies insipides des bouffons dont on vient de parler. C'est dans notre genre singulier des *parades* qu'on peut retrouver quelques traces de l'ancienne farce française; puisque *le Bonhomme Cassandre aux Indes* n'est autre chose, pour le fond et pour le style, que *la farce plaisante et récréative de Gros-Guillaume*, imprimée dans le quatrième volume de l'Histoire du Théâtre français, p. 254.

Molière eut, comme les premiers farceurs, l'objet d'amuser et de faire rire, mais par des moyens moins libres et moins éloignés de la vraie comédie. *Je suis comédien aussi bien qu'auteur, disoit-il: il faut réjouir la cour et attirer le peuple; et je suis quelquefois réduit à consulter l'intérêt de mes acteurs aussi bien que ma propre gloire.*

On retrouve toujours le maître de l'art (dit M. Riccoboni) soit dans l'intrigue de ses farces, soit dans la liaison et l'arrangement des scènes, soit dans les idées qui, pour être comiques, ne sont ni basses ni grossières, et qui tiennent toujours à une action simple et vraisemblable. Combien est-il étonnant, ajoute cet observateur, de voir un même génie exceller dans tous les genres, et faire rire le connoisseur et l'ignorant dans la farce, après avoir si plaisamment satisfait l'homme d'esprit dans la comédie du *Misanthrope*.

L'auteur de la vie de Molière, instruit par Baron de tout ce qui regardoit ce grand homme, dit que *le Pourceaugnac* fut fait à l'occasion d'un gentilhomme Limosin qui, dans une querelle qu'il eut sur le théâtre avec quelques comédiens, développa tout le ridicule du plus épais provincial. Le contemplateur Molière, qui avoit été témoin de la scène, en conçut l'idée de cette ingénieuse farce, qui eut le plus grand succès, et qu'on voit encore tous les jours avec le plaisir le plus vif.

Robinet, dans sa lettre en vers du 23 novembre 1669, nous paroît appuyer cette anecdote, lorsqu'il dit :

> Il joue autant bien qu'il se peut
> Ce marquis de nouvelle fonte,
> Dont par hasard, à ce qu'on conte,
> L'original est à Paris.
> En colère autant que surpris
> De se voir dépeint de la sorte,
> Il jure, il tempête, il s'emporte,
> Et veut faire ajourner l'auteur, etc.

Si l'on croit qu'il y ait beaucoup plus d'hommes capables de faire Pourceaugnac, que le Misan-

thrope, on se trompe, dit M. Diderot dans un de ses discours sur la poésie dramatique. Il est difficile, sans doute, d'avancer quelque chose de plus fort à l'avantage de cette farce; mais les trois actes de *Pourceaugnac* sont conduits avec tant d'esprit et de gaieté, qu'ils ne peuvent être la production que d'un homme bien plaisant et bien exercé dans l'art dramatique : l'adroit *Sbrigani* efface tous les valets de Plaute.

Nous dirons peu de chose des intermèdes toujours nécessaires aux ouvrages que Molière donnoit pour les fêtes de Louis XIV, et qui devoient bien contrarier son génie, si fort au-dessus des bagatelles lyriques qu'on destine au triomphe du chant. Si par hasard on y trouve un trait comme celui de l'intermède du troisième acte :

> *Hélas! si l'on n'aimoit pas,*
> *Que seroit-ce de la vie ?*

On est bien étonné de voir ensuite un chœur qui chante ces deux vers :

> *Sus! chantons tous ensemble,*
> *Dansons, chantons, jouons-nous.*

Mais, comme on l'a dit, Molière obéissoit à son maître, qui vouloit être servi avec promptitude; et Lully n'étoit pas encore devenu difficile

AVERTISSEMENT, etc.

sur les vers qu'il mettoit en musique ; il ne connoissoit point Quinault (1).

(1) Le marquis *Gorini*, un des auteurs dramatiques modernes de l'Italie, après avoir fait quelque séjour à Paris, retourna dans sa patrie, et y donna *le Baron Polonois*, qui n'étoit qu'une copie, et *des Fâcheux*, et *de Pourceaugnac*. Ses réminiscences lui fournirent aussi l'idée du comte *de Montefiascone* et de la comtesse *de Calagna*, les deux principaux personnages de sa comédie *des Cérémonies*, qu'il dessina d'après *les Femmes savantes* et *la comtesse d'Escarbagnas*. Il est aisé de s'apercevoir aussi dans sa farce *du Jaloux vaincu par l'avarice*, que *Géronte* et *Alsinde* sont de froides copies d'*Arnolphe* et d'*Agnès* de *l'École des Femmes*. On voit que si l'on a accusé Molière d'avoir profité de l'ancien théâtre italien, le moderne le lui rend bien ; avec cette différence, que Molière embellissoit ce qu'il empruntoit, et qu'il perd tout aux vols qu'on lui fait.

ACTEURS.

ACTEURS DE LA COMÉDIE.

M. DE POURCEAUGNAC.
ORONTE, père de Julie.
JULIE, fille d'Oronte.
ÉRASTE, amant de Julie.
NÉRINE, femme d'intrigue, feinte Picarde.
LUCETTE, feinte Languedocienne.
SBRIGANI, Napolitain, homme d'intrigue.
PREMIER MÉDECIN.
SECOND MÉDECIN.
UN APOTHICAIRE.
UN PAYSAN.
UNE PAYSANNE.
PREMIER SUISSE.
SECOND SUISSE.
UN EXEMPT.
DEUX ARCHERS.

ACTEURS DU BALLET.

UNE MUSICIENNE.
DEUX MUSICIENS.
TROUPE DE DANSEURS.
   DEUX MAITRES A DANSER.
   DEUX PAGES dansans.
   QUATRE CURIEUX de spectacles, dansans.
   DEUX SUISSES dansans.
DEUX MÉDECINS grotesques.
MATASSINS dansans.
DEUX AVOCATS chantans.
DEUX PROCUREURS dansans.
DEUX SERGENS dansans.
TROUPE DE MASQUES.
   UNE ÉGYPTIENNE chantante.
   UN ÉGYPTIEN chantant.
   UN PANTALON chantant.
   CHŒUR DE MASQUES chantans.
SAUVAGES dansans.
BISCAYENS dansans.

La scène est à Paris.

MONSIEUR DE POURCEAUGNAC.

ACTE PREMIER.

SCENE I.

ÉRASTE, UNE MUSICIENNE, DEUX MUSICIENS *chantans*, **PLUSIEURS AUTRES** *jouant des instrumens*, **TROUPE DE DANSEURS.**

ÉRASTE *aux musiciens et aux danseurs.*

Suivez les ordres que je vous ai donnés pour la sérénade. Pour moi, je me retire, et ne veux point paroître ici.

SCÈNE II.

UNE MUSICIENNE, DEUX MUSICIENS *chantans*, **PLUSIEURS AUTRES** *jouant des instrumens*, **TROUPE DE DANSEURS.**

Cette sérénade est composée de chants, d'instrumens et de danses. Les paroles qui s'y chantent ont rapport à la situation où Éraste se trouve avec Julie, et expriment les sentimens de deux amans qui sont traversés dans leurs amours par le caprice de leurs parens.

UNE MUSICIENNE.

Répands, charmante nuit, répands sur tous les yeux

De tes pavots la douce violence ;
Et ne laisse veiller en ces aimables lieux,
Que les cœurs que l'Amour soumet à sa puissance.
Tes ombres et ton silence,
Plus beaux que le plus beau jour,
Offrent de doux momens à soupirer d'amour.

PREMIER MUSICIEN.

Que soupirer d'amour
Est une douce chose,
Quand rien à nos vœux ne s'oppose
A d'aimables penchans notre cœur nous dispose :
Mais on a des tyrans à qui l'on doit le jour.
Que soupirer d'amour
Est une douce chose,
Quand rien à nos vœux ne s'oppose !

SECOND MUSICIEN.

Tout ce qu'à nos vœux on oppose,
Contre un parfait amour ne gagne jamais rien ;
Et pour vaincre toute chose,
Il ne faut que s'aimer bien.

TOUS TROIS ENSEMBLE.

Aimons-nous donc d'une ardeur éternelle :
Les rigueurs des parens, la contrainte cruelle,
L'absence, les travaux, la fortune rebelle,
Ne font que redoubler une amitié fidèle.
Aimons-nous donc d'une ardeur éternelle :
Quand deux cœurs s'aiment bien ;
Tout le reste n'est rien.

PREMIÈRE ENTRÉE DE BALLET.

Danse de deux maîtres à danser.

DEUXIÈME ENTRÉE DE BALLET.

Danse de deux pages.

TROISIÈME ENTRÉE DE BALLET.

Quatre curieux de spectacles, qui ont pris querelle pendant la danse des deux pages, dansent en se battant l'épée à la main.

ACTE I. SCÈNE III.

QUATRIÈME ENTRÉE DE BALLET.

Deux Suisses séparent les quatre combattans, et, après les avoir mis d'accord, dansent avec eux.

SCÈNE III.
JULIE, ÉRASTE, NÉRINE.

JULIE.

Mon Dieu! Éraste, gardons d'être surpris! Je tremble qu'on ne nous voye ensemble; et tout seroit perdu, après la défense que l'on m'a faite.

ÉRASTE.

Je regarde de tous côtés, et je n'aperçois rien.

JULIE à *Nérine*.

Aye aussi l'œil au guet, Nérine; et prends bien garde qu'il ne vienne personne.

NÉRINE *se retirant dans le fond du théâtre.*

Reposez-vous sur moi, et dites hardiment ce que vous avez à vous dire.

JULIE.

Avez-vous imaginé pour notre affaire quelque chose de favorable? et croyez-vous, Eraste, pouvoir venir à bout de détourner ce fâcheux mariage que mon père s'est mis en tête?

ERASTE.

Au moins y travaillons-nous fortement; et déjà nous avons préparé un bon nombre de batteries pour renverser ce dessein ridicule.

NERINE *accourant à Julie.*

Par ma foi, voilà votre père!

JULIE.

Ah! séparons-nous vîte!

NERINE.

Non, non, non. Ne bougez; je m'étois trompée.

JULIE.

Mon Dieu! Nérine, que tu es sotte, de nous donner de ces frayeurs!

ERASTE.

Oui, belle Julie, nous avons dressé pour cela quantité de machines, et nous ne feignons point de mettre tout en usage, sur la permission que vous m'avez donnée. Ne nous demandez point tous les ressorts que nous ferons jouer : vous en aurez le divertissement; et, comme aux comédies, il est bon de vous laisser le plaisir de la surprise, et de ne vous avertir point de tout ce qu'on vous fera voir : c'est assez de vous dire que nous avons en main divers stratagêmes tout prêts à produire dans l'occasion, et que l'ingénieuse Nérine et l'adroit Sbrigani entreprennent l'affaire.

NÉRINE.

Assurément. Votre père se moque-t-il, de vouloir vous anger* de son avocat de Limoges, monsieur de Pourceaugnac, qu'il n'a vu de sa vie, et qui vient par le coche vous enlever à notre barbe ? Faut-il que trois ou quatre mille écus de plus, sur la parole de votre oncle, lui fassent rejeter un amant qui vous agrée ? Et une personne comme vous est-elle faite pour un Limosin ? S'il a envie de se marier, que ne prend-il une Limosine, et ne laisse-t-il en repos les chrétiens ? Le seul nom de monsieur de Pourceaugnac m'a mise dans une colère effroyable. J'enrage de monsieur de Pourceaugnac. Quand il n'y auroit que ce nom-là, monsieur de Pourceaugnac, j'y brûlerai mes livres, ou je romprai ce mariage; et vous ne serez point madame de Pourceaugnac. Pourceaugnac ! Cela se peut-il souffrir ? Non. Pourceaugnac est une chose que je ne saurois supporter ; et nous lui jouerons tant de pièces; nous lui ferons tant de niches sur niches, que nous renverrons à Limoges monsieur de Pourceaugnac.

ERASTE.

Voici notre subtil Napolitain, qui nous dira des nouvelles.

* *Anger*, a vieilli.

On a jugé inutile de lire les deux derniers actes, qui ne sont qu'une farce.

SCÈNE IV.

JULIE, ÉRASTE, SBRIGANI, NÉRINE.

SBRIGANI.

Monsieur, votre homme arrive. Je l'ai vu à trois lieues d'ici, où a couché le coche; et, dans la cuisine où il est descendu pour déjeûner, je l'ai étudié une bonne demi-heure, et je le sais déjà par cœur. Pour sa figure, je ne veux point vous en parler: vous verrez de quel air la nature l'a dessiné, et si l'ajustement qui l'accompagne y répond comme il faut; mais pour son esprit, je vous avertis, par avance, qu'il est des plus épais qui se fassent; que nous trouvons en lui une matière tout-à-fait disposée pour ce que nous voulons, et qu'il est homme enfin à donner dans tous les panneaux qu'on lui présentera.

ÉRASTE.

Nous dis-tu vrai?

SBRIGANI.

Oui, si je me connois en gens.

NÉRINE.

Madame, voilà un illustre. Votre affaire ne pouvoit être mise en de meilleures mains, et c'est le héros de notre siècle pour les exploits dont il s'agit; un homme qui, vingt fois en sa vie, pour servir ses amis, a généreusement affronté les galères, qui, au péril de ses bras et de ses épaules, sait mettre noblement à fin les aventures les plus difficiles; et qui, tel que vous le voyez, est exilé de son pays, pour je ne sais combien d'actions honorables qu'il a généreusement entreprises.

SBRIGANI.

Je suis confus des louanges dont vous m'honorez; et je pourrois vous en donner, avec plus de justice, sur les merveilles de votre vie, et principalement sur la gloire que vous acquîtes, lorsqu'avec tant d'honnêteté vous pipâtes au jeu, pour douze mille écus, ce jeune seigneur étranger que l'on mena chez-vous *; lorsque vous fîtes galamment ce faux contrat qui ruina

---

* *Nérine* a si bien le ton d'une soubrette ordinaire, qu'il seroit aisé de s'y tromper, et de la prendre pour la suivante

toute une famille ; lorsqu'avec tant de grandeur d'ame, vous sûtes nier le dépôt qu'on vous avoit confié, et que si généreusement on vous vit prêter votre témoignage à faire pendre ces deux personnes qui ne l'avoient pas mérité.

NÉRINE.

Ce sont petites bagatelles, qui ne valent pas qu'on en parle ; et vos éloges me font rougir.

SBRIGANI.

Je veux bien épargner votre modestie. Laissons cela ; et, pour commencer notre affaire, allons vite joindre notre provincial, tandis que, de votre côté, vous nous tiendrez prêts au besoin les autres acteurs de la comédie.

ÉRASTE.

Au moins, madame, souvenez-vous de votre rôle, et, pour mieux couvrir notre jeu, feignez, comme on vous a dit, d'être la plus contente du monde des résolutions de votre père.

JULIE.

S'il ne tient qu'à cela, les choses iront à merveille.

ÉRASTE.

Mais, belle Julie, si toutes nos machines venoient à ne pas réussir ?

JULIE.

Je déclarerois à mon père mes véritables sentimens.

de Julie : mais elle n'est, comme Sbrigani, qu'une intrigante payée pour désespérer M. de Pourceaugnac. Aux reproches que lui fait son associé devant Éraste et Julie même, d'avoir volé au jeu douze mille écus à un étranger, d'avoir ruiné une famille par un faux contrat, d'avoir nié un dépôt, et d'avoir prêté son témoignage pour faire pendre deux innocens ; on sent combien le personnage de Julie seroit avili, si elle avoit auprès d'elle une fille qui se contentât de répondre à ces inculpations de Sbrigani, que ses éloges la font rougir. Ce n'est déja que trop pour les deux amans que de confier leurs intérêts à des gens d'une trempe aussi basse et aussi scélérate ; et Molière n'a pas tout-à-fait sauvé les bienséances, en se bornant à faire accepter, pour le moment, à la fille d'Oronte les services d'une fille perdue comme Nérine. Il paroit même qu'il s'en est aperçu, lorsqu'il lui fait dire, sur la fin de cette scène : Mon Dieu ! Éraste, contentez-vous de ce que je fais maintenant, etc.

ACTE I. SCÈNE V.

ÉRASTE.

Et si, contre vos sentimens, il s'obstinoit à son dessein ?

JULIE.

Je le menacerai de me jeter dans un couvent.

ÉRASTE.

Mais si, malgré tout cela, il vouloit vous forcer à ce mariage ?

JULIE.

Que voulez-vous que je vous dise ?

ÉRASTE.

Ce que je veux que vous me disiez ?

JULIE.

Oui.

ÉRASTE.

Ce qu'on dit quand on aime bien.

JULIE.

Mais quoi ?

ÉRASTE.

Que rien ne pourra vous contraindre ; et que, malgré tous les efforts d'un père, vous me promettez d'être à moi.

JULIE.

Mon Dieu ! Eraste, contentez-vous de ce que je fais maintenant, et n'allez point tenter sur l'avenir les résolutions de mon cœur; ne fatiguez point mon devoir par les propositions d'une fâcheuse extrémité, dont peut-être nous n'aurons pas besoin ; et, s'il y faut venir, souffrez au moins que j'y sois entraînée par la suite des choses.

ÉRASTE.

Hé bien !...

SBRIGANI.

Ma foi, voici notre homme : songeons à nous.

NÉRINE.

Ah ! comme il est bâti !

SCÈNE V.

M. DE POURCEAUGNAC, SBRIGANI.

M. DE POURCEAUGNAC *se tournant du côté d'où il est venu, et parlant à des gens qui le suivent.*

Hé bien ! quoi ? Qu'est-ce ? Qu'y a-t-il ? Au diantre soit la sotte ville, et les sottes gens qui y sont. Ne pouvoir faire un pas, sans trouver des nigauds qui vous regardent et se mettent à rire! Hé! messieurs les badauds, faites vos affaires, et laissez passer les personnes, sans leur rire au nez. Je me donne au diable, si je ne baille un coup de poing au premier que je verrai rire.

SBRIGANI *parlant aux mêmes personnes.*

Qu'est-ce que c'est, messieurs, que veut dire cela? A qui en avez-vous, faut-il se moquer ainsi des honnêtes étrangers qui arrivent ici?

M. DE POURCEAUGNAC.

Voilà un homme raisonnable celui-là.

SBRIGANI.

Quel procédé est le vôtre; et qu'avez-vous à rire?

M. DE POURCEAUGNAC.

Fort bien.

SBRIGANI.

Monsieur a-t-il quelque chose de ridicule en soi?

M. DE POURCEAUGNAC.

Oui?

SBRIGANI.

Est-il autrement que les autres?

M. DE POURCEAUGNAC.

Suis-je tortu, ou bossu?

SBRIGANI.

Apprenez à connoître les gens.

M. DE POURCEAUGNAC.

C'est bien dit.

SBRIGANI.

Monsieur est d'une mine à respecter.

M. DE POURCEAUGNAC.

Cela est vrai.

SBRIGANI.

Personne de condition.

M. DE POURCEAUGNAC.

Oui. Gentilhomme Limosin.

SBRIGANI.

Homme d'esprit.

ACTE I. SCÈNE V.

M. DE POURCEAUGNAC.

Qui a étudié en droit.

SBRIGANI.

Il vous fait trop d'honneur de venir dans votre ville.

M. DE POURCEAUGNAC.

Sans doute.

SBRIGANI.

Monsieur n'est point une personne à faire rire.

M. DE POURCEAUGNAC.

Assurément.

SBRIGANI.

Et quiconque rira de lui, aura affaire à moi.

M. DE POURCEAUGNAC *à Sbrigani*.

Monsieur, je vous suis infiniment obligé.

SBRIGANI.

Je suis fâché, monsieur, de voir recevoir de la sorte une personne comme vous, et je vous demande pardon pour la ville.

M. DE POURCEAUGNAC.

Je suis votre serviteur.

SBRIGANI.

Je vous ai vu ce matin, monsieur, avec le coche, lorsque vous avez déjeûné; et la grace avec laquelle vous mangiez votre pain, m'a fait naître d'abord de l'amitié pour vous; et, comme je sais que vous n'êtes jamais venu en ce pays, et que vous y êtes tout neuf, je suis bien-aise de vous avoir trouvé, pour vous offrir mon service à cette arrivée, et vous aider à vous conduire parmi ce peuple, qui n'a pas, par fois, pour les honnêtes gens, toute la considération qu'il faudroit.

M. DE POURCEAUGNAC.

C'est trop de grace que vous me faites.

SBRIGANI.

Je vous l'ai déjà dit; du moment que je vous ai vu, je me suis senti pour vous de l'inclination.

M. DE POURCEAUGNAC.

Je vous suis obligé.

SBRIGANI.

Votre physionomie m'a plu.

M. DE POURCEAUGNAC.

Ce m'est beaucoup d'honneur.

SBRIGANI.

J'y ai vu quelque chose d'honnête.

M. DE POURCEAUGNAC.

Je suis votre serviteur.

SRRIGANI.

Quelque chose d'aimable.

M. DE POURCEAUGNAC.

Ah ! ah !

SBRIGANI.

De gracieux.

M. DE POURCEAUGNAC.

Ah ! ah !

SBRIGANI.

De doux.

M. DE POURCEAUGNAC.

Ah ! ah !

SBRIGANI.

De majestueux.

M. DE POURCEAUGNAC.

Ah ! ah !

SBRIGANI.

De franc.

M. DE POURCEAUGNAC.

Ah ! ah !

SBRIGANI.

Et de cordial.

M. DE POURCEAUGNAC.

Ah ! ah !

SBRIGANI.

Je vous assure que je suis tout à vous.

M. DE POURCEAUGNAC.

Je vous ai beaucoup d'obligation.

SBRIGANI.

C'est du fond du cœur que je parle.

M. DE POURCEAUGNAC.

Je le crois.

ACTE I. SCÈNE V.

SBRIGANI.

Si j'avois l'honneur d'être connu de vous, vous sauriez que je suis homme tout-à-fait sincère.

M. DE POURCEAUGNAC.

Je n'en doute point.

SBRIGANI.

Ennemi de la fourberie.

M. DE POURCEAUGNAC.

J'en suis persuadé.

SBRIGANI.

Et qui n'est pas capable de déguiser ses sentimens. Vous regardez mon habit, qui n'est pas fait comme les autres : mais je suis originaire de Naples, à votre service, et j'ai voulu conserver un peu la manière de s'habiller, et la sincérité de mon pays.

M. DE POURCEAUGNAC.

C'est fort bien fait. Pour moi, j'ai voulu me mettre à la mode de la cour pour la campagne.

SBRIGANI.

Ma foi ! cela vous va mieux qu'à tous nos courtisans.

M. DE POURCEAUGNAC.

C'est ce que m'a dit mon tailleur. L'habit est propre et riche, et il fera du bruit ici.

SBRIGANI.

Sans doute. N'irez-vous pas au Louvre ?

M. DE POURCEAUGNAC.

Il faudra bien aller faire ma cour.

SBRIGANI.

Le roi sera ravi de vous voir.

M. DE POURCEAUGNAC.

Je le crois.

SBRIGANI.

Avez-vous arrêté un logis ?

M. DE POURCEAUGNAC.

Non ; j'en allois chercher un.

SBRIGANI.

Je serai bien aise d'être avec vous pour cela ; et je connois tout ce pays-ci.

SCÈNE VI.

ÉRASTE, M. DE POURCEAUGNAC, SBRIGANI.

ÉRASTE.

Ah! qu'est-ce ceci? Que vois-je? Quelle heureuse rencontre! Monsieur de Pourceaugnac! Que je suis ravi de vous voir! Comment! il semble que vous ayez peine à me reconnoître?

M. DE POURCEAUGNAC.

Monsieur, je suis votre serviteur.

ÉRASTE.

Est-il possible que cinq ou six années m'ayent ôté de votre mémoire, et que vous ne reconnoissiez pas le meilleur ami de toute la famille des Pourceaugnacs?

M. DE POURCEAUGNAC.

Pardonnez-moi. (*bas à Sbrigani.*) Ma foi! je ne sais qui il est.

ÉRASTE.

Il n'y a pas un Pourceaugnac à Limoges que je ne connoisse, depuis le plus grand jusqu'au plus petit; je ne fréquentois qu'eux dans le tems que j'y étois, et j'avois l'honneur de vous voir presque tous les jours.

M. DE POURCEAUGNAC.

C'est moi qui l'ai reçu, monsieur.

ÉRASTE.

Vous ne vous remettez point mon visage?

M. DE POURCEAUGNAC.

Si fait. (*à Sbrigani.*) Je ne le connois point.

ÉRASTE.

Vous ne vous ressouvenez pas que j'ai eu le bonheur de boire, je ne sais combien de fois, avec vous?

M. DE POURCEAUGNAC.

Excusez-moi. (*à Sbrigani.*) Je ne sais ce que c'est.

ÉRASTE.

Comment appelez-vous ce traiteur de Limoges qui fait si bonne chère?

M. DE POURCEAUGNAC.

Petit-Jean.

ACTE I. SCÈNE VI.

ERASTE.

Le voilà. Nous allions le plus souvent ensemble chez lui nous réjouir. Comment est-ce que vous nommez à Limoges ce lieu où l'on se promène ?

M. DE POURCEAUGNAC.

Le cimetière des Arènes.

ERASTE.

Justement. C'est où je passois de si douces heures à jouir de votre agréable conversation. Vous ne vous remettez pas tout cela ?

M. DE POURCEAUGNAC.

Excusez-moi ; je me le remets. (*à Sbrigani.*) Diable emporte si je m'en souviens.

SBRIGANI *bas à M. de Pourceaugnac.*

Il y a cent choses comme cela qui passent de la tête.

ERASTE.

Embrassez-moi donc, je vous prie, et resserrons les nœuds de notre ancienne amitié.

SBRIGANI *à M. de Pourceaugnac.*

Voilà un homme qui vous aime fort.

ERASTE.

Dites-moi un peu des nouvelles de toute la parenté. Comment se porte monsieur votre..... là..... qui est si honnête homme ?

M. DE POURCEAUGNAC.

Mon frère le consul ?

ERASTE.

Oui.

M. DE POURCEAUGNAC.

Il se porte le mieux du monde.

ERASTE.

Certes, j'en suis ravi. Et celui qui est de si bonne humeur ? Là..... monsieur votre.....

M. DE POURCEAUGNAC.

Mon cousin l'assesseur ?

ERASTE.

Justement.

M. DE POURCEAUGNAC.

Toujours gai et gaillard.

ERASTE.

Ma foi, j'en ai beaucoup de joie. Et monsieur votre oncle ? Le.....

M. DE POURCEAUGNAC.

Je n'ai point d'oncle.

ERASTE.

Vous en aviez pourtant un en ce tems-là ?

M. DE POURCEAUGNAC.

Non : rien qu'une tante.

ERASTE.

C'est ce que je voulois dire, madame votre tante. Comment se porte-t-elle ?

M. DE POURCEAUGNAC.

Elle est morte depuis six mois.

ERASTE.

Hélas ! la pauvre femme ! Elle étoit si bonne personne !

M. DE POURCEAUGNAC.

Nous avons aussi mon neveu le chanoine qui a pensé mourir de la petite vérole.

ERASTE.

Quel dommage ç'auroit été !

M. DE POURCEAUGNAC.

Le connoissez-vous aussi ?

ERASTE.

Vraiment, si je le connois ! Un grand garçon bien fait.

M. DE POURCEAUGNAC.

Pas des plus grands.

ERASTE.

Non ; mais de taille bien prise.

M. DE POURCEAUGNAC.

Hé ! oui.

ERASTE.

Qui est votre neveu ?

M. DE POURCEAUGNAC.

Oui.

ERASTE.

Fils de votre frère ou de votre sœur ?

M. DE POURCEAUGNAC.

Justement.

ACTE I. SCÈNE VI.

ÉRASTE.

Chanoine de l'église de..... Comment l'appelez-vous ?

M. DE POURCEAUGNAC.

De Saint-Etienne.

ERASTE.

Le voilà ; je ne connois autre.

M. DE POURCEAUGNAC à *Sbrigani*.

Il dit toute ma parenté.

SBRIGANI.

Il vous connoît plus que vous ne croyez.

M. DE POURCEAUGNAC.

A ce que je vois, vous avez demeuré long-tems dans notre ville ?

ÉRASTE.

Deux ans entiers ?

M. DE POURCEAUGNAC.

Vous étiez donc là quand mon cousin l'Elu fit tenir son enfant à monsieur notre gouverneur ?

ÉRASTE.

Vraiment, oui ; j'y fus convié des premiers.

M. DE POURCEAUGNAC.

Cela fut galant.

ÉRASTE.

Très-galant.

M. DE POURCEAUGNAC.

C'étoit un repas bien troussé.

ÉRASTE.

Sans doute.

M. DE POURCEAUGNAC.

Vous vites donc aussi la querelle que j'eus avec ce gentilhomme Périgourdin ?

ÉRASTE.

Oui.

M. DE POURCEAUGNAC.

Parbleu ! il a trouvé à qui parler.

ERASTE.

Ah, ah !

M. DE POURCEAUGNAC.

Il me donna un soufflet ; mais je lui dis bien son fait.

ÉRASTE.

Assurément. Au reste, je ne prétends pas que vous preniez d'autre logis que le mien.

M. DE POURCEAUGNAC.

Je n'ai garde de....

ÉRASTE.

Vous moquez-vous? Je ne souffrirai point du tout que mon meilleur ami soit autre part que dans ma maison.

M. DE POURCEAUGNAC.

Ce seroit vous....

ÉRASTE.

Non. Vous avez beau faire : vous logerez chez moi.

SBRIGANI à M. de Pourceaugnac.

Puisqu'il le veut obstinément, je vous conseille d'accepter l'offre.

ÉRASTE.

Où sont vos hardes ?

M. DE POURCEAUGNAC.

Je les ai laissées, avec mon valet, où je suis descendu.

ÉRASTE.

Envoyons-les querir par quelqu'un.

M. DE POURCEAUGNAC.

Non. Je lui ai défendu de bouger, à moins que j'y fusse moi-même, de peur de quelque fourberie.

SBRIGANI.

C'est prudemment avisé.

M. DE POURCEAUGNAC.

Ce pays-ci est un peu sujet à caution.

ÉRASTE.

On voit les gens d'esprit en tout.

SBRIGANI.

Je vais accompagner monsieur, et le ramenerai où vous voudrez.

ÉRASTE.

Oui. Je serai bien aise de donner quelques ordres, et vous n'avez qu'à revenir à cette maison-là.

SBRIGANI.

Nous sommes à vous tout-à-l'heure.

ACTE I. SCÈNE VII.

ÉRASTE *à M. de Pourceaugnac.*

Je vous attends avec impatience.

M. DE POURCEAUGNAC *à Sbrigani.*

Voilà une connoissance où je ne m'attendois point.

SBRIGANI.

Il a la mine d'être honnête homme.

ÉRASTE *seul.*

Ma foi, monsieur de Pourceaugnac, nous vous en donnerons de toutes les façons : les choses sont préparées, et je n'ai qu'à frapper. Holà !

SCÈNE VII.

UN APOTHICAIRE, ÉRASTE.

ÉRASTE.

Je crois, monsieur, que vous êtes le médecin à qui l'on est venu parler de ma part ?

L'APOTHICAIRE.

Non, monsieur ; ce n'est pas moi qui suis le médecin ; à moi n'appartient pas cet honneur, et je ne suis qu'apothicaire ; apotichaire indigne, pour vous servir.

ÉRASTE.

Et monsieur le médecin est-il à la maison ?

L'APOTHICAIRE.

Oui. Il est là embarrassé à expédier quelques malades, et je vais lui dire que vous êtes ici.

ÉRASTE.

Non, ne bougez ; j'attendrai qu'il ait fait. C'est pour lui mettre entre les mains certain parent que nous avons, dont on lui a parlé, et qui se trouve attaqué de quelque folie que nous serions bien-aises qu'il pût guérir avant que de le marier.

L'APOTHICAIRE.

Je sais ce que c'est ; je sais ce que c'est ; et j'étois avec lui quand on lui a parlé de cette affaire. Ma foi, ma foi ! vous ne pouviez pas vous adresser à un médecin plus habile. C'est un homme qui sait la médecine à fond, comme je sais ma croix de par Dieu ; et qui quand on devroit crever, ne démordroit pas, d'un *iota*, des règles des anciens. Oui, il suit toujours le grand chemin, le grand chemin, et ne va point chercher midi à quatorze heures, et pour tout l'or du monde, il ne voudroit pas avoir guéri une personne avec d'autres remèdes que ceux que la faculté permet.

ÉRASTE.

Il fait fort bien : un malade ne doit point vouloir guérir que la faculté n'y consente.

L'APOTHICAIRE.

Ce n'est pas parce que nous sommes grands amis, que j'en parle ; mais il y a plaisir d'être son malade ; et j'aimerois mieux mourir de ses remèdes, que de guérir de ceux d'un autre. Car, quoi qu'il puisse arriver, on est assuré que les choses sont toujours dans l'ordre, et quand on meurt sous sa conduite, vos héritiers n'ont rien à vous reprocher.

ÉRASTE.

C'est une grande consolation pour un défunt !

L'APOTHICAIRE.

Assurément. On est bien aise au moins d'être mort méthodiquement. Au reste, il n'est pas de ces médecins qui marchandent les maladies ; c'est un homme expéditif, expéditif, qui aime à dépêcher ses malades ; et, quand on a à mourir, cela se fait avec lui le plus vîte du monde.

ÉRASTE.

En effet, il n'est rien tel que de sortir promptement d'affaire.

L'APOTHICAIRE.

Cela est vrai. A quoi bon tant barguigner et tant tourner autour du pot ? Il faut savoir vîtement le court ou le long d'une maladie.

ÉRASTE.

Vous avez raison.

L'APOTHICAIRE.

Voilà déjà trois de mes enfans dont il m'a fait l'honneur de conduire la maladie, qui sont morts en moins de quatre jours ; et qui, entre les mains d'un autre, auroient langui plus de trois mois.

ÉRASTE.

Il est bon d'avoir des amis comme cela.

ACTE I. SCÈNE VIII.

L'APOTHICAIRE.

Sans doute. Il ne me reste que deux enfans, dont il prend soin comme des siens; il les traite et gouverne a sa fantaisie, sans que je me mêle de rien ; et le plus souvent, quand je reviens de la ville, je suis tout étonné que je les trouve saignés ou purgés par son ordre.

ÉRASTE.

Voilà des soins fort obligeans.

L'APOTHICAIRE.

Le voici, le voici, le voici qui vient.

SCÈNE VIII.

ÉRASTE, PREMIER MÉDECIN, UN APOTHICAIRE, UN PAYSAN, UNE PAYSANNE.

LE PAYSAN *au médecin.*

Monsieur, il n'en peut plus ; et il dit qu'il sent dans la tête les plus grandes douleurs du monde.

PREMIER MÉDECIN.

Le malade est un sot ; d'autant plus que, dans la maladie dont il est attaqué, ce n'est pas la tête, selon Galien ; mais la rate qui lui doit faire mal.

LE PAYSAN.

Quoi que c'en soit, monsieur, il a toujours, avec cela, son cours de ventre depuis six mois.

PREMIER MÉDECIN.

Bon ! C'est signe que le dedans se dégage. Je l'irai visiter dans deux ou trois jours : mais s'il mourroit avant ce tems-là, ne manquez pas de m'en donner avis ; car il n'est pas de la civilité qu'un médecin visite un mort.

LA PAYSANNE *au médecin.*

Mon père, monsieur, est toujours malade de plus en plus.

PREMIER MÉDECIN.

Ce n'est pas ma faute. Je lui donne les remèdes : que ne guérit-il ? Combien a-t-il été saigné de fois ?

LA PAYSANNE.

Quinze, monsieur, depuis vingt jours.

PREMIER MÉDECIN.
Quinze fois saigné !
LA PAYSANNE.
Oui.
PREMIER MÉDECIN.
Et il ne guérit point ?
LA PAYSANNE.
Non, monsieur.
PREMIER MÉDECIN.
C'est signe que la maladie n'est pas dans le sang. Nous le ferons purger autant de fois, pour voir si elle n'est pas dans les humeurs ; et, si rien ne nous réussit, nous l'enverrons aux bains.
L'APOTHICAIRE.
Voilà le fin, cela ; voilà le fin de la médecine.

SCÈNE IX.
ÉRASTE, PREMIER MÉDECIN, UN APOTHICAIRE.

ÉRASTE *au Médecin*.
C'est moi, monsieur, qui vous ai envoyé parler ces jours passés, pour un parent un peu troublé d'esprit, que je veux vous donner chez vous, afin de le guérir avec plus de commodité, et qu'il soit vu de moins de monde.
PREMIER MÉDECIN.
Oui, monsieur ; j'ai disposé déjà tout, et promets d'en avoir tous les soins imaginables.
ÉRASTE.
Le voici fort à propos.
PREMIER MÉDECIN.
La conjoncture est tout-à-fait heureuse, et j'ai ici un ancien de mes amis, avec lequel je serai bien-aise de consulter sa maladie.

SCÈNE X.

M. DE POURCEAUGNAC, ÉRASTE, PREMIER MÉDECIN, UN APOTHICAIRE.

ERASTE *à M. de Pourceaugnac.*

Une petite affaire m'est survenue, qui m'oblige à vous quitter; (*montrant le médecin.*) mais voilà une personne entre les mains de qui je vous laisse, qui aura soin pour moi de vous traiter du mieux qu'il lui sera possible.

PREMIER MÉDECIN.

Le devoir de ma profession m'y oblige ; et c'est assez que vous me chargiez de ce soin.

M. DE POURCEAUGNAC *à part.*

C'est son maître d'hôtel, sans doute ; et il faut que ce soit un homme de qualité.

PREMIER MÉDECIN *à Eraste.*

Oui ; je vous assure que je traiterai monsieur méthodiquement, et dans toutes les régularités de notre art.

M. DE POURCEAUGNAC.

Mon Dieu ! il ne me faut point tant de cérémonies ; et je ne viens pas ici pour incommoder.

PREMIER MÉDECIN.

Un tel emploi ne me donne que de la joie.

ÉRASTE *au Médecin.*

Voilà toujours dix pistoles d'avance, en attendant ce que j'ai promis.

M. DE POURCEAUGNAC.

Non, s'il vous plaît ; je n'entends pas que vous fassiez de dépense, et que vous envoyiez rien acheter pour moi.

ÉRASTE.

Mon Dieu ! laissez-moi faire. Ce n'est pas pour ce que vous pensez.

M. DE POURCEAUGNAC.

Je vous demande de ne me traiter qu'en ami.

ÉRASTE.

(*bas au Médecin.*)

C'est ce que je veux faire. Je vous recommande surtout, de ne le point laisser sortir de vos mains; car, par fois, il veut s'échapper.

PREMIER MEDNCIN.

Ne vous mettez pas en peine.

ERASTE à *M. de Pourceaugnac.*

Je vous prie de m'excuser de l'incivilité que je commets.

M. DE POURCEAUGNAC.

Vous vous moquez, et c'est trop de grace que vous me faites.

SCÈNE XI *.

M. DE POURCEAUGNAC, PREMIER MÉDECIN, SECOND MÉDECIN, UN APOTHICAIRE.

PREMIER MEDECIN.

Ce m'est beaucoup d'honneur, monsieur, d'être choisi pour vous rendre service.

---

* Cette scène *des Médecins* avec *Pourceaugnac*, est une imitation des scènes 4 et 5 du cinquième acte des *Ménechmes de Plaute*, où *Ménechme Sosiclès* est livré à un médecin pour le traiter d'une prétendue folie dont on l'accuse. Le médecin de Plaute, avec autant d'importance que les charlatans de Molière, demande à son malade si le vin qu'il boit est blanc ou rouge: *Album an atrum vinum potas?* S'il ne sent point, par fois, que ses entrailles fassent du bruit: *Dic mihi an unquam tibi intestina crepant?* S'il dort toute la nuit, et s'il n'a pas de peine à s'endormir dès qu'il est couché: *Perdormiscin' usque ad lucem? Facilen' tu dormis cubans?* Et comme le malade n'entend rien à ce jargon, et même s'en impatiente, le médecin prend le parti, pour s'assurer du sujet, de le faire conduire chez lui par quatre personnes.

Molière porte bien au-delà de Plaute le ridicule des charlatans en médecine, sur le compte desquels il se livre, dans cette pièce, avec toute la gaîté que leur art lui a toujours inspirée.

Dans l'entrée du ballet qui est à la fin de cet acte, on parle d'une danse de Matassins; la danse et le mot sont Espagnols. Voyez *le Trésor de la langue Castillane*, au mot *Matachain*. C'étoit une danse vive et folle, et l'on appeloit également en France Matassin et la danse et celui qui l'exécutoit.

ACTE I. SCÈNE XI.

M. DE POURCEAUGNAC.

Je suis votre serviteur.

PREMIER MÉDECIN.

Voici un habile homme, mon confrère, avec lequel je vais consulter la manière dont nous vous traiterons.

M. DE POURCEAUGNAC.

Il ne faut point tant de façons, vous dis-je, et je suis homme à me contenter de l'ordinaire.

PREMIER MÉDECIN.

Allons des sièges.

(*Des laquais entrent et donnent des sièges.*)

M. DE POURCEAUGNAC à part.

Voilà, pour un jeune homme, des domestiques bien lugubres !

PREMIER MÉDECIN.

Allons, monsieur : prenez votre place, monsieur.

(*Les deux Médecins font asseoir M. de Pourceaugnac entre eux deux.*)

M. DE POURCEAUGNAC s'asseyant.

Votre très-humble valet.

(*Les deux médecins lui prenant chacun une main pour lui tâter le pouls.*)

Que veut dire cela ?

PREMIER MÉDECIN.

Mangez-vous bien, monsieur ?

M. DE POURCEAUGNAC.

Oui ; et bois encore mieux.

PREMIER MÉDECIN.

Tant-pis ! Cette grande appétition du froid et de l'humide, est une indication de la chaleur et sécheresse qui est au-dedans. Dormez-vous fort ?

M. DE POURCEAUGNAC.

Oui, quand j'ai bien soupé.

PREMIER MÉDECIN.

Faites-vous des songes ?

M. DE POURCEAUGNAC.

Quelquefois.

PREMIER MÉDECIN.

De quelle nature sont-ils ?

M. DE POURCEAUGNAC.
De la nature des songes. Quelle diable de conversation est-ce là ?

PREMIER MEDECIN.
Vos déjections, comment sont-elles ?

M. DE POURCEAUGNAC.
Ma foi ! je ne comprends rien à toutes ces questions ; et je veux plutôt boire un coup.

PREMIER MEDECIN.
Un peu de patience. Nous allons raisonner sur votre affaire devant vous ; et nous le ferons en français, pour être plus intelligibles.

M. DE POURCEAUGNAC.
Quel grand raisonnement faut-il pour manger un morceau ?

PREMIER MEDECIN.
Comme ainsi soit, qu'on ne puisse guérir une maladie qu'on ne la connoisse parfaitement, et qu'on ne la puisse parfaitement connoître sans en bien établir l'idée particulière, et la véritable espèce, par ses signes diagnostiques et pronostiques ; vous me permettrez, monsieur notre ancien, d'entrer en considération de la maladie dont il s'agit, avant que de toucher à la thérapeutique, et aux remèdes qu'il nous conviendra faire pour la parfaite curation d'icelle. Je dis donc, monsieur, avec votre permission, que notre malade ici présent est malheureusement attaqué, affecté, possédé, travaillé de cette sorte de folie que nous nommons fort bien mélancolie hypocondriaque ; espèce de folie très-fâcheuse, et qui ne demande pas moins qu'un Esculape comme vous, consommé dans notre art : vous, dis-je, qui avez blanchi, comme on dit, sous le harnois, et auquel il en a tant passé par les mains de toutes les façons. Je l'appelle mélancolie hypocondriaque, pour la distinguer des deux autres ; car le célèbre Galien établit doctement, à son ordinaire, trois espèces de cette maladie, que nous nommons mélancolie, ainsi appelée, non-seulement par les Latins, mais encore par les Grecs ; ce qui est bien à remarquer pour notre affaire. La première, qui vient du propre vice du cerveau ; la seconde, qui vient de tout le sang, fait et rendu atrabilaire ; la troisième, appelée hypocondriaque, qui est la nôtre, laquelle procède du vice de quelque partie du bas-ventre, et de

la région inférieure ; mais particulièrement de la rate , dont la chaleur et l'inflammation portent au cerveau de notre malade beaucoup de fuligines épaisses et crasses , dont la vapeur noire et maligne cause dépravation aux fonctions de la faculté princesse , et fait la maladie dont , par notre raisonnement , il est manifestement atteint et convaincu. Qu'ainsi ne soit. Pour diagnostic incontestable de tout ce que je dis, vous n'avez qu'à considérer ce grand sérieux que vous voyez , cette tristesse accompagnée de crainte et de défiance ; signes pathognomoniques individuels de cette maladie, si bien marquée chez le divin vieillard Hippocrate. Cette physionomie, ces yeux rouges et hagards, cette grande barbe, cette habitude du corps, menue, grêle, noire et velue; lesquels signes le dénotent très-affecté de cette maladie, procédante du vice des hypocondres; laquelle maladie, par laps de tems naturalisée, envieillie, habituée, et ayant pris droit de bourgeoisie chez lui, pourroit bien dégénérer ou en manie, ou en phthisie, ou en apoplexie, ou même en fine frénésie et fureur. Tout ceci supposé, puisqu'une maladie bien connue est à demi-guérie ; car *ignoti nulla est curatio morbi*, il ne vous sera pas difficile de convenir des remèdes que nous devons faire à monsieur. Premièrement, pour remédier à cette pléthore obturante, et à cette cacochymie luxuriante partout le corps, je suis d'avis qu'il soit phlébotomisé libéralement; c'est-à-dire, que les saignées soient fréquentes et plantureuses : en premier lieu, de la basilique, puis de la céphalique ; et même, si le mal est opiniâtre, de lui ouvrir la veine du front, et que l'ouverture soit large, afin que le gros sang puisse sortir; et en même tems, de le purger, désopiler, et évacuer par purgatifs propres et convenables; c'est-à-dire, par cholagogues, mélanogogues, *et cœtera*; et comme la véritable source de tout le mal est, ou une humeur crasse et féculente, ou une vapeur noire et grossière, qui obscurcit, infecte et salit les esprits animaux, il est à propos ensuite qu'il prenne un bain d'eau pure et nette, avec force petit-lait clair, pour purifier, par l'eau, la féculence de l'humeur crasse, et éclaircir, par le lait clair, la noirceur de cette vapeur. Mais, avant toute chose, je trouve qu'il est bon de le réjouir par agréables conversations, chants et instrumens de musique ; à quoi il n'y a pas d'inconvénient de joindre des danseurs, afin que leurs mouvemens, disposition et agilité, puissent exciter et réveiller la paresse de ses esprits engourdis, qui occasionne l'épaisseur de son sang, d'où procède la maladie. Voilà les remèdes que j'imagine, auxquels pourront être ajoutés beaucoup d'autres meilleurs par monsieur notre maître et ancien, suivant l'expérience, jugement, lumière et suffisance qu'il s'est acquises dans notre art. *Dixi.*

SECOND MÉDECIN.

A Dieu ne plaise, monsieur, qu'il me tombe en pensée d'ajouter rien à ce que vous venez de dire! Vous avez si bien discouru sur tous les signes, les symptômes et les causes de la maladie de monsieur; le raisonnement que vous en avez fait, est si docte et si beau, qu'il est impossible qu'il ne soit pas fou et mélancolique hypocondriaque; et quand il ne le seroit pas, il faudroit qu'il le devînt, pour la beauté des choses que vous avez dites, et la justesse du raisonnement que vous avez fait. Oui, monsieur, vous avez dépeint fort graphiquement, *graphicè depinxisti*, tout ce qui appartient à cette maladie. Il ne se peut rien de plus doctement, sagement, ingénieusement conçu, pensé, imaginé, que ce que vous avez prononcé au sujet de ce mal, soit pour la diagnose, ou la prognose, ou la thérapie; et il ne me reste rien ici, que de féliciter monsieur d'être tombé entre vos mains, et de lui dire qu'il est trop heureux d'être fou, pour éprouver l'efficace et la douceur des remèdes que vous avez si judicieusement proposés. Je les approuve tous, *manibus et pedibus descendo in tuam sententiam.* Tout ce que j'y voudrois ajouter, c'est de faire les saignées et les purgations en nombre impair, *numero Deus impare gaudet*; de prendre le lait clair avant le bain, de lui composer un fronteau où il entre du sel: le sel est le symbole de la sagesse; de faire blanchir les murailles de sa chambre, pour dissiper les ténèbres de ses esprits, *album est disgregativum visûs*; et de lui donner tout-à-l'heure un petit lavement, pour servir de prélude et d'introduction à ces judicieux remèdes, dont, s'il a à guérir, il doit recevoir du soulagement. Fasse le ciel que ces remèdes, monsieur, qui sont les vôtres, réussissent au malade selon notre intention!

M. DE POURCEAUGNAC.

Messieurs, il y a une heure que je vous écoute. Est-ce que nous jouons ici une comédie?

ACTE I. SCENE XI.

PREMIER MÉDECIN.

Non, monsieur, nous ne jouons point.

M. DE POURCEAUGNAC.

Qu'est-ce que tout ceci, et que voulez-vous dire, avec vôtre galimatias et vos sottises ?

PREMIER MÉDECIN.

Bon ! dire des injures : Voilà un diagnostique qui nous manquoit pour la confirmation de son mal ; et ceci pourroit bien tourner en manie.

M. DE POURCEAUGNAC *à part.*

Avec qui m'a-t-on mis ici ?

(*Il crache deux ou trois fois.*)

PREMIER MÉDECIN.

Autre diagnostique : la sputation fréquente.

M. DE POURCEAUGNAC.

Laissons cela, et sortons d'ici.

PREMIER MÉDECIN.

Autre encore : l'inquiétude de changer de place.

M. DE POURCEAUGNAC.

Qu'est-ce donc que toute cette affaire ; et que me voulez-vous ?

PREMIER MÉDECIN.

Vous guérir selon l'ordre qui nous a été donné.

M. DE POURCEAUGNAC.

Me guérir ?

PREMIER MÉDECIN.

Oui.

M. DE POURCEAUGNAC.

Parbleu ! je ne suis pas malade.

PREMIER MÉDECIN.

Mauvais signe, lorsqu'un malade ne sent pas son mal !

M. DE POURCEAUGNAC.

Je vous dis que je me porte bien.

PREMIER MÉDECIN.

Nous savons mieux que vous comment vous vous portez ; et nous sommes médecins qui voyons clair dans votre constitution.

M. DE POURCEAUGNAC.

Si vous êtes médecins, je n'ai que faire de vous, et je me moque de la médecine.

PREMIER MEDECIN.

Hom, hom! voici un homme plus fou que nous ne pensons.

M. DE POURCEAUGNAC.

Mon père et ma mère n'ont jamais voulu de remèdes, et ils sont morts tous deux sans l'assistance des médecins.

PREMIER MÉDECIN.

Je ne m'étonne pas s'ils ont engendré un fils qui est insensé. (*au second Médecin.*)

Allons, procédons à la curation ; et, par la douceur exhilarante de l'harmonie, adoucissons, lénifions, et accoisons l'aigreur de ses esprits, que je vois prêts à s'enflammer.

SCÈNE XII.

M. DE POURCEAUGNAC *seul.*

Que diable est-ce là ! Les gens de ce pays-ci sont-ils insensés ? Je n'ai jamais rien vu de tel, et je n'y comprends rien du tout.

SCÈNE XIII.

M. DE POURCEAUGNAC, DEUX MÉDECINS *grotesques.*

(*Ils s'asseyent d'abord tous trois ; les Médecins se lèvent à différentes reprises pour saluer M. de Pourceaugnac, qui se lève autant de fois pour les saluer.*)

LES DEUX MÉDECINS.

Buon di, buon di, buon di,
Non vi lasciate uccidere
Dal dolor malinconico,
Noi vi faremo ridere
Col nostro canto harmonico ;
Sol' per garirvi
Siamo venuti qui.
Buon di, buon di, buon di.

PREMIER MÉDECIN.

Altro non è la pazzia
Che malinconia.

ACTE I. SCÈNE XV.

L'amalato
Non è disperato,
Se vol pigliar un poco d'allegria.
Altro non è la pazzia
Che malinconia.

SECOND MEDECIN.

Su, cantate, ballate, ridete;
Et, se far meglio volete,
Quando sentite il deliro vicino,
Pigliate del vino,
Et qualche volta un poco di tabac.
Allegramente, monsu Pourceaugnac.

SCÈNE XIV.

M. DE POURCEAUGNAC, DEUX MÉDECINS *grotesques*, MATASSINS.

ENTRÉE DE BALLET.

Danse des Matassins autour de M. de Pourceaugnac.

SCÈNE XV.

M. DE POURCEAUGNAC, UN APOTHICAIRE *tenant une seringue.*

L'APOTHICAIRE.

Monsieur, voici un petit remède, un petit remède, qu'il vous faut prendre, s'il vous plaît, s'il vous plaît.

M. DE POURCEAUGNAC.

Comment! Je n'ai que faire de cela.

L'APOTHICAIRE.

Il a été ordonné, monsieur, il a été ordonné.

M. DE POURCEAUGNAC.

Ah! que de bruit!

L'APOTHICAIRE.

Prenez-le, monsieur, prenez-le, il ne vous fera point de mal, il ne vous fera point de mal.

M. DE POURCEAUGNAC.

Ah!

L'APOTHICAIRE.

C'est un petit clystère, un petit clystère, benin : benin ; il est benin, benin-là ; prenez, prenez, monsieur ; c'est pour déterger, pour déterger, déterger.

SCÈNE XVI.

M. DE POURCEAUGNAC, UN APO-THICAIRE, *les* **DEUX MÉDECINS** *grotesques*, *et les* **MATASSINS** *avec des seringues*.

LES DEUX MEDECINS.

Piglia lo su,
Signor Monsu,
Piglia lo, piglia lo, piglia lo su ;
Che non ti fara male.
Piglia lo su questo serviziale,
Piglia lo su,
Signor Monsu,
Piglia lo, piglia lo, piglia lo su.

M. DE POURCEAUGNAC.

Allez-vous-en au diable.

(*M de Pourceaugnac, mettant son chapeau pour se garantir des seringues, est suivi par les deux Médecins et par les Matassins ; il passe par derrière le théâtre et revient se mettre sur sa chaise, auprès de laquelle il trouve l'Apothicaire qui l'attendoit ; les deux Médecins et les Matassins rentrent aussi.*)

LES DEUX MÉDECINS.

Piglia lo su,
Signor Monsu,
Piglia lo, piglia lo, plglia lo su ;
Che non ti fara male.
Piglia la su questo serviziale,
Piglia lo su,
Signor Monsu,
Piglia lo, piglia lo, piglia lo su.

(*M. de Pourceaugnac s'enfuit avec sa chaise ; l'Apothicaire appuie sa seringue contre, et les Médecins et les Matassins le suivent.*)

ACTE II.

SCÈNE I.

PREMIER MÉDECIN, SBRIGANI.

PREMIER MÉDECIN.

Il a forcé tous les obstacles que j'avois mis, et s'est dérobé aux remèdes que je commençois de lui faire.

SBRIGANI.

C'est être bien ennemi de soi-même, que de fuir des remèdes aussi salutaires que les vôtres!

PREMIER MÉDECIN.

Marque d'un cerveau démonté, et d'une raison dépravée, que de ne vouloir pas guérir.

SBRIGANI.

Vous l'auriez guéri haut la main.

PREMIER MÉDECIN.

Sans doute : quand il y auroit eu complication de douze maladies.

SBRIGANI.

Cependant voilà cinquante pistoles bien acquises qu'il vous fait perdre.

PREMIER MÉDECIN.

Moi, je n'entends point les perdre, et je prétends le guérir, en dépit qu'il en ait. Il est lié et engagé à mes remèdes; et je veux le faire saisir où je le trouverai, comme déserteur de la médecine, et infracteur de mes ordonnances.

SBRIGANI.

Vous avez raison. Vos remèdes étoient un coup sûr ; et c'est de l'argent qu'il vous vole.

PREMIER MEDECIN.

Où puis-je en avoir des nouvelles ?

SBRIGANI.

Chez le bon homme Oronte assurément, dont il vient épouser la fille ; et qui, ne sachant rien de l'infirmité de son gendre futur, voudra peut-être se hâter de conclure le mariage.

PREMIER MEDECIN.

Je vais lui parler tout-à-l'heure.

SBRIGANI.

Vous ne ferez point mal.

PREMIER MEDECIN.

Il est hypothéqué à mes consultations ; et un malade ne se moquera pas d'un médecin.

SBRIGANI.

C'est fort bien dit à vous ; et, si vous m'en croyez, vous ne souffrirez point qu'il se marie, que vous ne l'ayez pansé tout votre saoul.

PREMIER MEDECIN.

Laissez-moi faire.

SBRIGANI *à part, en s'en allant.*

Je vais, de mon côté, dresser une autre batterie, et le beau-père est aussi dupe que le gendre.

SCÈNE II.

ORONTE, PREMIER MÉDECIN.

PREMIER MEDECIN.

Vous avez, monsieur, un certain monsieur de Pourceaugnac qui doit épouser votre fille ?

ORONTE.

Oui ; je l'attends de Limoges, et il devroit être arrivé.

PREMIER MEDECIN.

Aussi l'est-il, et il s'en est fui de chez moi, après y avoir été mis ; mais je vous défends, de la part de la médecine, de procéder au mariage que vous avez conclu, que je ne l'aye duement préparé pour cela, et mis en état de procréer des enfans bien conditionnés de corps et d'esprit.

ORONTE.

Comment donc?

PREMIER MÉDECIN.

Votre prétendu gendre a été constitué mon malade; sa maladie, qu'on m'a donné à guérir, est un meuble qui m'appartient, et que je compte entre mes effets; et je vous déclare que je ne prétends point qu'il se marie, qu'au préalable il n'ait satisfait à la médecine, et subi les remèdes que je lui ai ordonnés.

ORONTE.

Il a quelque mal?

PREMIER MÉDECIN.

Oui.

ORONTE.

Et quel mal, s'il vous plaît?

PREMIER MÉDECIN.

Ne vous mettez pas en peine.

ORONTE.

Est-ce quelque mal?...

PREMIER MÉDECIN.

Les médecins sont obligés au secret. Il suffit que je vous ordonne, à vous et à votre fille, de ne point célébrer, sans mon consentement, vos noces avec lui, sur peine d'encourir la disgrace de la faculté, et d'être accablé de toutes les maladies qu'il nous plaira.

ORONTE.

Je n'ai garde, si cela est, de faire le mariage.

PREMIER MÉDECIN.

On me l'a mis entre les mains; et il est obligé d'être mon malade.

ORONTE.

A la bonne heure.

PREMIER MÉDECIN.

Il a beau fuir; je le ferai condamner par arrêt à se faire guérir par moi.

ORONTE.

J'y consens.

PREMIER MEDECIN.
Oui ; il faut qu'il crève ou que je le guérisse.
ORONTE.
Je le veux bien.
PREMIER MEDECIN.
Et, si je ne le trouve, je m'en prendrai à vous, et je vous guérirai.
ORONTE.
Je me porte bien.
PREMIER MEDECIN.
Il n'importe. Il me faut une malade, et je prendrai qui je pourrai.
ORONTE.
Prenez qui vous voudrez ; mais ce ne sera pas moi.
(*seul.*)
Voyez un peu la belle raison !

SCÈNE III.

ORONTE, SBRIGANI *en marchand flamand.*

SBRIGANI.
Montsir, afec le fostre permission. Je suis un trancher marchand flamane, qui foudroit bien ne fous temandair un petit nouvel.
ORONTE.
Quoi, monsieur ?
SBRIGANI.
Mettez le fostre chapeau sur le tête, montsir, si ve plaît.
ORONTE.
Dites-moi, monsieur, ce que vous voulez ?
SBRIGANI.
Moi le dire rien, montsir, si fous le mettre pas le chapeau sur le tête.
ORONTE.
Soit. Qu'y a-t-il, monsieur ?
SBRIGANI.
Fous connoître point en sti file un certe montsir Oronte ?

ACTE II. SCENE III.

ORONTE.

Oui, je le connois.

SBRIGANI.

Et quel homme est-il, montsir, si ve plaît?

ORONTE.

C'est un homme comme les autres.

SBRIGANI.

Je fous demande, montsir, s'il est homme riche qui a du bienne?

ORONTE.

Oui.

SBRIGANI.

Mais riche beaucoup grandement, montsir?

ORONTE.

Oui.

SBRIGANI.

J'en suis aise beaucoup, montsir.

ORONTE.

Mais pourquoi cela?

SBRIGANI.

L'est, montsir, pour un petit raisonné de conséquence pour nous.

ORONTE.

Mais encore, pourquoi?

SBRIGANI.

L'est, montsir, que sti montsir Oronte donne son fille en mariage à un certe montsir de Pourcegnac.

ORONTE.

Hé bien?

SBRIGANI.

Et sti montsir de Pourcegnac, montsir, l'est un homme que doive beaucoup grandement, à dix ou douze marchanes flamanes qui être venus ici.

ORONTE.

Ce monsieur de Pourceaugnac doit beaucoup à dix ou douze marchands?

SBRIGANI.

Oui, montsir; et depuis huite mois, nous afoir obtenir un petit sentence contre lui; et lui a remettre à payer tout ce créancier de sti mariage que sti montsir Oronte donne pour son fille.

ORONTE.

Hom, hom ! il a remis là à payer ses créanciers ?

SBRIGANI.

Oui, montsir, et avec un grant défotion nous tous attendre sti mariage.

ORONTE.

(*à part.*)   (*haut.*)

L'avis n'est pas mauvais. Je vous donne le bon jour.

SBRIGANI.

Je remercie montsir de la faveur grande.

ORONTE.

Votre très-humble valet.

SBRIGANI.

Je le suis, montsir, obliger plus que beaucoup de bon nouvel que montsir m'avoir donné.

(*Seul, après avoir ôté sa barbe, et dépouillé l'habit de Flamand qu'il a par-dessus le sien.*)

Cela ne va pas mal. Quittons notre ajustement de Flamand, pour songer à d'autres machines ; et tâchons de semer tant de soupçons et de division entre le beau-père et le gendre, que cela rompe le mariage prétendu. Tous deux également sont propres à gober les hameçons qu'on leur veut tendre ; et entre nous autres fourbes de la première classe, nous ne faisons que nous jouer, lorsque nous trouvons un gibier aussi facile que celui-là.

SCÈNE IV.

M. DE POURCEAUGNAC, SBRIGANI.

M. DE POURCEAUGNAC *se croyant seul.*

Piglia lo su, piglia lo su,
Signor monsu...

Que diable est-ce là ? (*apercevant Sbrigani.*) Ah !

SBRIGANI.

Qu'est-ce, monsieur ? Qu'avez-vous ?

M. DE POURCEAUGNAC.

Tout ce que je vois, me semble lavement.

ACTE II. SCÈNE IV.

SBRIGANI.

Comment ?

M. DE POURCEAUGNAC.

Vous ne savez pas ce qui m'est arrivé dans ce logis à la porte duquel vous m'avez conduit ?

SBRIGANI.

Non, vraiment. Qu'est-ce que c'est ?

M. DE POURCEAUGNAC.

Je pensois y être régalé comme il faut.

SBRIGANI.

Hé bien ?

M. DE POURCEAUGNAC.

Je vous laisse entre les mains de monsieur. Des médecins habillés de noir. Dans une chaise. Tâter le pouls. Comme ainsi soit. Il est fou. Deux gros joufflus. Grands chapeaux. *Buon di, buon di.* Six pantalons. Ta, ra, ta, ta ; ta, ra, ta, ta. *Allegramente, monsu Pourceaugnac.* Apothicaire. Lavement. Prenez, monsieur ; prenez, prenez. Il est benin, benin, benin. C'est pour déterger, pour déterger, déterger. *Piglia lo su, signor monsu, piglia lo, piglia lo, piglia lo su.* Jamais je n'ai été si saoul de sottises.

SBRIGANI.

Qu'est-ce que tout cela veut dire ?

M. DE POURCEAUGNAC.

Cela veut dire que cet homme-là, avec ses grandes embrassades, est un fourbe qui m'a mis dans une maison pour se moquer de moi, et me faire une pièce.

SBRIGANI.

Cela est-il possible ?

M. DE POURCEAUGNAC.

Sans doute. Ils étoient une douzaine de possédés après mes chausses ; et j'ai eu toutes les peines du monde à m'échapper de leurs pattes.

SBRIGANI.

Voyez un peu ; les mines sont bien trompeuses ! Je l'aurois cru le plus affectionné de vos amis. Voilà un de mes étonnemens, comme il est possible qu'il y ait des fourbes comme cela dans le monde.

M. DE POURCEAUGNAC.
Ne sens-je point le lavement? Voyez, je vous prie.

SBRIGANI.
Hé! il y a quelque petite chose qui approche de cela.

M. DE POURCEAUGNAC.
J'ai l'odorat et l'imagination toute remplie de cela, et il me semble toujours que je vois une douzaine de lavemens qui me couchent en joue.

SBRIGANI.
Voilà une méchanceté bien grande; et les hommes sont bien traîtres et scélérats!

M. DE POURCEAUGNAC.
Enseignez-moi, de grace, le logis de monsieur Oronte: je suis bien-aise d'y aller tout-à-l'heure.

SBRIGANI.
Ah! ah! vous êtes donc de complexion amoureuse; et vous avez ouï parler que ce monsieur Oronte a une fille!...

M. DE POURCEAUGNAC.
Oui. Je viens l'épouser.

SBRIGANI.
L'é.... L'épouser?

M. DE POURCEAUGNAC.
Oui.

SBRIGANI.
En mariage.

M. DE POURCEAUGNAC.
De quelle façon donc?

SBRIGANI.
Ah! c'est une autre chose; je vous demande pardon.

M. DE POURCEAUGNAC.
Qu'est-ce que cela veut dire?

SBRIGANI.
Rien.

M. DE POURCEAUGNAC.
Mais encore?

SBRIGANI.
Rien, vous dis-je. J'ai un peu parlé trop vîte.

ACTE II. SCÈNE IV.

M. DE POURCEAUGNAC.

Je vous prie de me dire ce qu'il y a là-dessous.

SBRIGANI.

Non : cela n'est point nécessaire.

M. DE POURCEAUGNAC.

De grace.

SBRIGANI.

Point. Je vous prie de m'en dispenser.

M. DE POURCEAUGNAC.

Est-ce que vous n'êtes point de mes amis ?

SBRIGANI.

Si fait. On ne peut pas l'être davantage.

M. DE POURCEAUGNAC.

Vous devez donc ne me rien cacher.

SBRIGANI.

C'est une chose où il y va de l'intérêt du prochain.

M. DE POURCEAUGNAC.

Afin de vous obliger à m'ouvrir votre cœur, voilà une petite bague que je vous prie de garder pour l'amour de moi.

SBRIGANI.

Laissez-moi consulter un peu si je le puis faire en conscience.

(*Après s'être un peu éloigné de M. de Pourceaugnac.*)

C'est un homme qui cherche son bien, qui tâche de pourvoir sa fille le plus avantageusement qu'il est possible ; il ne faut nuire à personne. Ce sont des choses qui sont connues, à la vérité ; mais j'irai les découvrir à un homme qui les ignore ; et il est défendu de scandaliser son prochain. Cela est vrai ; mais, d'autre part, voilà un étranger qu'on veut surprendre, et qui, de bonne foi, vient se marier avec une fille qu'il ne connoît pas, et qu'il n'a jamais vue ; un gentilhomme plein de franchise, pour qui je me sens de l'inclination, qui me fait l'honneur de me tenir pour son ami, prend confiance en moi, et me donne une bague à garder pour l'amour de lui.

(*à M. de Pourceaugnac.*)

Oui ; je trouve que je puis vous dire les choses sans blesser ma conscience ; mais tâchons de vous les dire le plus doucement qu'il nous sera possible, et d'épargner les gens le plus que nous pourrons. De vous dire que cette fille-là mène une vie déshonnête, cela seroit un peu trop fort. Cherchons, pour nous expliquer, quelques termes plus doux. Le mot de galante aussi n'est pas assez; celui de coquette achevée, me semble propre à ce que nous voulons, et je m'en puis servir pour vous dire honnêtement ce qu'elle est....

M. DE POURCEAUGNAC.

L'on me veut prendre pour dupe?

SBRIGANI.

Peut-être, dans le fond, n'y a-t-il pas tant de mal que tout le monde croit; et puisqu'il y a des gens, après tout, qui se mettent au-dessus de ces sortes de choses, et qui ne croient pas que leur honneur dépende....

M. DE POURCEAUGNAC.

Je suis votre serviteur; je ne me veux point mettre sur la tête un chapeau comme celui-là; et l'on aime à aller le front levé dans la famille des Pourceaugnacs.

SBRIGANI.

Voilà le père.

M. DE POURCEAUGNAC.

Ce vieillard-là?

SBIGANI.

Oui. Je me retire.

SCÈNE V.

ORONTE, M. DE POURCEAUGNAC.

M. DE POURCEAUGNAC.

Bonjour, monsieur, bonjour.

ORONTE.

Serviteur, monsieur, serviteur.

M. DE POURCEAUGNAC.

Vous êtes monsieur Oronte, n'est-ce pas?

ORONTE.

Oui.

M. DE POURCEAUGNAC.

Et moi, monsieur de Pourceaugnac.

ORONTE.

A la bonne heure.

ACTE II. SCÈNE VI.

M. DE POURCEAUGNAC.

Croyez-vous, monsieur Oronte, que les Limosins soient des sots ?

ORONTE.

Croyez-vous, monsieur de Pourceaugnac, que les Parisiens soient des bêtes ?

M. DE POURCEAUGNAC.

Vous imaginez-vous, monsieur Oronte, qu'un homme comme moi soit affamé de femme ?

ORONTE.

Vous imaginez-vous, monsieur de Pourceaugnac, qu'une fille comme la mienne soit affamée de mari ?

SCÈNE VI.

JULIE, ORONTE, M. DE POURCEAUGNAC.

JULIE.

On vient de me dire, mon père, que monsieur de Pourceaugnac est arrivé. Ah ! le voilà, sans doute, et mon cœur me le dit. Qu'il est bien fait ! Qu'il a bon air ! et que je suis contente d'avoir un tel époux ! Souffrez que je l'embrasse, et que je lui témoigne....

ORONTE.

Doucement, ma fille, doucement.

M. DE POURCEAUGNAC à part.

Tudieu ! Quelle galante ! comme elle prend feu d'abord !

ORONTE.

Je voudrois bien savoir, monsieur de Pourceaugnac, par quelle raison vous venez....

JULIE *s'approche de M. de Pourceaugnac, le regarde d'un air languissant, et lui veut prendre la main.*

Que je suis aise de vous voir ! et que je brûle d'impatience !..

ORONTE.

Ah, ma fille ! ôtez-vous de là, vous dis-je.

M. DE POURCEAUGNAC à part.

Oh, oh ! quelle égrillarde !

ORONTE.

Je voudrois bien, dis-je, savoir par quelle raison, s'il vous plaît, vous avez la hardiesse de....

(*Julie continue le même jeu.*)

M. DE POURCEAUGNAC *à part.*

Vertu de ma vie !

ORONTE *à Julie.*

Encore ? Qu'est-ce à dire, cela ?

JULIE.

Ne voulez-vous pas que je caresse l'époux que vous m'avez choisi ?

ORONTE.

Non. Rentrez là-dedans.

JULIE.

Laissez-moi le regarder.

ORONTE.

Rentrez, vous dis-je.

JULIE.

Je veux demeurer, s'il vous plaît.

ORONTE.

Je ne veux pas, moi; et, si tu ne rentres tout-à-l'heure, je....

JULIE.

Hé bien ! je rentre.

ORONTE.

Ma fille est une sotte qui ne sait pas les choses.

M. DE POURCEAUGNAC.

Comme nous lui plaisons !

ORONTE *à Julie, qui est restée après avoir fait quelques pas pour s'en aller.*

Tu ne veux pas te retirer ?

JULIE.

Quand est-ce donc que vous me marierez avec monsieur ?

ORONTE.

Jamais; et tu n'es pas pour lui.

JULIE.

Je le veux avoir, moi, puisque vous me l'avez promis.

ORONTE.

Si je l'ai promis, je te le dépromets.

ACTE II. SCÈNE VII.

M. DE POURCEAUGNAC *à part*.

Elle voudroit bien me tenir!

JULIE.

Vous avez beau faire : nous serons mariés ensemble en dépit de tout le monde.

ORONTE.

Je vous en empêcherai bien tous deux, je vous assure. Voyez un peu quel *vertigo* lui prend.

SCÈNE VII.

ORONTE, M. DE POURCEAUGNAC.

M. DE POURCEAUGNAC.

Mon Dieu! notre beau-père prétendu, ne vous fatiguez point tant ; on n'a pas envie de vous enlever votre fille, et vos grimaces n'attrapperont rien.

ORONTE.

Toutes les vôtres n'auront pas grand effet.

M. DE POURCEAUGNAC.

Vous êtes-vous mis dans la tête que Léonard de Pourceaugnac soit un homme à acheter chat en poche, et qu'il n'ait pas là-dedans quelque morceau de judiciaire pour se conduire, pour se faire informer de l'histoire du monde, et voir, en se mariant, si son honneur a bien toutes ses sûretés?

ORONTE.

Je ne sais pas ce que cela veut dire ; mais vous êtes-vous mis dans la tête qu'un homme de soixante et trois ans ait si peu de cervelle, et considere si peu sa fille, que de la marier avec un homme qui a ce que vous savez, et qui a été mis chez un médecin pour être pansé ?

M. DE POURCEAUGNAC.

C'est une pièce que l'on m'a faite, et je n'ai aucun mal.

ORONTE.

Le médecin me l'a dit lui-même.

####### M. DE POURCEAUGNAC.

Le médecin en a menti. Je suis gentilhomme, et je le veux voir l'épée à la main *.

####### ORONTE.

Je sais ce que j'en dois croire ; et vous ne m'abuserez pas là-dessus, non plus que sur les dettes que vous avez assignées sur le mariage de ma fille.

####### M. DE POURCEAUGNAC.

Quelles dettes ?

####### ORONTE.

La feinte ici est inutile ; et j'ai vu le marchand flamand qui, avec les autres créanciers, a obtenu depuis huit mois sentence contre vous.

####### M. DE POURCEAUGNAC.

Quel marchand flamand ? Quels créanciers ? Quelle sentence obtenue contre moi ?

####### ORONTE.

Vous savez bien ce que je veux dire.

SCÈNE VIII **.

LUCETTE, ORONTE, MONSIEUR DE POURCEAUGNAC.

####### LUCETTE *contrefaisant une languedocienne.*

Au ! tu es assi, et à la fi yeu te trobi après abé fait tant de passés. Podes-tu, scélérat, podes-tu souténi ma bisto ?

---

* La plaisanterie de *Pourceaugnac*, qui dit que *le médecin en a menti, qu'il est gentilhomme, et qu'il veut le faire voir l'épée à la main*, est un de ces traits qui, tous connus qu'ils sont, ne perdent jamais le droit qu'ils ont d'arracher le rire.

** Les scènes où *Lucette* contrefait une languedocienne, et *Nérine* une Picarde, devoient peu plaire a Despréaux, qui faisoit un crime à Molière d'avoir fait parler aux paysans leur langage : mais les opinions de Despréaux n'ont pas toutes fait des préceptes. Il est vrai qu'un théâtre où ces libertés seroient fréquentes, passeroit difficilement chez les nations étrangères, qui ne parviennent point a savoir de notre langue jusqu'aux idiomes provinciaux. Bien des Français auroient eux-mêmes de la peine à comprendre les différens jargons des provinces éloi-

ACTE II. SCENE VIII.

M. DE POURCEAUGNAC.

Qu'est-ce que veut dire cette femme-là?

LUCETTE.

Que te boli, infame! Tu las semblan de nou me pas connouisse, et nou rougisses pas, impudint que tu sios, tu ne rougisses pas de me beyre?

(*à Oronte.*)

Nou sabi pas, moussur, saquos bous dont m'an dit que Louillo espousa la fillo ; may yeu bous declari que yeu sous sa fenno, et que y a set ans, moussur, qu'en passant à Pézénas, el auguet l'adresse dambé sas mignardisos, commo sap tabla fayre, de me gagna lou cor, et m'obligel pra quel moueyen à ly donna la man per l'espousa.

ORONTE.

Oh! oh!

M. DE POURCEAUGNAC.

Que diable est-ce ceci?

LUCETTE.

Lou traite me quittel trés ans après, sul prétexte de quelques affayres que l'apelabon dins soun pays, et despey noun l'y resçau put quaso de noubelo, may dies lou tens qui soungeabi lou mens, m'an donnat abisi, que begnio dins aquesto billo, per se remarida dambé un autro jouena fillo, que sous parens ly an proucurado, sensse saupré res de sou premié mariatge. Yeu ai tout quittat en diligansso, et me souy rendudo dins aqueste loc lou pu leau qu'ay pouscut, per m'oupousa en aquel criminel mariatge, et coufondre as elys de tout le mounde lou plus méchant day hommes.

M. DE POURCEAUGNAC.

Voilà une étrange effrontée!

---

gnées de la leur; et cet inconvénient a sûrement lieu chez nombre de spectateurs aux représentations de *Pourceaugnac*. Les pièces italiennes écrites dans les différens jargons de l'Italie, sont les moins estimées, et ne sont jamais comprises au nombre de celles dont les auteurs de cette nation composent ce qu'ils appellent leur bon théâtre. Elles ne peuvent être entendues qu'avec bien de la peine de la part des étrangers qui savent assez l'italien pour lire le *Tasse* et l'*Arioste*.

LUCETTE.

Impudint ; n'as pas de honte de m'injuria, allioc d'être confus day reproches secrets que ta consiensso te den faire ?

M. DE POURCEAUGNAC.

Moi, je suis votre mari ?

LUCETTE.

Infàme ; gausos-tu dire lou contrairi ? Hé tu sabes bé, per ma penno, que n'es que trop bertal ; et plaguesso al cel qu'aco nou fougesso pas, et que m'auquesso layssado dins l'état d'innouessenço, et dins la tranquilitat oun moun amo bibio daban que tous charmes et tas tromparié oun m'en benguesson malheurousemen faire sourty ; yeu nou serio pas reduito à fayre lou triste persounatge que yeu fave présentemen ; à beyre un marit cruel mespressa touto l'ardou que yeu ay per el, et me laissa sensse cap de piétat abandounado à las mourtéles doulous que yeu ressenti de sas perfidos acciùs.

ORONTE.

Je ne saurois m'empêcher de pleurer.

(*à M. de Pourceaugnac.*)

Allez, vous êtes un méchant homme.

M. DE POURCEAUGNAC.

Je ne connois rien à tout ceci.

SCÈNE IX.

NÉRINE, LUCETTE, ORONTE, M. DE POURCEAUGNAC.

NÉRINE *contrefaisant une Picarde.*

An ! je n'en pis plus ; je sis tout essoflée ! Ah ! finfaron, tu m'a bien fait courir : tu ne m'écaperas mie. Justiche ; justiche ;

(*à Oronte.*)

je boute empêchement au mariage. Chés mon méri, monsieu, et je veux faire peindre ché bon pindard-là.

M. DE POURCEAUGNAC.

Encore !

ORONTE *à part.*

Quel diable d'homme est ceci ?

ACTE II. SCÈNE IX.

LUCETTE.

Et que boulez-vous dire, ambe bostre empachomen, et bostro pendarie ? Quaquel homo es bostre marit ?

NERINE.

Oui, medéme, et je sis sa femme.

LUCETTE.

A quo es faus, aquos yeu que soun sa fenno, et se deu estre pendut, aquo sera yeu que lou ferai penjat.

NERINE.

Je n'entains mie che baragoin-là.

LUCETTE.

Yeu bous disi que yeu soun sa fenno.

NÉRINE.

Sa femme ?

LUCETTE.

Oy.

NÉRINE.

Je vous di que chest mi, encore in coup, qui le sis.

LUCETTE.

Et yeu bous soustenir, yeu, qu'aquos yeu.

NÉRINE.

Il y a quatre ans qu'il m'a éposée.

LUCETTE.

Et yeu set ans y a que m'a preso per fenno.

NERINE.

J'ai des gairants de tout cho que je di.

LUCETTE.

Tout mon pay lo sap.

NERINE.

No ville en est témoin.

LUCETTE.

Tout Pézénas a bist notre mariatge.

NERINE.

Tout Chin-Quentin a assisté à nos noches.

LUCETTE.

Nou y a res de tant béritable.

NERINE.

Il gn'y a rien de plus chertain.

VI.

LUCETTE à *M. de Pourceaugnac.*

Gausos-tu dire lou contrari, valisquos?

NERINE à *M. de Pourceaugnac.*

Est-che que tu me démentiras, méchaint homme?

M. DE POURCEAUGNAC.

Il est aussi vrai l'un que l'autre.

LUCETTE.

Quaingn impudensso! Et coussy, misérable, non te sou-bennes plus de la pavro Françon, et del pavre Jannet, que soun lous fruits de notre mariatge?

NÉRINE.

Bayez un peu l'insolence! Quoi! tu ne te souviens mie de cette pauvre ainfain, no petite Madelaine, que tu m'as laichée pour gage de te foi.

M. DE POURCEAUGNAC.

Voilà deux impudentes carognes!

LUCETTE.

Beni Françon, beni Jannet, beni touston, beni toustaine, beni feyre beyre à un payre dénaturat, la duretat quel a per nostres.

NERINE.

Venez, Madelaine, me n'ainfain, venez vesen ichi faire honte à vo père de l'impudainche qu'il au.

SCÈNE X.

ORONTE, M. DE POURCEAUGNAC, LUCETTE, NÉRINE, PLUSIEURS ENFANS.

LES ENFANS.

Au! mon papa, mon papa, mon papa!

M. DE POURCEAUGNAC.

Diantre soit des petits fils de putains!

LUCETTE.

Coussy, trayte, tu nou sios pas dins la darniare confusiu, de ressaupre à tal tous enfans, et de ferma l'oreillo à la ten-dresso paternello? Tu nou m'escaperas pas, infame, yeu te boly seguy pes tout, et te reproucha ton crime jusquos à tant

que me sio beniado, et que t'ayo fayt penjat, couquy, te boly fayré penjat.
NÉRINE.
Ne rougis-tu mie de dire ches mots-là, et d'être insainsible aux cairesses de chette pauvre ainfaint? Tu ne te sauveras mie de mes pattes; et, en dépit de tes dains, je ferai bien voir que je sis ta femme, et je te ferai pindre.
LES ENFANS.
Mon papa, mon papa, mon papa!
M. DE POURCEAUGNAC.
Au secours, au secours! Où fuirai-je? Je n'en puis plus.
ORONTE.
Allez, vous ferez bien de le faire punir, et il mérite d'être pendu.

SCÈNE XI.
SBRIGANI seul.
Je conduis de l'œil toutes choses, et tout cela ne va pas mal. Nous fatiguerons tant notre provincial, qu'il faudra, ma foi, qu'il déguerpisse.

SCÈNE XII.
M. DE POURCEAUGNAC, SBRIGANI.
M. DE POURCEAUGNAC.
Ah, je suis assommé! Quelle peine! Quelle maudite ville! Assassiné de tous côtés!
SBRIGANI.
Qu'est-ce, monsieur? Est-il encore arrivé quelque chose?
M. DE POURCEAUGNAC.
Oui. Il pleut en ce pays des femmes et des lavemens.
SBRIGANI.
Comment donc?
M. DE POURCEAUGNAC.
Deux carognes de baragouineuses me sont venues accuser de les avoir épousées toutes deux, et me menacent de la justice!

SBRIGANI.

Voilà une méchante affaire! et la justice, en ce pays-ci, est rigoureuse en diable contre cette sorte de crime!

M. DE POURCEAUGNAC.

Oui : mais quand il y auroit information, ajournement, décret et jugement obtenu par surprise, défaut et contumace, j'ai la voie du conflit de juridiction, pour temporiser et venir aux moyens de nullité qui seront dans les procédures.

SBRIGANI.

Voilà en parler dans tous les termes; et l'on voit bien, monsieur, que vous êtes du métier.

M. DE POURCEAUGNAC.

Moi! point du tout. Je suis gentilhomme.

SBRIGANI.

Il faut bien, pour parler ainsi, que vous ayez étudié la pratique.

M. DE POURCEAUGNAC.

Point. Ce n'est que le sens commun qui me fait juger que je serai toujours reçu à mes faits justificatifs, et qu'on ne me sauroit condamner sur une simple accusation, sans un récollement et confrontation avec mes parties.

SBRIGANI.

En voilà du plus fin encore!

M. DE POURCEAUGNAC.

Ces mots-là me viennent sans que je les sache.

SBRIGANI.

Il me semble que le sens commun d'un gentilhomme, peut bien aller à concevoir ce qui est du droit et de l'ordre de la justice, mais non pas à savoir les vrais termes de la chicane.

M. DE POURCEAUGNAC.

Ce sont quelques mots que j'ai retenus en lisant les romans.

SBRIGANI.

Ah! fort bien!

M. DE POURCEAUGNAC.

Pour vous montrer que je n'entends rien du tout à la chicane, je vous prie de me mener chez quelque avocat pour consulter mon affaire.

SBRIGANI.

Je le veux, et vais vous conduire chez deux hommes fort

habiles; mais j'ai auparavant à vous avertir de n'être point surpris de leur manière de parler : ils ont contracté du barreau certaine habitude de déclamation, qui fait que l'on diroit qu'ils chantent, et vous prendrez pour musique tout ce qu'ils vous diront.

M. DE POURCEAUGNAC.

Qu'importe comme ils parlent, pourvu qu'ils me disent ce que je veux savoir.

SCÈNE XIII.

M. DE POURCEAUGNAC, SBRIGANI, deux AVOCATS, deux PROCUREURS, deux SERGENS.

PREMIER AVOCAT, *traînant ses paroles en chantant.*

La poligamie est un cas,
Est un cas pendable.

SECOND AVOCAT, *chantant fort vite en bredouillant.*

Votre fait
Et clair et net ;
Et tout le droit,
Sur cet endroit,
Conclut tout droit.
Si vous consultez nos auteurs,
Législateurs et Glossateurs,
Justinian, Papinian,
Ulpian et Tribonian,
Fernand, Rebuffe, Jean Immole,
Paul Castre, Julian, Barthole,
Jason, Alciat, et Cujas,
Ce grand homme si capable ;
La polygamie est un cas,
Est un cas pendable.

ENTRÉE DE BALLET.

Danse de deux Procureurs et de deux Sergens.

Pendant que le second AVOCAT *chante les paroles qui suivent :*

Tous les peuples policés
Et bien sensés ;
Les Français, Anglais, Hollandais,
Danois, Suédois, Polonais,
Portugais, Espagnols, Flamands,
Italiens, Allemands,
Sur ce fait tiennent loi semblable ;
Et l'affaire est sans embarras.
La polygamie est un cas,
Est un cas pendable.

Le premier AVOCAT *chante celle-ci :*

La polygamie est un cas,
Est un cas pendable.

(*M. de Pourceaugnac, impatienté, les chasse.*)

ACTE III.

SCÈNE I.

ÉRASTE, SBRIGANI.

SBRIGANI.

Oui, les choses s'acheminent où nous voulons : et comme ses lumières sont fort petites, et son sens le plus borné du monde, je lui ai fait prendre une frayeur si grande de la sévérité de la justice de ce pays, et des apprêts qu'on faisoit déjà pour sa mort, qu'il veut prendre la fuite ; et, pour se dérober avec plus de facilité aux gens que je lui ai dit qu'on avoit mis pour l'arrêter aux portes de la ville, il s'est résolu à se déguiser ; et le déguisement qu'il a pris, est l'habit de femme.

ERASTE.
Je voudrois bien le voir dans cet équipage !
SBRIGANI.
Songez, de votre part, à achever la comédie ; et tandis que je jouerai mes scènes avec lui, allez-vous-en. (*Il lui parle à l'oreille.*) Vous entendez bien.
ERASTE.
Oui.
SBRIGANI.
Et lorsque je l'aurai mis où je veux.... (*Il lui parle à l'oreille.*)
ERASTE.
Fort bien !
SBRIGANI.
Et quand le père aura été averti par moi.... (*Il lui parle encore à l'oreille.*)
ERASTE.
Cela va le mieux du monde.
SBRIGANI.
Voici notre demoiselle. Allez vîte, qu'il ne nous voye ensemble.

SCÈNE II.
M. DE POURCEAUGNAC en *femme*, SBRIGANI.

SBRIGANI.
Pour moi, je ne crois pas qu'en cet état on puisse jamais vous connoître ; et vous avez la mine, comme cela d'une femme de condition.
M. DE POURCEAUGNAC.
Voilà ce qui m'étonne, qu'en ce pays-ci les formes de la justice ne soient point observées !
SBRIGANI.
Oui : je vous l'ai déjà dit. Ils commencent ici par faire pendre un homme, et puis ils lui font son procès.
M. DE POURCEAUGNAC.
Voilà une justice bien injuste !

SBRIGANI.

Elle est sévère comme tous les diables; particulièrement sur ces sortes de crimes.

M. DE POURCEAUGNAC.

Mais quand on est innocent?

SBRIGANI.

N'importe; ils ne s'enquêtent point de cela; et puis, ils ont en cette ville une haine effroyable pour les gens de votre pays, et ils ne sont pas plus ravis que de voir pendre un Limosin.

M. DE POURCEAUGNAC.

Qu'est-ce que les Limosins leur ont donc fait?

SBRIGANI.

Ce sont des brutaux, ennemis de la gentillesse et du mérite des autres villes. Pour moi, je vous avoue que je suis pour vous dans une peur épouvantable; et je ne me consolerois de ma vie, si vous veniez à être pendu.

M. DE POURCEAUGNAC.

Ce n'est pas tant la peur de la mort qui me fait fuir, que de ce qu'il est fâcheux à un gentilhomme d'être pendu, et qu'une preuve comme celle-la feroit tort à nos titres de noblesse.

SBRIGANI.

Vous avez raison; on vous contesteroit après cela le titre d'écuyer. Au reste, étudiez-vous, quand je vous menerai par la main, à bien marcher comme une femme, et à prendre le langage et toutes les manières d'une personne de qualité.

M. DE POURCEAUGNAC.

Laissez-moi faire. J'ai vu les personnes du bel air. Tout ce qu'il y a, c'est que j'ai un peu de barbe.

SBRIGANI.

Votre barbe n'est rien; il y a des femmes qui en ont autant que vous. Ça, voyons un peu comme vous ferez. (*Après que M. de Pourceaugnac a contrefait la femme de condition.*) Bon!

M. DE POURCEAUGNAC.

Allons donc, mon carrosse [*]. Où est-ce qu'est mon car-

---

[*] *Allons donc, mon carrosse; où est-ce qu'est mon carrosse?* etc. La nature et la vraisemblance sont blessées dans cette scène, de voir M. *de Pourceaugnac*, que la peur d'être pendu

ACTE III. SCÈNE III.

rosse? Mon Dieu, qu'on est misérable, d'avoir des gens comme cela! Est-ce qu'on me fera attendre toute la journée sur le pavé, et qu'on ne me fera point venir mon carrosse?

SBRIGANI.

Fort bien!

M. DE POURCEAUGNAC.

Hola, ho, cocher, petit laquais! Ah! petit fripon, que de coups de fouet je vous ferai donner tantôt! Petit laquais, petit laquais. Où est-ce donc qu'est ce petit laquais? Ce petit laquais ne se trouvera-t-il point? Ne me fera-t-on point venir ce petit laquais? Est-ce que je n'ai point un petit laquais dans le monde?

SBRIGANI.

Voilà qui va à merveille; mais je remarque une chose: cette coiffe est un peu trop déliée: j'en vais quérir une un peu plus épaisse, pour vous mieux cacher le visage, en cas de quelque rencontre.

M. DE POURCEAUGNAC.

Que deviendrai-je cependant?

SBRIGANI.

Attendez-moi là. Je suis à vous dans un moment; vous n'avez qu'à vous promener.

M. de Pourceaugnac fait plusieurs tours sur le théâtre en continuant à contrefaire la femme de qualité.

SCÈNE III.

M. DE POURCEAUGNAC, DEUX SUISSES.

PREMIER SUISSE, *sans voir M. de Pourceaugnac*.

Allons, dépêchons, camarade, ly faut allair tous deux nous à la Créve, pour regarter un peu chosticier sti montsir de Pour-

a fait travestir en femme, essayer de contrefaire la dame de qualité, par des singeries qui ne peuvent venir à la tête d'un homme aussi agité de crainte qu'il l'est. *Sbrigani* a beau lui demander comment il s'y prendra pour faire illusion sur son travestissement: les plaisanteries de *Pourceaugnac* sont hors de place.

cegnac, qui l'a été contané par ordonnance à l'être pendu par son cou.

SECOND SUISSE, *sans voir M. de Pourceaugnac.*
Ly faut nous loër un fenestre pour voir sti choustice.

PREMIER SUISSE.
Ly disent que l'on fait déja planter un grand potence tout neuve, pour ly accrochir sti Porcegnac.

SECOND SUISSE.
Ly sira, ma foi, un grand plaisir, d'y regarder pendre sti Limosin.

PREMIER SUISSE.
Oui, te li foir gambiller les pieds en haut tefant tout le monde.

SECOND SUISSE.
Ly est un plaiçant trôle, oui; ly disent que s'être marié troy foie.

PREMIER SUISSE.
Sti diable ly fouloir troy femmes à ly tout seul! ly être pien assez l'une.

SECOND SUISSE, *en apercevant M. de Pourceaugnac.*
Ah! ponjour, mameselle.

PREMIER SUISSE.
Que faire fous là tout seul?

M. DE POURCEAUGNAC.
J'attends mes gens, messieurs.

SECOND SUISSE.
Ly être belle, par mon foi!

M. DE POURCEAUGNAC.
Doucement, messieurs.

PREMIER SUISSE.
Fous, mameselle, fouloir finir rechouir fous à la Créve? Nous faire foir à fous, un petit pendement pien choli.

M. DE POURCEAUGNAC.
Je vous rends grace.

SECOND SUISSE.
L'être un gentilhomme Limossin, qui sera pendu chantiment à un grand potence.

M. DE POURCEAUGNAC.
Je n'ai pas de curiosité.

ACTE III. SCÈNE IV.

PREMIER SUISSE.
Ly être là un petit téton qu'il est trôle.
M. DE POURCEAUGNAC.
Tout beau !
PREMIER SUISSE.
Ma foi ! moi couchair pien avec fous.
M. DE POURCEAUGNAC.
Ah, c'en est trop ! et ces sortes d'ordures-là ne se disent point à une femme de ma condition.
SECOND SUISSE.
Laisse, toi ; l'être moi qu'il veut couchair afec elle.
PREMIER SUISSE.
Moi, ne vouloir pas laisser.
SECOND SUISSE.
Moi, ly fouloir, moi.
(*Les deux Suisses tirent M. de Pourceaugnac avec violence.*)
PREMIER SUISSE.
Moi, ne faire rien.
SECOND SUISSE.
Toi, l'avoir pien menti.
PREMIER SUISSE.
Parti, toi, l'afoir menti toi-même.
M. DE POURCEAUGNAC.
Au secours ! A la force !

SCÈNE IV.
M. DE POURCEAUGNAC, UN EXEMPT, DEUX ARCHERS, DEUX SUISSES.

L'EXEMPT.
Qu'est-ce ? quelle violence est-ce là, et que voulez-vous faire à madame ? Allons, que l'on sorte de là, si vous ne voulez que je vous mette en prison.
PREMIER SUISSE.
Parti, pon, toi ne l'afoir point.
SECOND SUISSE.
Parti, pen aussi ; toi ne l'afoir point encore.

SCÈNE V.

M. DE POURCEAUGNAC, UN EXEMPT.

M. DE POURCEAUGNAC.

Je vous suis obligée, monsieur, de m'avoir délivrée de ces insolens.

L'EXEMPT.

Ouais! voilà un visage qui ressemble bien à celui que l'on m'a dépeint.

M. DE POURCEAUGNAC.

Ce n'est pas moi, je vous assure.

L'EXEMPT.

Ah, ah! qu'est-ce que veut dire...

M. DE POURCEAUGNAC.

Je ne sais pas.

L'EXEMPT.

Pourquoi donc dites-vous cela?

M. DE POURCEAUGNAC.

Pour rien.

L'EXEMPT.

Voilà un discours qui marque quelque chose; et je vous arrête prisonnier.

M. DE POURCEAUGNAC.

Hé! monsieur, de grace!

L'EXEMPT.

Non, non : à votre mine et à vos discours, il faut que vous soyez ce monsieur de Pourceaugnac que nous cherchons, qui se soit déguisé de la sorte; et vous viendrez en prison tout-à-l'heure.

M. DE POURCEAUGNAC.

Hélas!

SCÈNE VI.

M. DE POURCEAUGNAC, SBRIGANI, UN EXEMPT, DEUX ARCHERS.

SBRIGANI *à M. de Pourceaugnac.*

Ah! ciel! que veut dire cela?

ACTE III. SCÈNE VII.

M. DE POURCEAUGNAC.
Ils m'ont reconnu.

L'EXEMPT.
Oui, oui ; c'est de quoi je suis ravi.

SBRIGANI à l'exempt.
Hé ! monsieur, pour l'amour de moi ! Vous savez que nous sommes amis depuis long-tems ; je vous conjure de ne le point mener en prison.

L'EXEMPT.
Non ; il m'est impossible.

SBRIGANI.
Vous êtes homme d'accommodement. N'y a-t-il pas moyen d'ajuster cela avec quelques pistoles ?

L'EXEMPT à ses archers.
Retirez-vous un peu.

SCÈNE VII *.

M. DE POURCEAUGNAC, SBRIGANI, UN EXEMPT.

SBRIGANI à M. de Pourceaugnac.
Il faut lui donner de l'argent pour vous laisser aller. Faites vite.

M. DE POURCEAUGNAC donnant de l'argent à Sbrigani.
Ah ! maudite ville !

SBRIGANI.
Tenez, monsieur.

L'EXEMPT.
Combien y a-t-il ?

SBRIGANI.
Un, deux, trois, quatre, cinq, six, sept, huit, neuf, dix.

L'EXEMPT.
Non ; mon ordre est trop exprès.

* Rien n'est si plaisant que de voir *M. de Pourceaugnac*, dans cette scène, joué, raillé, excédé, volé de toutes les manières, par les intrigues de *Sbrigani*, dire de lui, en le quittant, *voilà le seul honnête homme que j'aye trouvé en cette ville.*

SBRIGANI *à l'exempt qui veut s'en aller.*

Mon Dieu! Attendez. (*à M. de Pourceaugnac.*) Dépêchez; donnez-lui-en encore autant.

M. DE POURCEAUGNAC.

Mais....

SBRIGANI.

Dépêchez-vous, vous dis-je, et ne perdez point de tems. Vous auriez un grand plaisir quand vous seriez pendu!

M. DE POURCEAUGNAC.

Ah! (*Il donne encore de l'argent à Sbrigani.*

SBRIGANI *à l'Exempt.*

Tenez, monsieur.

L'EXEMPT *à Sbrigani.*

Il faut donc que je m'enfuye avec lui; car il n'y auroit point ici de sûreté pour moi. Laissez-le-moi conduire, et ne bouger d'ici.

SBRIGANI.

Je vous prie d'en avoir un grand soin.

L'EXEMPT.

Je vous promets de ne le point quitter que je ne l'aye mis en lieu de sûreté.

M. DE POURCEAUGNAC *à Sbrigani.*

Adieu. Voilà le seul honnête homme que j'aye trouvé en cette ville.

SBRIGANI.

Ne perdez point de tems. Je vous aime tant, que je voudrois que vous fussiez déjà bien loin.

(*seul.*)

Que le ciel te conduise! Par ma foi, voilà une grande dupe! Mais, voici...

SCÈNE VIII.

ORONTE, SBRIGANI.

SBRIGANI *feignant de ne point voir Oronte.*

Ah! quelle étrange aventure! Quelle fâcheuse nouvelle pour un père! Pauvre Oronte, que je te plains!

ORONTE.

Qu'est-ce? Quel malheur me présages-tu?

ACTE III. SCÈNE IX.

SBRIGANI.

Ah, monsieur! ce perfide Limosin, ce traître de monsieur de Pourceaugnac, vous enlève votre fille!

ORONTE.

Il m'enlève ma fille!

SBRIGANI.

Oui. Elle en est devenue si folle, qu'elle vous quitte pour le suivre; et l'on dit qu'il a un caractère pour se faire aimer de toutes les femmes.

ORONTE.

Allons, vîte à la justice. Des archers après eux.

SCÈNE IX*.

ORONTE, ÉRASTE, JULIE, SBRIGANI.

ÉRASTE à Julie.

Allons, vous viendrez malgré vous, et je veux vous remettre entre les mains de votre père. Tenez, monsieur, voilà

---

* Ce n'étoit point assez d'avoir fait disparoître enfin l'amant Limosin par le ministère d'un faux exempt, ou d'un exempt malhonnête; complot dans lequel sont entrés *Eraste* et *Julie*; il falloit encore abuser de la crédulité du père de la jeune personne, à qui *Eraste* ramène sa fille, qu'il suppose avoir arrachée des mains de *Pourceaugnac*, par qui *Julie* se laissoit enlever. Tout cela est peu décent, peu délicat, sans doute; mais Molière tire de toute cette intrigue des scènes et des traits si comiques, qu'il fait oublier des écarts qu'il ne se permet d'ailleurs que dans une farce.

La confiance avec laquelle *Julie*, en présence de son père, feint de prendre le parti de *Pourceaugnac*, et dit à son amant et à son complice, que tous les crimes dont on accuse le gentilhomme de Limoges, *sont des pièces qu'on lui a faites, et que c'est peut-être lui, Eraste, qui a trouvé cet artifice pour en dégouter son père*, est du comique le plus singulier et le plus sûr de son effet.

Eraste, enfin, dont les intérêts ont tout conduit, va jusqu'à se faire solliciter vivement par le père d'épouser ce qu'il aime, et ne cède qu'en disant plaisamment a Julie: *Ne croyez pas que ce soit pour l'amour de vous que je vous donne la main; ce n'est que de M. votre père que je suis amoureux, et c'est lui que j'épouse.*

votre fille que j'ai tirée de force d'entre les mains de l'homme avec qui elle s'enfuyoit, non pas pour l'amour d'elle, mais pour votre seule considération. Car, après l'action qu'elle a faite, je dois la mépriser, et me guérir absolument de l'amour que j'avois pour elle.

ORONTE.

Ah! infame que tu es!

ERASTE à *Julie*.

Comment? Me traiter de la sorte après toutes les marques d'amitié que je vous ai données! Je ne vous blâme point de vous être soumise aux volontés de monsieur votre père. Il est sage et judicieux dans les choses qu'il fait; et je ne me plains point de lui, de m'avoir rejeté pour un autre. S'il a manqué à la parole qu'il m'avoit donnée, il a ses raisons pour cela. On lui a fait croire que cet autre est plus riche que moi de quatre ou cinq mille écus; et quatre ou cinq mille écus est un denier considérable, et qui vaut bien la peine qu'un homme manque à sa parole; mais oublier en un moment toute l'ardeur que je vous ai montrée, vous laisser d'abord enflammer d'amour pour un nouveau venu, et le suivre honteusement, sans le consentement de monsieur votre père, après les crimes qu'on lui impute! c'est une chose condamnée de tout le monde, et dont mon cœur ne peut vous faire d'assez sanglans reproches.

JULIE.

Hé bien! oui. J'ai conçu de l'amour pour lui, et je l'ai voulu suivre, puisque mon père me l'avoit choisi pour époux. Quoi que vous me disiez, c'est un fort honnête homme; et tous les crimes dont on l'accuse sont faussetés épouvantables.

ORONTE.

Taisez-vous; vous êtes une impertinente, et je sais mieux que vous ce qui en est.

JULIE.

Ce sont, sans doute, des pièces qu'on lui fait, et c'est peut-

---

Il étoit difficile de conduire plus loin la raillerie et ce jeu qui, de notre tems, s'est renouvelé sous le nom singulier de *Mistification* : amusement dans lequel il est rare de se maintenir dans les bornes de la décence et de l'innocente gaîté, comme Molière l'a éprouvé dans la fable de *Pourceaugnac*.

ACTE III. SCÈNE IX.

(*montrant Eraste.*)
être lui qui a trouvé cet artifice pour vous en dégoûter.

ERASTE.
Moi! je serois capable de cela?

JULIE.
Oui, vous.

ORONTE.
Taisez-vous, vous dis-je. Vous êtes une sotte.

ERASTE.
Non, non; ne vous imaginez pas que j'aie aucune envie de détourner ce mariage, et que ce soit ma passion qui m'ait forcé à courir après vous. Je vous l'ai déjà dit, ce n'est que la seule considération que j'ai pour monsieur votre père; et je n'ai pu souffrir qu'un honnête homme comme lui, fût exposé à la honte de tous les bruits qui pourroient suivre une action comme la vôtre.

ORONTE.
Je vous suis, seigneur Eraste, infiniment obligé.

ERASTE.
Adieu, monsieur. J'avois toutes les ardeurs du monde d'entrer dans votre alliance; j'ai fait tout ce que j'ai pu pour obtenir un tel honneur: mais j'ai été malheureux, et vous ne m'avez pas jugé digne de cette grace. Cela n'empêchera pas que je ne conserve pour vous les sentimens d'estime et de vénération où votre personne m'oblige; et, si je n'ai pu être votre gendre, au moins serai-je éternellement votre serviteur.

ORONTE.
Arrêtez, seigneur Eraste. Votre procédé me touche l'ame, et je vous donne ma fille en mariage.

JULIE.
Je ne veux point d'autre mari que monsieur de Pourceaugnac.

ORONTE.
Et je veux, moi, tout-à-l'heure, que tu prennes le seigneur Eraste. Ça, la main.

JULIE.
Non, je n'en ferai rien.

ORONTE.
Je te donnerai sur les oreilles.

ERASTE.

Non, non, monsieur, ne lui faites point de violence; je vous en prie.

ORONTE.

C'est à elle à m'obéir, et je sais me montrer le maître.

ERASTE.

Ne voyez-vous pas l'amour qu'elle a pour cet homme-là ? Et voulez-vous que je possède un corps dont un autre possèdera le cœur ?

ORONTE.

C'est un sortilège qu'il lui a donné, et vous verrez qu'elle changera de sentiment avant qu'il soit peu. Donnez-moi votre main. Allons.

JULIE.

Je ne...

ORONTE.

Ah! que de bruit! Ça, votre main, vous dis-je. Ah, ah, ah!

ÉRASTE à *Julie*.

Ne croyez pas que ce soit pour l'amour de vous que je vous donne la main : ce n'est que de monsieur votre père que je suis amoureux ; et c'est lui que j'épouse.

ORONTE.

Je vous suis beaucoup obligé, et j'augmente de dix mille écus le mariage de ma fille. Allons, qu'on fasse venir le notaire pour dresser le contrat.

ÉRASTE.

En attendant qu'il vienne, nous pouvons jouir du divertissement de la saison, et faire entrer les masques que le bruit des noces de monsieur de Pourceaugnac a attirés ici de tous les endroits de la ville.

ACTE III. SCÈNE X.

SCÈNE X ET DERNIÈRE.

TROUPE DE MASQUES *dansans et chantans.*

UN MASQUE en égyptienne.

Sortez, sortez de ces lieux,
Soucis, Chagrins et Tristesse ;
Venez, venez, Ris et Jeux,
Plaisir, Amour et Tendresse ;
Ne songeons qu'à nous réjouir :
La grande affaire est le plaisir.

CHŒUR DE MASQUES *chantans.*

Ne songeons qu'à nous réjouir :
La grande affaire est le plaisir.

L'ÉGYPTIENNE.

A me suivre tous ici,
Votre ardeur est non commune ;
Et vous êtes en souci
De votre bonne fortune :
Soyez toujours amoureux ;
C'est le moyen d'être heureux.

UN MASQUE en égyptien.

Aimons jusques au trépas ;
La raison nous y convie.
Hélas ! si l'on n'aimoit pas,
Que seroit-ce de la vie ?
Ah ! perdons plutôt le jour,
Que de perdre notre amour.

L'ÉGYPTIEN.

Les biens ,

L'ÉGYPTIENNE.

La gloire ,

L'ÉGYPTIEN.

Les grandeurs ,

L'ÉGYPTIENNE.

Les sceptres qui font tant d'envie ,

L'ÉGYPTIEN.

Tout n'est rien , si l'amour n'y mêle ses ardeurs :

L'ÉGYPTIENNE.

Il n'est point sans l'amour , de plaisirs dans la vie.

TOUS DEUX ENSEMBLE.

Soyons toujours amoureux ;
C'est le moyen d'être heureux.

CHOEUR.

Sus ! chantons tous ensemble ;
Dansons , sautons , jouons-nous.

UN MASQUE en *pantalon.*

Lorsque , pour rire , on s'assemble ,
Les plus sages , ce me semble ,
Sont ceux qui sont les plus fous.

TOUS ENSEMBLE.

Ne songeons qu'à nous réjouir :
La grande affaire est le plaisir.

ACTE III. SCÈNE X.

PREMIÈRE ENTRÉE DE BALLET.

Danse de Sauvages.

DEUXIÈME ENTRÉE DE BALLET.

Danse de Biscayens.

FIN.

Noms des personnes qui ont chanté et dansé dans M. de Pourceaugnac, comédie-ballet.

Une musicienne, *mademoiselle Hilaire.* Deux musiciens, *les sieurs Estival* et *Langeais.* Deux maîtres à danser, *les sieurs la Pierre* et *Favier.* Deux pages dansans, *les sieurs Beauchamp* et *Chicanneau.* Quatre curieux de spectacles dansans, *les sieurs Noblet, Joubert, Lestang* et *Mayeux.* Deux suisses dansans... Deux médecins grotesques, *il Signor Chiacchiarone* et *le sieur Gaye.* Matassins dansans, *les sieurs Beauchamp, la Pierre, Favier, Noblet, Chicanneau* et *Lestang.*

Deux avocats chantans, *les sieurs Estival* et *Gaye.* Deux procureurs dansans, *les sieurs Beauchamp* et *Chicanneau.* Deux sergens dansans, *les sieurs la Pierre* et *Favier.*

Troupe de masques chantans et dansans. Une égyptienne chantante, *mademoiselle Hilaire.* Un égyptien chantant, *le sieur Gaye.* Un pantalon chantant, *le sieur Blondel.* Chœur de masques chantans. Deux vieilles, *les sieurs Fernon le cadet* et *le Gros.* Deux scaramouches, *les sieurs Estival* et *Gingan.* Deux pantalons, *les sieurs Gingan le cadet* et *Blondel.* Deux docteurs, *les sieurs Rebel* et *Hédouin.* Deux paysans, *les sieurs Langeais* et *Deschamps.* Sauvages dansans, *les sieurs Paysan, Noblet, Joubert* et *Lestang.* Biscayens dansans, *les sieurs Beauchamp, Favier, Mayeux* et *Chicanneau.*

LES AMANS

MAGNIFIQUES,

COMÉDIE-BALLET.

AVERTISSEMENT

DE L'ÉDITEUR

SUR

LES AMANS MAGNIFIQUES.

Cette Comédie-Ballet, en cinq actes et en prose, fut représentée devant le Roi, à Saint-Germain-en-Laye, sous le titre de Divertissement royal, le 7 septembre 1670.

Elle ne parut point à Paris, et Molière la garda sans la faire imprimer. Le public ne la vit dans le recueil de ses ouvrages qu'en 1682, dans l'édition que les sieurs Vinot et la Grange augmentèrent, au profit de la veuve, de sept pièces que notre auteur n'avoit point publiées lui-même.

Les Tablettes dramatiques et le Dictionnaire portatif des théâtres, donnent tous deux à cette pièce le titre de comédie héroïque, que le grand Corneille avoit hasardé le premier pour *D. Sanche*; mais que Molière n'avoit pu donner *aux Amans magnifiques*, parce que les rôles de l'Astrologue et du Plaisant de Cour balançoient quelquefois la dignité de l'intrigue, ainsi que *Moron* dans la *Princesse d'Élide*. Les anciennes éditions ne lui donnent pour titre que *Comédie mêlée de musique et d'entrées de ballet*.

M. de Voltaire remarque, d'après *Vittorio Siri*, qu'on n'avoit pas manqué de faire tenir un Astrologue dans la chambre d'Anne d'Autriche au moment qu'elle accoucha de Louis XIV. On connoît dans le dix-septième siècle une bulle d'Urbain VIII, écrite en très-beau latin, par ce Pape, homme d'esprit et protecteur des lettres, contre l'astrologie judiciaire.

On sait que Morin avoit prédit hautement que Gassendi mourroit sur la fin du mois d'août 1650; ce qui n'arriva pas : cette charlatanerie des sciences humaines auroit été la seule fourberie qui eût échappé à l'esprit philosophique de Molière, élève de Gassendi; et, en habile homme, il ne pouvoit en faire meilleure justice qu'en la poursuivant dans un cercle de princes et de princesses chez lesquels cette science ridicule a toujours trouvé plus de dupes, parce qu'ils se persuadent aisément que toute la nature est occupée de leur destin.

Clitidas n'est pas un fou comme *Moron* : Molière n'a jamais tracé deux portraits égaux. C'est une espèce de confident adroit et intrigant, qui s'est acquis la liberté de tout dire, et qui se joue de ses maîtres en servant leurs foiblesses, moyen sûr dans les Cours de faire dépendre le maître même de l'esclave. L'*Angely*, que le

Prince de Condé avoit amené de Flandre, et qu'il avoit donné à Louis XIV, étoit un fou spirituel et malin, à qui *Clitidas* devoit ressembler beaucoup.

M. Gaillard, dans son éloge du grand Corneille, couronné à Rouen, dit que Molière semble avoir copié, à quelques égards, dans ses *Amans magnifiques*, la comédie héroïque de *D. Sanche*. Nous trouvons en effet quelques rapports d'une pièce à l'autre.

Sostrate est comme *D. Sanche* un héros amoureux, malgré la bassesse apparente de sa fortune, d'une princesse qui rougit également, et de l'amour qu'elle inspire, et de celui qu'elle éprouve pour un inconnu. Comme *D. Sanche*, il a deux princes pour rivaux, et c'est à lui de nommer, comme *D. Sanche*, celui de ses deux rivaux qu'il croit le plus digne de la princesse. C'est à ces seuls traits que se borne la légère ressemblance de ces deux ouvrages, aussi différens entr'eux dans leur totalité, que le génie de ces deux grands hommes.

Le plan de cette comédie avoit presque été dicté par Louis XIV. Ce prince (dit un avertissement qui se trouve à la tête de cette pièce) *voulant donner à sa cour un divertissement composé de tous ceux que l'art théâtral peut fournir, conçut l'idée de deux princes rivaux, qui, dans la vallée de Tempé, où l'on doit célébrer les jeux Pythiens, régalent à l'envi une jeune princesse et sa mère de toutes les galanteries dont ils peuvent s'aviser.*

Obligé de se conformer à cette idée donnée par son maître, Molière ne se douta point qu'il s'avoisinoit un peu de l'intrigue héroïque de *D. Sanche*. Si Corneille l'entrevit, il ne s'en plaignit point, et il put s'en croire honoré.

Quelque plaisir que prît la Cour à cette comédie-ballet, mêlée de diverses entrées et d'intermèdes en vers mis en musique par Lully, Molière, comme nous l'avons déjà dit, ne la jugea pas propre aux amusemens de la ville.

Les comédiens Français la représentèrent en 1688 avec peu de succès; et lorsqu'en 1704 Dancour, avec un prologue et de nouveaux intermèdes de sa façon, voulut la faire reparoître à Paris, il éprouva que Molière avoit pour ses propres ouvrages un coup-d'œil assuré, et qu'il avoit fait sagement de ne point risquer une dépense considérable, dont les dédommagemens étoient très-incertains.

Dancour auroit dû réfléchir que l'entêtement de l'astrologie judiciaire avoit disparu des cours, et que le règne de la philosophie, invoqué par les Descartes et les Bayle, s'annonçoit déjà dans nos climats; en sorte que la principale machine de l'intrigue des *Amans magnifiques* ne pouvoit plus produire aucun effet.

Il étoit même tard en 1670 pour attaquer cette folie de l'esprit humain, qui paroissoit avoir déjà fait place à d'autres : cependant la confiance qu'avoit témoignée le sieur *Morin* (1) en 1650,

---

(1) On a de ce savant Visionnaire, mort en 1656, un livre intitulé : *Astrologia Gallica*, et plusieurs autres.

à l'occasion de Gassendi, étoit une preuve qu'il est des erreurs qui ne disparoissent jamais entièrement, et Molière crut devoir lui opposer toute la force de sa raison supérieure.

Sostrate, dans la dernière scène du troisième acte, est aussi éloquent, aussi vigoureux contre l'astrologie, que *Clitandre* contre l'abus du savoir. La jeune princesse *Eriphile* verse elle-même le ridicule sur cette vaine curiosité de l'avenir. L'astrologue Anaxarque promet de lui faire lire dans les astres celui de ses deux amans qu'elle doit préférer. *Comme il est impossible*, dit-elle, *que je les épouse tous deux, il faut donc qu'on trouve écrit dans le ciel, non-seulement ce qui doit arriver, mais aussi ce qui ne doit pas arriver.* Voilà ces traits de sens exquis et de raison plaisante, auxquels il sera toujours impossible de reconnoître un autre que Molière.

Nous n'oublierons pas que c'est dans le divertissement du second acte que se trouve une des premières imitations qu'on ait faites de la charmante ode d'Horace, *Donec gratus eram*. M. R. de G... paroît en avoir adopté la tournure dans son *Devin de Village*. On en jugera par le commencement de l'imitation de Molière.

PHILINTE.

Quand je plaisois à tes yeux,
J'étois content de ma vie,
Et ne voyois Rois ni Dieux
Dont le sort me fît envie.

CÉLIMÈNE.

Lorsqu'à toute autre personne
Me préféroit ton ardeur,

J'aurois quitté la couronne
Pour régner dessus ton cœur.
PHILINTE.
Un autre a guéri mon ame
Des feux que j'avois pour toi.
CÉLIMÈNE.
Un autre a vengé ma flamme, etc.

Observons que le mot *pantomime* étoit encore nouveau lorsque cette comédie parut, puisque la suivante d'*Eriphile*, dans la dernière scène du premier acte, demande grace pour ce mot qu'elle vient d'employer. *J'ai tremblé à le prononcer*, dit-elle; et il y a des gens dans votre cour qui ne me le pardonneroient pas.

Malgré le peu de succès qu'eut cet ouvrage à Paris, on y trouve en général de la conduite, de la noblesse, de l'invention et des graces. Il seroit encore un des plus propres à servir à des fêtes publiques, et qui demandent de la dignité, sans le personnage d'*Anaxarque*, qui n'est plus rien dans un siècle où les lumières de la philosophie ont au moins dissipé des ténèbres aussi épaisses que celles de l'astrologie judiciaire.

Ce siècle nous a pourtant offert encore des personnes entêtées de cette vaine science. Le comte de Boulainvilliers voyoit tout dans les astres ainsi que dans le système du gouvernement féodal. L'Italien *Colonne* et plusieurs autres, ont cherché à profiter de cette ancienne charlatanerie; mais les exemples de l'aveugle crédulité dans les dupes, sont devenus trop rares pour la faire compter encore parmi les infirmités humaines. Telles sont ces maladies anciennes que nous regardons comme disparues, quoiqu'on en puisse quelquefois reconnoître l'espèce dans un très-petit nombre d'individus.

La divination qui nous reste, est celle que donne à certains esprits la combinaison des conjectures, et la connoissance des hommes et des affaires. C'est cette manière de prédire que la fameuse *Christine de Suède* appeloit avec finesse, l'*Astrologie de la terre*.

ACTEURS.

ACTEURS DE LA COMÉDIE.

ARISTIONE, princesse, mère d'Ériphile.
ÉRIPHILE, fille de la princesse.
IPHICRATE, prince, amant d'Ériphile.
TIMOCLÈS, prince, amant d'Ériphile.
SOSTRATE, général d'armée, amant d'Ériphile.
CLÉONICE, confidente d'Ériphile.
ANAXARQUE, astrologue.
CLÉON, fils d'Anaxarque.
CHORÈBE, suivant d'Aristione.
CLITIDAS, plaisant de cour.
Une fausse VÉNUS, d'intelligence avec Anaxarque.

ACTEURS DES INTERMÈDES.

PREMIER INTERMÈDE.

ÉOLE.
TRITONS chantans.
FLEUVES chantans.
AMOURS chantans.
PÊCHEURS DE CORAIL dansans.
NEPTUNE.
SIX DIEUX MARINS dansans.

DEUXIÈME INTERMÈDE.

TROIS PANTOMIMES dansans.

TROISIÈME INTERMÈDE.

LA NYMPHE de la vallée de Tempé.

ACTEURS DE LA PASTORALE

EN MUSIQUE.

TIRCIS, berger, amant de Caliste.
CALISTE, bergère.
LICASTE, berger, ami de Tircis.
MÉNANDRE, berger, ami de Tircis.
PREMIER SATYRE, amant de Caliste.
SECOND SATYRE, amant de Caliste.
SIX DRYADES, } dansans.
SIX FAUNES,
CLIMÈNE, bergère.
PHILINTE, berger.
TROIS PETITES DRYADES, } dansans.
TROIS PETITS FAUNES,

QUATRIÈME INTERMÈDE.

HUIT STATUES qui dansent.

CINQUIÈME INTERMÈDE.

QUATRE PANTOMIMES dansans.

SIXIÈME INTERMÈDE.

Fête des Jeux Pythiens.

LA PRÊTRESSE.
DEUX SACRIFICATEURS chantans.
SIX MINISTRES DU SACRIFICE portant des haches, dansans.
CHŒUR DE PEUPLES.
SIX VOLTIGEURS sautant sur des chevaux de bois.
QUATRE CONDUCTEURS D'ESCLAVES dansans.
HUIT ESCLAVES dansans.
QUATRE HOMMES armés à la Grecque.
QUATRE FEMMES armées à la Grecque.
UN HÉRAULT.
SIX TROMPETTES.
UN TIMBALLIER.
APOLLON.
SUIVANS D'APOLLON dansans.

La scène est en Thessalie, dans la vallée de Tempé.

LES AMANS MAGNIFIQUES.

PREMIER INTERMÈDE.

Le Théâtre représente une vaste mer, bordée de chaque côté de quatre grands rochers, dont le sommet porte chacun un Fleuve appuyé sur une urne. Au pied de ces rochers sont douze Tritons, et dans le milieu de la mer quatre Amours sur des Dauphins. Éole est élevé au-dessus des ondes sur un nuage.

SCÈNE I.

ÉOLE, FLEUVES, TRITONS, AMOURS.

ÉOLE.

Vents qui troublez les plus beaux jours,
Rentrez dans vos grottes profondes ;
Et laissez régner sur les ondes
Les Zéphirs et les Amours.

SCÈNE II.

La mer se calme, et du milieu des ondes on voit s'élever une ville. Huit Pêcheurs sortent du fond de la mer avec des nacres de perles et des branches de corail.

ÉOLE, FLEUVES, TRITONS, AMOURS, PÊCHEURS DE CORAIL.

UN TRITON.

Quels beaux yeux ont percé nos demeures humides ?
Venez, venez Tritons ; cachez-vous, Néréides.

CHOEUR DE TRITONS.

Allons tous au-devant de ces Divinités ;
Et rendons, par nos chants, hommage à leurs beautés.

UN AMOUR.

Ah ! que ces Princesses sont belles !

UN AUTRE AMOUR.

Quels sont les cœurs qui ne s'y rendroient pas ?

UN AUTRE AMOUR.

La plus belle des immortelles,
Notre mère a bien moins d'appas.

CHOEUR.

Allons tous au-devant de ces Divinités ;
Et rendons, par nos chants, hommage à leurs beautés.

PREMIÈRE ENTRÉE DE BALLET.

Les pêcheurs forment une danse, après laquelle ils vont se placer chacun sur un rocher, au-dessous d'un fleuve.

UN TRITON.

Quel noble spectacle s'avance ?
Neptune, le grand dieu Neptune, avec sa cour,
Vient honorer ce beau séjour
De son auguste présence.

CHOEUR.

Redoublons nos concerts,
Et faisons retentir dans le vague des airs
Notre réjouissance.

SCÈNE III.

NEPTUNE, DIEUX MARINS, ÉOLE, TRITONS, FLEUVES, AMOURS, PÊCHEURS.

DEUXIÈME ENTRÉE DE BALLET.

Neptune danse avec sa suite. Les Tritons, les Fleuves et les Pêcheurs accompagnent ses pas de gestes différens et de bruits de conques de perles.

I.er INTERMÈDE. SCÈNE III.

VERS pour le ROI, représentant Neptune.

Le ciel, entre les dieux les plus considérés,
Me donne pour partage un rang considérable,
Et, me faisant régner sur les flots azurés,
Rend à tout l'univers mon pouvoir redoutable.

Il n'est aucune terre, à me bien regarder,
Qui ne doive trembler que je ne m'y répande ;
Point d'Etats qu'à l'instant je ne puisse inonder
Des flots impétueux que mon pouvoir commande.

Rien n'en peut arrêter le fier débordement ;
Et d'une triple digue à leur force opposée,
On les verroit forcer le ferme empêchement,
Et se faire en tous lieux une ouverture aisée.

Mais je sais retenir la fureur de ces flots
Par la sage équité du pouvoir que j'exerce,
Et laisser en tous lieux, au gré des matelots,
La douce liberté d'un paisible commerce.

On trouve des écueils par fois dans mes Etats ;
On voit quelques vaisseaux y périr par l'orage ;
Mais contre ma puissance on n'en murmure pas,
Et chez moi la vertu ne fait jamais naufrage.

Pour M. LE GRAND, représentant un Dieu marin.

L'empire où nous vivons, est fertile en trésors ;
Tous les mortels en foule accourent sur ses bords ;
Et pour faire bientôt une haute fortune,
Il ne faut rien qu'avoir la faveur de Neptune.

Pour le marquis DE VILLEROI, représentant un Dieu marin.

Sur la foi de ce Dieu de l'empire flottant,
On peut bien s'embarquer avec toute assurance.
  Les flots ont de l'inconstance ;
  Mais le Neptune est constant.

Pour le marquis DE RASSENT, représentant un Dieu marin.

Voguez sur cette mer d'un zèle inébranlable :
C'est le moyen d'avoir Neptune favorable.

LES AMANS MAGNIFIQUES.

ACTE PREMIER.

SCENE I.

SOSTRATE, CLITIDAS.

CLITIDAS *à part*.

Il est attaché à ses pensées.

SOSTRATE *se croyant seul*.

Non, Sostrate, je ne vois rien où tu puisses avoir recours ; et tes maux sont d'une nature à ne te laisser nulle espérance d'en sortir.

CLITIDAS *à part*.

Il raisonne tout seul.

SOSTRATE *se croyant seul*.

Hélas !

CLITIDAS *à part*.

Voilà des soupirs qui veulent dire quelque chose ; et ma conjecture se trouvera véritable.

SOSTRATE *se croyant seul*.

Sur quelles chimères, dis-moi, pourrois-tu bâtir quelqu'espoir ? et que peux-tu envisager, que l'affreuse longueur d'une vie malheureuse, et des ennuis à ne finir que par la mort ?

CLITIDAS *à part*.

Cette tête-là est plus embarrassée que la mienne.

SOSTRATE *se croyant seul.*

Ah, mon cœur! ah, mon cœur! où m'avez-vous jeté!

CLITIDAS.

Serviteur, seigneur Sostrate.

SOSTRATE.

Où vas-tu, Clitidas.

CLITIDAS.

Mais vous, plutôt, que faites-vous ici? et quelle secrète mélancolie, quelle humeur sombre, s'il vous plaît, vous peut retenir dans ces bois, tandis que tout le monde a couru en foule à la magnificence de la fête dont l'amour du prince Iphicrate vient de régaler sur la mer la promenade des princesses; tandis qu'elles y ont reçu des cadeaux merveilleux de musique et de danse, et qu'on a vu les rochers et les ondes se parer de divinités pour faire honneur à leurs attraits?

SOSTRATE.

Je me figure assez, sans la voir, cette magnificence, et tant de gens, d'ordinaire, s'empressent à porter de la confusion dans ces sortes de fêtes, que j'ai cru à propos de ne pas augmenter le nombre des importuns.

CLITIDAS.

Vous savez que votre présence ne gâte jamais rien, et que vous n'êtes point de trop en quelque lieu que vous soyez. Votre visage est bien venu partout; et il n'a garde d'être de ces visages disgraciés qui ne sont jamais bien reçus des regards souverains. Vous êtes également bien auprès des deux princesses; et la mère et la fille vous font assez connoître l'estime qu'elles font de vous, pour n'appréhender pas de fatiguer leurs yeux: et ce n'est pas cette crainte, enfin, qui vous a retenu.

SOSTRATE.

J'avoue que je n'ai pas naturellement grande curiosité pour ces sortes de choses.

CLITIDAS.

Mon Dieu, quand on n'auroit nulle curiosité pour les choses, on en a toujours pour aller où l'on trouve tout le monde; et, quoi que vous puissiez dire, on ne demeure pas tout seul, pendant une fête, à rêver parmi des arbres, comme vous faites, à moins d'avoir en tête quelque chose qui embarrasse.

ACTE I. SCÈNE I.

SOSTRATE.

Que voudrois-tu que j'y pusse avoir?

CLITIDAS.

Ouais! je ne sais d'où cela vient: mais il sent ici l'amour. Ce n'est pas moi. Ah! par ma foi, c'est vous.

SOSTRATE.

Que tu es fou, Clitidas!

CLITIDAS.

Je ne suis point fou: vous êtes amoureux. J'ai le nez délicat, et j'ai senti cela d'abord.

SOSTRATE.

Sur quoi prends-tu cette pensée?

CLITIDAS.

Sur quoi? Vous seriez bien étonné, si je vous disois encore de qui vous êtes amoureux?

SOSTRATE.

Moi?

CLITIDAS.

Oui. Je gage que je vais deviner tout-à-l'heure celle que vous aimez. J'ai mes secrets aussi-bien que notre astrologue dont la princesse Aristione est entêtée; et s'il a la science de lire dans astres de la fortune des hommes, j'ai celle de lire dans les yeux le nom des personnes qu'on aime. Tenez-vous un peu, et ouvrez les yeux. E, par soi, é; r, i, ri, éri; p, h, i, phi, ériphi; l, e, le, Eriphile. Vous êtes amoureux de la princesse Eriphile.

SOSTRATE.

Ah! Clitidas, j'avoue que je ne puis cacher mon trouble, et tu me frappes d'un coup de foudre.

CLITIDAS.

Vous voyez si je suis savant!

SOSTRATE.

Hélas! si, par quelque aventure, tu as pu découvrir le secret de mon cœur, je te conjure au moins de ne le révéler à qui que ce soit; et surtout de le tenir caché à la belle princesse dont tu viens de dire le nom.

CLITIDAS.

Et, sérieusement parlant, si, dans vos actions, j'ai bien pu connoître ; depuis un tems, la passion que vous voulez tenir secrète, pensez-vous que la princesse Eriphile puisse avoir manqué de lumière pour s'en apercevoir ? Les belles, croyez-moi, sont toujours plus clairvoyantes à découvrir les ardeurs qu'elles causent ; et le langage des yeux et des soupirs se fait entendre mieux qu'à toute autre, à celle à qui il s'adresse.

SOSTRATE.

Laissons-la, Clitidas, laissons-la voir, si elle peut, dans mes soupirs et mes regards, l'amour que ses charmes m'inspirent ; mais gardons bien que par mille autres voies elle en apprenne rien.

CLITIDAS.

Hé ! qu'appréhendez-vous ? Est-il possible que ce même Sostrate qui n'a pas craint ni Brennus ni tous les Gaulois, et dont le bras a si glorieusement contribué à nous défaire de ce déluge de Barbares qui ravageoient la Grèce ; est-il possible, dis-je, qu'un homme si assuré dans la guerre, soit si timide en amour ; et que je le voye trembler à dire seulement qu'il aime !

SOSTRATE.

Ah ! Clitidas, je tremble avec raison ; et tous les Gaulois du monde ensemble, sont bien moins redoutables que deux beaux yeux pleins de charmes.

CLITIDAS.

Je ne suis pas de cet avis ; et je sais bien, pour moi, qu'un seul Gaulois, l'épée à la main, me feroit beaucoup plus trembler que cinquante beaux yeux ensemble, les plus charmans du monde. Mais, dites-moi un peu, qu'espérez-vous faire ?

SOSTRATE.

Mourir, sans déclarer ma passion.

CLITIDAS.

L'espérance est belle ! Allez, allez, vous vous moquez. Un peu de hardiesse réussit toujours aux amans. Il n'y a en amour que les honteux qui perdent ; et je dirois ma passion à une déesse, moi, si j'en devenois amoureux.

SOSTRATE.

Trop de choses, hélas ! condamnent mes feux à un éternel silence.

CLITIDAS.

Et quoi ?

ACTE I. SCÈNE I.

SOSTRATE.

La bassesse de ma fortune, dont il plaît au Ciel de rabattre l'ambition de mon amour; le rang de la princesse, qui met entre elle et mes desirs une distance si fâcheuse; la concurrence de deux princes appuyés de tous les grands titres qui peuvent soutenir les prétentions de leurs flammes; de deux princes qui, par mille et mille magnificences, se disputent à tous momens la gloire de sa conquête, et sur l'amour de qui on attend tous les jours de voir son choix se déclarer; mais plus que tout, Clitidas, le respect inviolable où ses beaux yeux assujettissent toute la violence de mon ardeur.

CLITIDAS.

Le respect bien souvent n'oblige pas tant que l'amour; et je me trompe fort, ou la jeune princesse a connu votre flamme, et n'y est pas insensible.

SOSTRATE.

Ah! ne t'avise point de vouloir flatter par pitié le cœur d'un misérable.

CLITIDAS.

Ma conjecture est fondée. Je lui vois reculer beaucoup le choix de son époux, et je veux éclaircir un peu cette petite affaire-là. Vous savez que je suis auprès d'elle en quelque espèce de faveur; que j'y ai les accès ouverts, et qu'à force de me tourmenter, je me suis acquis le privilège de me mêler à la conversation, et de parler à tort et à travers de toutes choses. Quelquefois cela ne me réussit pas, mais quelquefois aussi cela me réussit. Laissez-moi faire; je suis de vos amis; les gens de mérite me touchent, et je veux prendre mon tems pour entretenir la princesse de...

SOSTRATE.

Ah! de grace, quelque bonté que mon malheur t'inspire, garde-toi bien de lui rien dire de ma flamme. J'aimerois mieux mourir que de pouvoir être accusé par elle de la moindre témérité; et ce profond respect où ses charmes divins...

CLITIDAS.

Taisons-nous. Voici tout le monde.

SCÈNE II.

ARISTIONE, IPHICRATE, TIMOCLÈS, SOSTRATE, ANAXARQUE, CLÉON, CLITIDAS.

ARISTIONE à *Iphicrate*.

Prince, je ne puis me lasser de le dire : il n'est point de spectacle au monde qui puisse le disputer en magnificence à celui que vous venez de nous donner. Cette fête a en des ornemens qui l'emportent, sans doute, sur tout ce que l'on sauroit voir ; et elle vient de produire à nos yeux quelque chose de si noble, de si grand et de si majestueux, que le ciel même ne sauroit aller au-delà ; et je puis dire assurément qu'il n'y a rien dans l'univers qui s'y puisse égaler.

TIMOCLÈS.

Ce sont des ornemens dont on ne peut pas espérer que toutes les fêtes soient embellies ; et je dois fort trembler, madame, pour la simplicité du petit divertissement que je m'apprête à vous donner dans le bois de Diane.

ARISTIONE.

Je crois que nous n'y verrons rien que de fort agréable ; et certes, il faut avouer que la campagne a lieu de nous paroître belle, et que nous n'avons pas le tems de nous ennuyer dans cet agréable séjour qu'ont célébré tous les Poëtes sous le nom de Tempé. Car enfin, sans parler des plaisirs de la chasse, que nous y prenons à toute heure, et de la solennité des jeux Pythiens que l'on y célèbre tantôt, vous prenez soin l'un et l'autre de nous y combler de tous les divertissemens qui peuvent charmer les chagrins les plus mélancoliques. D'où vient, Sostrate, qu'on ne vous a point vu dans notre promenade ?

SOSTRATE.

Une petite indisposition, madame, m'a empêché de m'y trouver.

IPHICRATE.

Sostrate est de ces gens, madame, qui croient qu'il ne sied pas bien d'être curieux comme les autres, et qu'il est beau d'affecter de ne pas courir où tout le monde court.

ACTE I. SCÈNE II.

SOSTRATE.

Seigneur, l'affectation n'a guère de part à tout ce que je fais; et, sans vous faire compliment, il y avoit des choses à voir dans cette fête, qui pouvoient m'attirer, si quelqu'autre motif ne m'avoit retenu.

ARISTIONE.

Et Clitidas a-t-il vu cela?

CLITIDAS.

Oui, madame; mais du rivage?

ARISTIONE.

Et pourquoi du rivage?

CLITIDAS.

Ma foi, madame, j'ai craint quelqu'un de ces accidens qui arrivent d'ordinaire dans ces confusions. Cette nuit j'ai songé de poisson mort, et d'œufs cassés; et j'ai appris du seigneur Anaxarque que les œufs cassés et le poisson mort signifient malencontre.

ANAXARQUE.

Je remarque une chose: que Clitidas n'auroit rien à dire, s'il ne parloit de moi.

CLITIDAS.

C'est qu'il y a tant de choses à dire de vous, qu'on n'en sauroit parler assez.

ANAXARQUE.

Vous pourriez prendre d'autres matières, puisque je vous en ai prié.

CLITIDAS.

Le moyen? Ne dites-vous pas que l'ascendant est plus fort que tout; et, s'il est écrit dans les astres que je sois enclin à parler de vous, comment voulez-vous que je résiste à ma destinée?

ANAXARQUE.

Avec tout le respect, madame, que je vous dois, il y a une chose qui est fâcheuse dans votre cour: que tout le monde y prenne la liberté de parler, et que le plus honnête homme y soit exposé aux railleries du premier méchant plaisant!

CLITIDAS.

Je vous rends grace de l'honneur...

ARISTIONE à *Anaxarque.*

Que vous êtes fou, de vous chagriner de ce qu'il dit!

CLITIDAS.

Avec tout le respect que je dois à madame, il y a une chose qui m'étonne dans l'astrologie : que des gens qui savent tous les secrets des dieux, et qui possèdent des connoissances à se mettre au-dessus de tous les hommes, ayent besoin de faire leur cour, et de demander quelque chose.

ANAXARQUE.

Vous devriez gagner un peu mieux votre argent, et donner à madame de meilleures plaisanteries.

CLITIDAS.

Ma foi! on les donne telles qu'on peut. Vous en parlez fort à votre aise; et le métier de plaisant n'est pas comme celui d'astrologue. Bien mentir, et bien plaisanter, sont deux choses fort différentes ; et il est bien plus facile de tromper les gens, que de les faire rire.

ARISTIONE.

Hé! qu'est-ce donc que cela veut dire ?

CLITIDAS *se parlant à lui-même.*

Paix! impertinent que vous êtes. Ne savez-vous pas bien que l'astrologie est une affaire d'Etat, et qu'il ne faut point toucher à cette corde-là? Je vous l'ai dit plusieurs fois, vous vous émancipez trop, et vous prenez de certaines libertés qui vous joueront un mauvais tour; je vous en avertis. Vous verrez qu'un de ces jours on vous donnera du pied au cul, et qu'on vous chassera comme un faquin. Taisez-vous, si vous êtes sage.

ARISTIONE.

Où est ma fille?

TIMOCLÈS.

Madame, elle s'est écartée ; et je lui ai présenté une main, qu'elle a refusé d'accepter.

ARISTIONE.

Princes, puisque l'amour que vous avez pour Ériphile a bien voulu se soumettre aux lois que j'ai voulu vous imposer; puisque j'ai su obtenir de vous que vous fussiez rivaux sans devenir ennemis, et qu'avec pleine soumission aux sentimens de ma fille, vous attendez un choix dont je l'ai faite seule maîtresse, ouvrez-moi tous deux le fond de votre ame, et me dites sin-

ACTE I. SCÈNE II.

cèrement quel progrès vous croyez l'un et l'autre avoir fait sur son cœur.

TIMOCLÈS.

Madame je ne suis point pour me flatter : j'ai fait ce que j'ai pu pour toucher le cœur de la princesse Eriphile, et je m'y suis pris, que je crois, de toutes les tendres manières dont un amant se peut servir. Je lui ai fait des hommages soumis de tous mes vœux ; j'ai montré des assiduités ; j'ai rendu des soins chaque jour ; j'ai fait chanter ma passion aux voix les plus touchantes, et l'ai fait exprimer en vers aux plumes les plus délicates ; je me suis plaint de mon martyre en des termes passionnés ; j'ai fait dire a mes yeux, aussi bien qu'à ma bouche le désespoir de mon amour ; j'ai poussé à ses pieds des soupirs languissans ; j'ai même répandu des larmes : mais tout cela inutilement ; et je n'ai point connu qu'elle ait dans l'ame aucun ressentiment de mon ardeur.

ARISTIONE.

Et vous, prince ?

IPHICRATE.

Pour moi, madame, connoissant son indifférence, et le peu de cas qu'elle fait des devoirs qu'on lui rend, je n'ai voulu perdre auprès d'elle ni plaintes, ni soupirs, ni larmes. Je sais qu'elle est toute soumise à vos volontés, et que ce n'est que de votre main seule qu'elle voudra prendre un époux. Aussi n'est-ce qu'à vous que je m'adresse pour l'obtenir ; à vous, plutôt qu'à elle, que je rends tous mes soins et tous mes hommages. Et plût au ciel, madame, que vous eussiez pu vous résoudre à tenir sa place ; que vous eussiez voulu jouir des conquêtes que vous lui faites, et recevoir pour vous les vœux que vous lui renvoyez !

ARISTIONE.

Prince, ce compliment est d'un amant adroit, et vous avez entendu dire qu'il falloit cajoler les mères pour obtenir les filles ; mais ici, par malheur, tout cela devient inutile, et je me suis engagée à laisser le choix tout entier a l'inclination de ma fille.

IPHICRATE.

Quelque pouvoir que vous lui donniez pour ce choix, ce n'est point compliment, madame, que ce que je vous dis. Je ne recherche la princesse Eriphile que parce qu'elle est votre sang ; je la trouve charmante par tout ce qu'elle tient de vous, et c'est vous que j'adore en elle.

ARISTIONE.

Voilà qui est fort bien !

IPHICRATE.

Oui, madame, toute la terre voit en vous des attraits et des charmes que je...

ARISTIONE.

De grace, prince, ôtons ces charmes et ces attraits. Vous savez que ce sont des mots que je retranche des complimens qu'on me veut faire. Je souffre qu'on me loue de ma sincérité. Qu'on dise que je suis une bonne princesse ; que j'ai de la parole pour tout le monde, de la chaleur pour mes amis, et de l'estime pour le mérite et la vertu : je puis tâter de tout cela ; mais pour les douceurs de charmes et d'attraits, je suis bien-aise qu'on ne m'en serve point ; et quelque vérité qui s'y pût rencontrer, on doit faire quelque scrupule d'en gouter la louange, quand on est mère d'une fille comme la mienne.

IPHICRATE.

Ah ! madame, c'est vous qui voulez être mère, malgré tout le monde. Il n'est point d'yeux qui ne s'y opposent ; et, si vous le vouliez, la princesse Eriphile ne seroit que votre sœur.

ARISTIONE.

Mon Dieu ! prince, je ne donne point dans tous ces galimatias, où donnent la plupart des femmes. Je veux être mère, parce que je le suis ; et ce seroit en vain que je ne le voudrois pas être. Ce titre n'a rien qui me choque, puisque, de mon consentement, je me suis exposée à le recevoir. C'est un foible de notre sexe, dont, graces au ciel, je suis exempte ; et je ne m'embarrasse point de ces grandes disputes d'âge, sur quoi nous voyons tant de folles. Revenons à notre discours. Est-il possible que jusqu'ici vous n'ayez pu connoître où penche l'inclination d'Eriphile ?

IPHICRATE.

Ce sont obscurités pour moi.

TIMOCLÈS.

C'est pour moi un mystère impénétrable.

ARISTIONE.

La pudeur, peut-être, l'empêche de s'expliquer à vous et à

moi. Servons-nous de quelque autre pour découvrir le secret de son cœur. Sostrate, prenez de ma part cette commission, et rendez cet office à ces princes, de savoir adroitement de ma fille vers qui des deux ses sentimens peuvent tourner.

SOSTRATE.

Madame, vous avez cent personnes dans votre cour, sur qui vous pourriez mieux verser l'honneur d'un tel emploi; et je me sens mal propre à bien exécuter ce que vous souhaitez de moi.

ARISTIONE.

Votre mérite, Sostrate, n'est point borné aux seuls emplois de la guerre. Vous avez de l'esprit, de la conduite, de l'adresse, et ma fille fait cas de vous.

SOSTRATE.

Quelque autre mieux que moi, madame...

ARISTIONE.

Non, non. En vain vous vous en défendez.

SOSTRATE.

Puisque vous le voulez, madame, il vous faut obéir; mais je vous jure que, dans toute votre cour, vous ne pouviez choisir personne qui ne fût en état de s'acquitter beaucoup mieux que moi d'une telle commission.

ARISTIONE.

C'est trop de modestie, et vous vous acquitterez toujours bien de toutes les choses dont on vous chargera. Découvrez doucement les sentimens d'Eriphile, et faites-la ressouvenir qu'il faut se rendre de bonne heure dans le bois de Diane.

SCÈNE III.

IPHICRATE, TIMOCLÈS, SOSTRATE, CLITIDAS.

IPHICRATE à *Sostrate*.

Vous pouvez croire que je prends part à l'estime que la princesse vous témoigne.

TIMOCLÈS à *Sostrate*.

Vous pouvez croire que je suis ravi du choix que l'on a fait de vous.

IPHICRATE.
Vous voilà en état de servir vos amis.
TIMOCLÈS.
Vous avez de quoi rendre de bons offices aux gens qu'il vous plaira.
IPHICRATE.
Je ne vous recommande point mes intérêts.
TIMOCLÈS.
Je ne vous dis point de parler pour moi.
SOSTRATE.
Seigneurs, il seroit inutile. J'aurois tort de passer les ordres de ma commission; et vous trouverez bon que je ne parle ni pour l'un, ni pour l'autre.
IPHICRATE.
Je vous laisse agir comme il vous plaira.
TIMOCLÈS.
Vous en userez comme vous voudrez.

SCÈNE IV.
ÉRIPHILE, CLÉONICE, CLITIDAS,

IPHICRATE *bas à Clitidas.*
Clitidas se ressouvient bien qu'il est de mes amis; je lui recommande toujours de prendre mes intérêts auprès de sa maîtresse, contre ceux de mon rival.
CLITIDAS *bas à Iphicrate.*
Laissez-moi faire. Il y a bien de la comparaison de lui à vous; et c'est un prince bien bâti pour vous le disputer!
IPHICRATE *bas à Clitidas.*
Je reconnoîtrai ce service.

SCENE V.
TIMOCLÈS, CLITIDAS.

TIMOCLÈS.
Mon rival fait sa cour à Clitidas; Mais Clitidas sait bien qu'il m'a promis d'appuyer contre lui les prétentions de mon amour.

CLITIDAS.

Assurément ; et il se moque, de croire l'emporter sur vous. Voilà, auprès de vous, un beau petit morveux de prince !

TIMOCLÈS.

Il n'y a rien que je ne fasse pour Clitidas.

CLITIDAS *seul*.

Belles paroles de tous côtés ! Voici la princesse : prenons mon tems pour l'aborder.

SCÈNE VI.

ÉRIPHILE, CLÉONICE.

CLÉONICE.

On trouvera étrange, madame, que vous vous soyez ainsi écartée de tout le monde.

ÉRIPHILE.

Ah ! qu'aux personnes comme nous, qui sommes toujours accablées de tant de gens, un peu de solitude est par fois agréable ! et qu'après mille impertinens entretiens, il est doux de s'entretenir avec ses pensées ! Qu'on me laisse ici promener toute seul.

CLÉONICE.

Ne voudriez-vous pas, madame, voir un petit essai de la disposition de ces gens admirables qui veulent se donner à vous ? Ce sont des personnes qui, par leurs pas, leurs gestes et leurs mouvemens, expriment aux yeux toutes choses ; et on appelle cela pantomimes. J'ai tremblé à vous dire ce mot ; et il y a des gens dans votre cour qui ne me le pardonneroient pas.

ÉRIPHILE.

Vous avez bien la mine, Cléonice, de me venir ici régaler d'un mauvais divertissement ; car, grace au ciel, vous ne manquez pas de vouloir produire indifféremment tout ce qui se présente à vous, et vous avez une affabilité qui ne rejette rien. Aussi est-ce à vous seule qu'on voit avoir recours toutes les muses nécessitantes ; vous êtes la grande protectrice du mérite incommode ; et tout ce qu'il y a de vertueux indigens au monde, va débarquer chez vous.

CLÉONICE.

Si vous n'avez pas envie de les voir, madame, il ne faut que les laisser là.

ÉRIPHILE.

Non, non : voyons-les ; faites-les venir.

CLÉONICE.

Mais peut-être, madame, que leur danse sera méchante.

ÉRIPHILE.

Méchante ou non : il la faut voir. Ce ne seroit avec vous, que reculer la chose, et il vaut mieux en être quitte.

CLÉONICE.

Ce ne sera ici, madame, qu'une danse ordinaire : une autre fois....

ÉRIPHILE.

Point de préambule, Cléonice. Qu'ils dansent.

SECOND INTERMÈDE.

ENTRÉE DE BALLET.

Trois Pantomimes dansent devant Ériphile.

ACTE II.

SCÈNE I.

ÉRIPHILE, CLÉONICE.

ÉRIPHILE.

Voilà qui est admirable ! Je ne crois pas qu'on puisse mieux danser qu'ils dansent, et je suis bien-aise de les avoir à moi.
CLÉONICE.
Et moi, madame, je suis bien-aise que vous ayez vu que je n'ai pas si méchant goût que vous avez pensé.
ÉRIPHILE.
Ne triomphez point tant ; vous ne tarderez guère à me faire avoir ma revanche. Qu'on me laisse ici.

SCÈNE II.

IPHICRATE, TIMOCLÈS, CLITIDAS.

CLÉONICE *allant au-devant de Clitidas.*
Je vous avertis, Clitidas, que la princesse veut être seule.
CLITIDAS.
Laissez-moi faire : je suis homme qui sais ma cour.

SCÈNE III.

ÉRIPHILE, CLITIDAS.

CLITIDAS *en chantant.*
La, la, la, la.
(*faisant l'étonné en voyant Ériphile.*)
Ah !

ERIPHILE *à Clitidas, qui feint de vouloir s'éloigner.*
Clitidas ?

CLITIDAS.

Je ne vous avois pas vue la, madame.

ERIPHILE.

Approche. D'où viens-tu ?

CLITIDAS.

De laisser la princesse votre mère, qui s'en alloit vers le temple d'Apollon, accompagnée de beaucoup de gens.

ERIPHILE.

Ne trouves-tu pas ces lieux les plus charmans du monde ?

CLITIDAS.

Assurément. Les princes vos amans y étoient.

ERIPHILE.

Le fleuve Pénée fait ici d'agréables détours !

CLITIDAS.

Fort agréables. Sostrate y étoit aussi.

ERIPHILE.

D'où vient qu'il n'est pas venu à la promenade ?

CLITIDAS.

Il a quelque chose dans la tête qui l'empêche de prendre plaisir à tous ces beaux régals. Il m'a voulu entretenir ; mais vous m'avez défendu si expressément de me charger d'aucune affaire auprès de vous, que je n'ai point voulu lui prêter l'oreille, et que je lui ai dit nettement que je n'avois pas le loisir de l'entendre.

ERIPHILE.

Tu as eu tort de lui dire cela ; et tu devois l'écouter.

CLITIDAS.

Je lui ai dit d'abord que je n'avois pas le loisir de l'entendre ; mais après, je lui ai donné audience.

ERIPHILE.

Tu as bien fait.

CLITIDAS.

En vérité, c'est un homme qui me revient ; un homme fait comme je veux que les hommes soient faits, ne prenant point de manières bruyantes, et de tons de voix assommans, sage et posé en toutes choses, ne parlant jamais que bien à propos, point prompt à décider, point du tout exagérateur incommode ;

et quelques beaux vers que nos poëtes lui ayent récités, je ne lui ai jamais ouï dire : voilà qui est plus beau que tout ce qu'a jamais fait Homère. Enfin, c'est un homme pour qui je me sens de l'inclination ; et si j'étois princesse, il ne seroit point malheureux.

ÉRIPHILE.

C'est un homme d'un grand mérite, assurément. Mais de quoi t'a-t-il parlé ?

CLITIDAS.

Il m'a demandé si vous aviez témoigné grande joie au magnifique régal que l'on vous a donné, m'a parlé de votre personne avec des transports les plus grands du monde, vous a mise au-dessus du ciel, et vous a donné toutes les louanges qu'on peut donner à la princesse la plus accomplie de la terre ; entremêlant tout cela de plusieurs soupirs qui disoient plus qu'il ne vouloit. Enfin, à force de le tourner de tous côtés, et de le presser sur la cause de cette profonde mélancolie dont toute la cour s'aperçoit, il a été contraint de m'avouer qu'il étoit amoureux.

ÉRIPHILE.

Comment, amoureux ! Quelle témérité est la sienne ! C'est un extravagant que je ne verrai de ma vie.

CLITIDAS.

De quoi vous plaignez-vous, madame ?

ÉRIPHILE.

Avoir l'audace de m'aimer ! et de plus avoir l'audace de le dire !

CLITIDAS.

Ce n'est pas de vous, madame, qu'il est amoureux.

ÉRIPHILE.

Ce n'est pas de moi ?

CLITIDAS.

Non, madame ; il vous respecte trop pour cela, et est trop sage pour y penser.

ÉRIPHILE.

Et de qui donc, Clitidas ?

CLITIDAS.

D'une de vos filles, la jeune Arsinoé.

ÉRIPHILE.

A-t-elle tant d'appas, qu'il n'ait trouvé qu'elle digne de son amour ?

CLITIDAS.

Il l'aime éperduement, et vous conjure d'honorer sa flamme de votre protection.

ERIPHILE.

Moi?

CLITIDAS.

Non, non, madame. Je vois que la chose ne vous plaît pas. Votre colère m'a obligé à prendre ce détour; et pour vous dire la vérité, c'est vous qu'il aime éperduement.

ERIPHILE.

Vous êtes un insolent, de venir ainsi surprendre mes sentimens! Allons, sortez d'ici: vous vous mêlez de vouloir lire dans les ames, de vouloir pénétrer dans les secrets du cœur d'une princesse! Otez-vous de mes yeux, et que je ne vous voye jamais, Clitidas.

CLITIDAS.

Madame.

ERIPHILE.

Venez ici. Je vous pardonne cette affaire-là.

CLITIDAS.

Trop de bonté, madame!

ERIPHILE.

Mais à condition, prenez bien garde à ce que je vous dis, que vous n'en ouvriez la bouche à personne du monde, sur peine de la vie.

CLITIDAS.

Il suffit.

ERIPHILE.

Sostrate t'a donc dit qu'il m'aimoit?

CLITIDAS.

Non, madame. Il faut vous dire la vérité. J'ai tiré de son cœur, par surprise, un secret qu'il veut cacher à tout le monde, et avec lequel il est, dit-il, résolu de mourir. Il a été au désespoir du vol subtil que je lui en ai fait, et, bien loin de me charger de vous le découvrir, il m'a conjuré, avec toutes les instantes prieres qu'on sauroit faire, de ne vous en rien révéler; et c'est trahison contre lui que ce que je viens de vous dire.

ERIPHILE.

Tant mieux! c'est par son seul respect qu'il peut me plaire;

et, s'il étoit si hardi que de me déclarer son amour, il perdroit pour jamais et ma présence et mon estime.

CLITIDAS.
Ne craignez point, madame....

ÉRIPHILE.
Le voici. Souvenez-vous au moins, si vous êtes sage, de la défense que je vous ai faite.

CLITIDAS.
Cela est fait, madame. Il ne faut pas être courtisan indiscret.

SCÈNE IV.
ÉRIPHILE, SOSTRATE.

SOSTRATE.
J'ai une excuse, madame, pour oser interrompre votre solitude, et j'ai reçu de la princesse votre mère une commission qui autorise la hardiesse que je prends maintenant.

ÉRIPHILE.
Quelle commission, Sostrate ?

SOSTRATE.
Celle, madame, de tâcher d'apprendre de vous vers lequel des deux princes peut incliner votre cœur.

ÉRIPHILE.
La princesse ma mère montre un esprit judicieux dans le choix qu'elle a fait de vous pour un pareil emploi. Cette commission, Sostrate, vous a été agréable, sans doute; et vous l'avez acceptée avec beaucoup de joie ?

SOSTRATE.
Je l'ai acceptée, madame, par la nécessité que mon devoir m'impose d'obéir; et si la princesse avoit voulu recevoir mes excuses, elle auroit honoré quelque autre de cet emploi.

ÉRIPHILE.
Quelle cause, Sostrate, vous obligeoit à le refuser ?

SOSTRATE.
La crainte, madame, de m'en acquitter mal.

ÉRIPHILE.
Croyez-vous que je ne vous estime pas assez pour vous ouvrir mon cœur, et vous donner toutes les lumières que vous pouvez desirer de moi sur le sujet de ces deux princes ?

SOSTRATE.

Je ne desire rien pour moi là-dessus, madame; et je ne vous demande que ce que vous croirez devoir donner aux ordres qui m'amènent.

ERIPHILE.

Jusqu'ici je me suis défendue de m'expliquer, et la princesse ma mère a eu la bonté de souffrir que j'aye reculé toujours ce choix qui me doit engager; mais je serai bien-aise de témoigner à tout le monde que je veux faire quelque chose pour l'amour de vous; et, si vous m'en pressez, je rendrai cet arrêt qu'on attend depuis si long-tems.

SOSTRATE.

C'est une chose, madame, dont vous ne serez point importunée par moi; et je ne saurois me résoudre à presser une princesse qui sait trop ce qu'elle a à faire.

ERIPHILE.

Mais c'est ce que la princesse ma mère attend de vous.

SOSTRATE

Ne lui ai-je pas dit aussi que je m'acquitterois mal de cette commission?

ERIPHILE.

Or ça, Sostrate, les gens comme vous ont toujours les yeux pénétrans, et je pense qu'il ne doit y avoir guère de choses qui échappent aux vôtres. N'ont-ils pu découvrir, vos yeux, ce dont tout le monde est en peine, et ne vous ont-ils point donné quelques petites lumières du penchant de mon cœur? Vous voyez les soins qu'on me rend, l'empressement qu'on me témoigne : quel est celui de ces deux princes que vous croyez que je regarde d'un œil plus doux?

SOSTRATE.

Les doutes que l'on forme sur ces sortes de choses, ne sont réglés, d'ordinaire, que par les intérêts qu'on prend.

ERIPHILE.

Pour qui, Sostrate, pencheriez-vous des deux? Quel est celui, dites-moi, que vous souhaiteriez que j'épousasse?

SOSTRATE.

Ah! madame, ce ne seront pas mes souhaits, mais votre inclination qui décidera de la chose.

ACTE II. SCÈNE VI.

ÉRIPHILE.

Mais si je me conseillois à vous pour ce choix ?

SOSTRATE.

Si vous vous conseilliez à moi, je serois fort embarrassé.

ÉRIPHILE.

Vous ne pourriez pas dire qui des deux vous semble plus digne de cette préférence ?

SOSTRATE.

Si l'on s'en rapporte à mes yeux, il n'y aura personne qui soit digne de cet honneur. Tous les princes du monde seront trop peu de chose pour aspirer à vous ; les Dieux seuls y pourront prétendre, et vous ne souffrirez des hommes que l'encens et les sacrifices.

ÉRIPHILE.

Cela est obligeant ! et vous êtes de mes amis. Mais je veux que vous me disiez pour qui des deux vous vous sentez plus d'inclination ; quel est celui que vous mettez le plus au rang de vos amis.

SCÈNE V.

ÉRIPHILE, SOSTRATE, CHORÈBE.

CHORÈBE.

Madame, voilà la princesse qui vient vous prendre ici pour aller au bois de Diane.

SOSTRATE *à part*.

Hélas ! petit garçon, que tu es venu à propos !

SCÈNE VI.

ARISTIONE, ÉRIPHILE, IPHICRATE, TIMOCLÈS, SOSTRATE, ANAXARQUE, CLITIDAS.

ARISTIONE.

On vous a demandée, ma fille, et il y des gens que votre absence chagrine fort.

ÉRIPHILE.

Je pense, madame, qu'on m'a demandée par compliment, et on ne s'inquiète pas tant qu'on vous dit.

ARISTIONE.

On enchaîne pour nous ici tant de divertissemens les uns aux autres, que toutes nos heures sont retenues ; et nous n'avons aucun moment à perdre, si nous voulons les goûter tous. Entrons vite dans le bois, et voyons ce qui nous y attend. Ce lieu est le plus beau du monde. Prenons vite nos places.

TROISIÈME INTERMÈDE.

Le théâtre représente un bois consacré à Diane.

LA NYMPHE DE TEMPÉ.

Venez, grande princesse, avec tous vos appas ;
Venez prêter vos yeux aux innocens ébats
   Que notre désert vous présente :
N'y cherchez point l'éclat des fêtes de la Cour :
    On ne sent ici que l'amour ;
   Ce n'est que l'amour qu'on y chante.

PASTORALE.

SCÈNE I.

TIRCIS.

Vous chantez sous ces feuillages,
Doux rossignols pleins d'amour,

Et de vos tendres ramages,
Vous réveillez tour-à-tour
Les échos de ces bocages.
Hélas! petits oiseaux, hélas!
Si vous aviez mes maux, vous ne chanteriez pas.

SCÈNE II.
LICASTE, MÉNANDRE, TIRCIS.

LICASTE.

Hé quoi! toujours languissant, sombre et triste!

MÉNANDRE.

Hé quoi! toujours aux pleurs abandonné?

TIRCIS.

Toujours adorant Caliste,
Et toujours infortuné?

LICASTE.

Dompte, dompte, Berger, l'ennui qui te possède.

TIRCIS.

Hé! le moyen, hélas!

MÉNANDRE.

Fais, fais-toi quelqu'effort.

TIRCIS.

Hé! le moyen, hélas! quand le mal est trop fort?

LICASTE.

Ce mal trouvera son remède.

TIRCIS.

Je ne guérirai qu'à la mort.

LICASTE et MÉNANDRE.

Ah, Tircis!

TIRCIS.

Ah, Bergers!

LICASTE et MÉNANDRE.

Prends sur toi plus d'empire.

TIRCIS.

Rien ne peut me secourir.

LICASTE et MÉNANDRE.

C'est trop, c'est trop céder.

TIRCIS.

C'est trop, c'est trop souffrir.

LICASTE et MENANDRE.

Quelle foiblesse !

TIRCIS.

Quel martyre !

LICASTE et MÉNANDRE.

Il faut prendre courage.

TIRCIS.

Il faut plutôt mourir.

LICASTE.

Il n'est point de Bergère
Si foible et si sévère,
Dont la pressante ardeur
D'un cœur qui persévère,
Ne vainque la froideur.

MENANDRE.

Il est dans les affaires
Des amoureux mystères,
Certains petits momens
Qui changent les plus fières,
Et font d'heureux amans.

TIRCIS.

Je la vois, la cruelle,
Qui porte ici ses pas.
Gardons d'être vus d'elle :
L'ingrate, hélas !
N'y viendroit pas.

SCÈNE III.

CALISTE seule.

Ah ! que sur notre cœur
La sévère loi de l'honneur
Prend un cruel empire !
Je ne fais voir que rigueurs pour Tircis ;
Et cependant, sensible à ses cuisans soucis,
De sa langueur en secret je soupire,

Et voudrois bien soulager son martyre.
C'est à vous seule que je le dis,
Arbres : n'allez pas le redire.

Puisque le ciel a voulu nous former
Avec un cœur qu'amour peut enflammer,
Quelle rigueur impitoyable,
Contre des traits si doux nous force à nous armer ?
Et pourquoi, sans être blâmable,
Ne peut-on pas aimer
Ce que l'on trouve aimable ?

Hélas ! que vous êtes heureux,
Innocens animaux, de vivre sans contrainte,
Et de pouvoir suivre sans crainte
Les doux emportemens de vos cœurs amoureux !
Hélas ! petits oiseaux, que vous êtes heureux
De ne sentir nulle contrainte,
Et de pouvoir suivre sans crainte
Les doux emportemens de vos cœurs amoureux.

Mais le sommeil sur ma paupière
Verse de ses pavots l'agréable fraîcheur ;
Donnons-nous à lui toute entière.
Nous n'avons point de loi sévère
Qui défende à nos sens d'en goûter la douceur.
(Elle s'endort sur un lit de gazon.)

SCÈNE IV.

CALISTE *endormie*, **TIRCIS, LICASTE, MÉNANDRE.**

TIRCIS.

Vers ma belle ennemie
Portons sans bruit nos pas,
Et ne réveillons pas
Sa rigueur endormie.

TOUS TROIS.

Dormez, dormez, beaux yeux, adorables vainqueurs,
Et goûtez le repos que vous ôtez aux cœurs.

TIRCIS.

Silence, petits oiseaux,
Vents, n'agitez nulle chose :
Coulez doucement, ruisseaux ;
C'est Caliste qui repose.

TOUS TROIS.

Dormez, dormez, beaux yeux, adorables vainqueurs,
Et goûtez le repos que vous ôtez aux cœurs.

CALISTE *en se réveillant, à Tircis.*

Ah ! quelle peine extrême !
Suivre partout mes pas !

TIRCIS.

Que voulez-vous qu'on suive, hélas !
Que ce qu'on aime ?

CALISTE.

Bergers, que voulez-vous ?

TIRCIS.

Mourir, belle bergère ;
Mourir à vos genoux,
Et finir ma misère.
Puisqu'en vain à vos pieds on me voit soupirer,
Il y faut expirer.

CALISTE.

Ah! Tircis, ôtez-vous ; j'ai peur que dans ce jour
La pitié dans mon cœur n'introduise l'amour.

LICASTE et MENANDRE *ensemble.*

Soit amour, soit pitié,
Il sied bien d'être tendre.
C'est par trop vous défendre,
Bergère ; il faut se rendre
A sa longue amitié.
Soit amour, soit pitié,
Il sied bien d'être tendre.

CALISTE *à Tircis.*

C'est trop, c'est trop de rigueur.
J'ai maltraité votre ardeur,
Chérissant votre personne :
Vengez-vous de mon cœur ;
Tircis, je vous le donne.

TIRCIS.

O ciel ! Bergers ! Caliste ! Ah ! je suis hors de moi !
Si l'on meurt de plaisir, je dois perdre la vie.

LICASTE.

Digne prix de ta foi !

MÉNANDRE.

O sort digne d'envie !

SCÈNE V.

DEUX SATYRES, CALISTE, TIRCIS, LICASTE, MÉNANDRE.

PREMIER SATYRE à *Caliste.*

Quoi ! tu me fuis, ingrate ? et je te vois ici
De ce berger à moi faire une préférence ?

SECOND SATYRE.

Quoi ! mes soins n'ont rien pu sur ton indifférence ?
Et, pour ce langoureux, ton cœur s'est adouci ?

CALISTE.

Le destin le veut ainsi.
Prenez tous deux patience.

PREMIER SATYRE.

Aux amans qu'on pousse à bout
L'amour fait verser des larmes ;
Mais ce n'est pas notre goût ;
Et la bouteille a des charmes
Qui nous consolent de tout.

SECOND SATYRE.

Notre amour n'a pas toujours
Tout le bonheur qu'il desire ;
Mais nous avons un secours,
Et le bon vin nous fait rire,
Quand on rit de nos amours.

TOUS.

Champêtres Divinités,
Faunes, Dryades, sortez
De vos paisibles retraites ;

Mêlez vos pas à nos sons,
Et tracez sur les herbettes
L'image de nos chansons.

SCÈNE VI.

CALISTE, TIRCIS, LICASTE, MÉNANDRE, FAUNES, DRYADES.

PREMIÈRE ENTRÉE DE BALLET.

Danse des Faunes et des Dryades.

SCÈNE VII.

CLIMÈNE, PHILINTE, CALISTE, TIRCIS, LICASTE, MÉNANDRE, FAUNES, DRYADES.

PHILINTE.

Quand je plaisois à tes yeux,
J'étois content de ma vie,
Et ne voyois rois ni dieux
Dont le sort me fît envie.

CLIMÈNE.

Lorsqu'à toute autre personne
Me préféroit ton ardeur,
J'aurois quitté la couronne
Pour régner dessus ton cœur.

PHILINTE.

Un autre a guéri mon ame
Des feux que j'avois pour toi.

CLIMÈNE.

Un autre a vengé ma flamme
Des foiblesses de ta foi.

PHILINTE.

Cloris, qu'on vante si fort,
M'aime d'une ardeur fidèle :

III. INTERMÈDE. SCÈNE VII.

Si ses yeux vouloient ma mort,
Je mourrois content pour elle.
CLIMÈNE.
Mirtil, si digne d'envie,
Me chérit plus que le jour;
Et moi, je perdrois la vie
Pour lui montrer mon amour.
PHILINTE.
Mais si, d'une douce ardeur,
Quelque renaissante trace
Chassoit Cloris de mon cœur,
Pour te remettre en sa place?
CLIMÈNE.
Bien qu'avec pleine tendresse
Mirtil me puisse chérir,
Avec toi, je le confesse,
Je voudrois vivre et mourir.
TOUS DEUX ENSEMBLE.
Ah! plus que jamais aimons-nous,
Et vivons et mourons en des liens si doux.
TOUS LES ACTEURS DE LA PASTORALE.
Amans, que vos querelles
Sont aimables et belles!
Qu'on y voit succéder
De plaisir, de tendresse!
Querellez-vous sans cesse
Pour vous raccommoder.

DEUXIÈME ENTRÉE DE BALLET.

Les Faunes et les Dryades recommencent leurs danses, tandis que trois petites Dryades et trois petits Faunes font paroitre dans l'enfoncement du Théâtre tout ce qui se passe sur le devant. Ces danses sont entremêlées des chansons des Bergers.

CHŒUR DE BERGERS ET DE BERGÈRES.
Jouissons, jouissons des plaisirs innocens
Dont les feux de l'amour savent charmer nos sens.

Des grandeurs qui voudra se soucie ;
Tous ces honneurs dont on a tant d'envie,
Ont des chagrins qui sont trop cuisans.
Jouissons, jouissons des plaisirs innocens
Dont les feux de l'amour savent charmer nos sens.
En aimant, tout nous plait dans la vie ;
Deux cœurs unis de leur sort sont contens :
Cette ardeur de plaisirs suivie,
De tous nos jours fait d'éternels printemps.
Jouissons, jouissons des plaisirs innocens
Dont les feux de l'amour savent charmer nos sens.

ACTE III.

SCÈNE I.

ARISTIONE, IPHICRATE, TIMOCLÈS, ANAXARQUE, ÉRIPHILE, SOSTRATE, CLITIDAS.

ARISTIONE.

Les mêmes paroles toujours se présentent à dire. Il faut toujours s'écrier : voilà qui est admirable ; il ne se peut rien de plus beau ; cela passe tout ce qu'on a jamais vu.

TIMOCLÈS.

C'est donner de trop grandes paroles, madame, à de petites bagatelles.

ARISTIONE.

Des bagatelles comme celles-là, peuvent occuper agréablement les plus sérieuses personnes. En vérité, ma fille, vous êtes bien obligée à ces princes, et vous ne sauriez assez reconnoître tous les soins qu'ils prennent pour vous.

ACTE III. SCÈNE I.

ÉRIPHILE.

J'en ai, madame, tout le ressentiment qu'il est possible.

ARISTIONE.

Cependant, vous les faites long-tems languir sur ce qu'ils attendent de vous. J'ai promis de ne vous point contraindre; mais leur amour vous presse de vous déclarer, et de ne plus traîner en longueur la récompense de leurs services. J'ai chargé Sostrate d'apprendre doucement de vous les sentimens de votre cœur; et je ne sais pas s'il a commencé à s'acquitter de cette commission.

ÉRIPHILE.

Oui, madame; mais il me semble que je ne puis assez reculer ce choix dont on me presse, et que je ne saurois le faire sans mériter quelque blâme. Je me sens également obligée à l'amour, aux empressemens, aux services de ces deux princes; et je trouve une espèce d'injustice bien grande à me montrer ingrate, ou vers l'un, ou vers l'autre, par le refus qu'il m'en faudra faire dans la préférence de son rival.

IPHICRATE.

Cela s'appelle, madame, un fort honnête compliment pour nous refuser tous deux.

ARISTIONE.

Ce scrupule, ma fille, ne doit point vous inquiéter, et ces princes tous deux se sont soumis, il y a long-tems, à la préférence que pourra faire votre inclination.

ÉRIPHILE.

L'inclination, madame, est fort sujette à se tromper; et des yeux désintéressés sont beaucoup plus capables de faire un juste choix.

ARISTIONE.

Vous savez que je suis engagée de parole à ne rien prononcer là-dessus; et parmi ces deux princes, votre inclination ne peut point se tromper, et faire un choix qui soit mauvais.

ÉRIPHILE.

Pour ne point violenter votre parole ni mon scrupule, agréez, madame, un moyen que j'ose proposer.

ARISTIONE.

Quoi, ma fille?

ÉRIPHILE.

Que Sostrate décide de cette préférence. Vous l'avez pris pour découvrir le secret de mon cœur : souffrez que je le prenne pour me tirer de l'embarras où je me trouve.

ARISTIONE.

J'estime tant Sostrate que, soit que vous vouliez vous servir de lui pour expliquer vos sentimens, ou soit que vous vous en remettiez absolument à sa conduite ; je fais, dis-je, tant d'estime de sa vertu et de son jugement, que je consens de tout mon cœur à la proposition que vous me faites.

IPHICRATE.

C'est-à-dire, madame, qu'il nous faut faire notre cour à Sostrate ?

SOSTRATE.

Non, seigneur, vous n'aurez point de cour à me faire ; et, avec tout le respect que je dois aux princesses, je renonce à la gloire où elles veulent m'élever.

ARISTIONE.

D'où vient cela, Sostrate ?

SOSTRATE.

J'ai des raisons, madame, qui ne me permettent pas que je reçoive l'honneur que vous me présentez.

IPHICRATE.

Craignez-vous, Sostrate, de vous faire un ennemi ?

SOSTRATE.

Je craindrois peu, seigneur, les ennemis que je pourrois me faire, en obéissant à mes souveraines.

TIMOCLÈS.

Par quelle raison donc refusez-vous d'accepter le pouvoir qu'on vous donne, et de vous acquérir l'amitié d'un prince qui vous devroit tout son bonheur ?

SOSTRATE.

Par la raison que je ne suis pas en état d'accorder à ce prince ce qu'il souhaiteroit de moi.

IPHICRATE.

Quelle pourroit être cette raison ?

SOSTRATE.

Pourquoi me tant presser là-dessus ? Peut-être ai-je, seigneur, quelque intérêt secret qui s'oppose aux prétentions de votre amour. Peut-être ai-je un ami qui brûle, sans oser le dire, d'une flamme respectueuse pour les charmes divins dont vous êtes épris? Peut-être cet ami me fait-il tous les jours confidence de son martyre, qu'il se plaint à moi tous les jours des rigueurs de sa destinée, et regarde l'hymen de la princesse ainsi que l'arrêt redoutable qui le doit pousser au tombeau; et, si cela étoit, seigneur, seroit-il raisonnable que ce fût de ma main qu'il reçût le coup de sa mort?

IPHICRATE.

Vous auriez bien la mine, Sostrate, d'être vous-même cet ami dont vous prenez les intérêts?

SOSTRATE.

Ne cherchez point, de grace, à me rendre odieux aux personnes qui vous écoutent. Je sais me connoître, seigneur; et les malheureux comme moi, n'ignorent pas jusqu'où leur fortune leur permet d'aspirer.

ARISTIONE.

Laissons cela. Nous trouverons moyen de terminer l'irrésolution de ma fille.

ANAXARQUE.

En est-il un meilleur, madame, pour terminer les choses au contentement de tout le monde, que les lumières que le ciel peut donner sur ce mariage? J'ai commencé, comme je vous ai dit, à jeter pour cela les figures mystérieuses que notre art nous enseigne; et j'espère vous faire voir tantôt ce que l'avenir garde à cette union souhaitée. Après cela, pourra-t-on balancer encore? La gloire et les prospérités que le ciel promettra ou à l'un ou à l'autre choix, ne seront-elles pas suffisantes pour le déterminer; et celui qui sera exclu, pourra-t-il s'offenser, quand ce sera le ciel qui décidera cette préférence?

IPHICRATE.

Pour moi, je m'y soumets entièrement; et je déclare que cette voie me semble la plus raisonnable.

TIMOCLÈS.

Je suis de même avis; et le ciel ne sauroit rien faire où je ne souscrive sans répugnance.

ÉRIPHILE.

Mais, seigneur Anaxarque, voyez-vous si clair dans les destinées, que vous ne vous trompiez jamais; et ces prospérités et cette gloire que vous dites que le ciel nous promet, qui en sera caution, je vous prie?

ARISTIONE.

Ma fille, vous avez une petite incrédulité qui ne vous quitte point.

ANAXARQUE.

Les épreuves, madame, que tout le monde a vues de l'infaillibilité de mes prédictions, sont les cautions suffisantes des promesses que je puis faire. Mais enfin, quand je vous aurai fait voir ce que le ciel vous marque, vous vous réglerez la-dessus à votre fantaisie; et ce sera à vous à prendre la fortune de l'un ou de l'autre choix.

ÉRIPHILE.

Le ciel, Anaxarque, me marquera les deux fortunes qui m'attendent?

ANAXARQUE.

Oui, madame; les félicités qui vous suivront, si vous épousez l'un; et les disgraces qui vous accompagneront, si vous épousez l'autre.

ÉRIPHILE.

Mais comme il est impossible que je les épouse tous deux, il faut donc qu'on trouve écrit dans le ciel, non-seulement ce qui doit arriver, mais aussi ce qui ne doit pas arriver.

CLITIDAS à part.

Voilà mon astrologue embarrassé.

ANAXARQUE.

Il faudroit vous faire, madame, une longue discussion des principes de l'astrologie, pour vous faire comprendre cela.

CLITIDAS.

Bien répondu! Madame, je ne dis point de mal de l'astrologie. L'astrologie est une belle chose, et le seigneur Anaxarque est un grand homme.

IPHICRATE.

La vérité de l'astrologie est une chose incontestable; et il n'y a personne qui puisse disputer contre la certitude de ses prédictions.

CLITIDAS.

Assurément.

TIMOCLÈS.

Je suis assez incrédule pour quantité de choses; mais pour ce qui est de l'astrologie, il n'y a rien de plus sûr et de plus constant que le succès des horoscopes qu'elle tire.

CLITIDAS.

Ce sont des choses les plus claires du monde.

IPHICRATE.

Cent aventures prédites arrivent tous les jours, qui convainquent les plus opiniâtres.

CLITIDAS.

Il est vrai.

TIMOCLÈS.

Peut-on contester, sur cette matière, les incidens célèbres dont les histoires nous font foi?

CLITIDAS.

Il faut n'avoir pas le sens commun. Le moyen de contester ce qui est moulé?

ARISTIONE.

Sostrate n'en dit mot. Quel est son sentiment là-dessus?

SOSTRATE.

Madame, tous les esprits ne sont pas nés avec les qualités qu'il faut pour la délicatesse de ces belles sciences, qu'on nomme curieuses; et il y en a de si matériels, qu'ils ne peuvent aucunement comprendre ce que d'autres conçoivent le plus facilement du monde. Il n'est rien de plus agréable, madame, que toutes les grandes promesses de ces connoissances sublimes. Transformer tout en or; faire vivre éternellement; guérir par des paroles; se faire aimer de qui l'on veut; savoir tous les secrets de l'avenir; faire descendre comme on veut du ciel, sur des métaux, des impressions de bonheur; commander aux démons; se faire des armées invisibles, et des soldats invulnérables, tout cela est charmant, sans doute; et il y a des gens qui n'ont aucune peine à en comprendre la possibilité; cela leur est le plus aisé du monde à concevoir. Mais pour moi, je vous avoue que mon esprit grossier a quelque peine à le comprendre et à le croire, et j'ai trouvé cela trop beau pour être véritable. Toutes ces belles raisons de sympathie, de force magnétique et de vertu occulte, sont si subtiles et délicates, qu'elles échappent à mon sens matériel ; et , sans parler du reste , jamais il n'a été en ma puissance de concevoir comme on trouve écrit dans le ciel jusqu'aux plus petites particularités de la fortune du moindre homme. Quel rapport, quel commerce, quelle correspondance peut-il y avoir entre nous et des globes éloignés de notre terre d'une distance si effroyable ? Et d'où cette belle science, enfin, peut-elle être venue aux hommes ? Quel Dieu l'a révélée, ou quelle expérience l'a pu former de l'observation de ce grand nombre d'astres qu'on n'a pu voir encore deux fois dans la même disposition ?

ANAXARQUE.

Il ne sera pas difficile de vous le faire concevoir.

SOSTRATE.

Vous serez plus habile que tous les autres.

CLITIDAS à Sostrate.

Il vous fera une discussion de tout cela, quand vous voudrez.

IPHICRATE à Sostrate.

Si vous ne comprenez pas les choses, au moins les pouvez-vous croire sur ce que l'on voit tous les jours.

SOSTRATE.

Comme mon sens est si grossier qu'il n'a pu rien comprendre, mes yeux aussi sont si malheureux, qu'ils n'ont jamais rien vu.

IPHICRATE.

Pour moi, j'ai vu, et des choses tout-à-fait convaincantes.

TIMOCLÈS.

Et moi aussi.

SOSTRATE.

Comme vous avez vu, vous faites bien de croire ; et il faut que vos yeux soient faits autrement que les miens.

IPHICRATE.

Mais enfin, la princesse croit à l'Astrologie ; et il me semble qu'on y peut bien croire après elle. Est-ce que madame, Sostrate, n'a pas de l'esprit et du sens ?

SOSTRATE.

Seigneur, la question est un peu violente. L'esprit de la princesse n'est pas une règle pour le mien ; et son intelligence peut l'élever à des lumières où mon sens ne peut atteindre.

ACTE IV. SCENE I.

ARISTIONE.

Non, Sostrate, je ne vous dirai rien sur quantité de choses auxquelles je ne donne guère plus de créance que vous ; mais pour l'Astrologie, on m'a dit et fait voir des choses si positives, que je ne la puis mettre en doute.

SOSTRATE.

Madame, je n'ai rien à répondre à cela.

ARISTIONE.

Quittons ce discours, et qu'on nous laisse un moment. Dressons notre promenade, ma fille, vers cette belle grotte ou j'ai promis d'aller. Des galanteries à chaque pas !

QUATRIÈME INTERMÈDE.

Le théâtre représente une grotte.

ENTRÉE DE BALLET.

Huit Statues portant chacune deux flambeaux, font une danse variée de plusieurs figures et de plusieurs attitudes, où elles demeurent par intervalles.

ACTE IV.

SCENE I.

ARISTIONE, ÉRIPHILE.

ARISTIONE.

De qui que cela soit, on ne peut rien de plus galant et de mieux entendu. Ma fille, j'ai voulu me séparer de tout le monde, pour vous entretenir; et je veux que vous ne me cachiez rien de la vérité. N'auriez-vous point dans l'ame quelque inclination secrète que vous ne voulez pas nous dire ?

ÉRIPHILE.

Moi, madame ?

ARISTIONE.

Parlez à cœur ouvert, ma fille. Ce que j'ai fait pour vous, mérite bien que vous usiez avec moi de franchise. Tourner vers vous toutes mes pensées, vous préférer à toutes choses, et fermer l'oreille, en l'état où je suis, à toutes les propositions que cent princesses, en ma place, écouteroient avec bienséance ; tout cela vous doit assez persuader que je suis une bonne mère, et que je ne suis pas pour recevoir avec sévérité les ouvertures que vous pourriez me faire de votre cœur.

ÉRIPHILE.

Si j'avois si mal suivi votre exemple, que de m'être laissé aller à quelques sentimens d'inclination que j'eusse raison de cacher, j'aurois, madame, assez de pouvoir sur moi-même pour imposer silence à cette passion, et me mettre en état de ne rien faire voir qui fût indigne de votre sang.

ARISTIONE.

Non, non, ma fille ; vous pouvez, sans scrupule, m'ouvrir vos sentimens. Je n'ai point renfermé votre inclination dans le choix de deux princes : vous pouvez l'étendre où vous voudrez ; et le mérite, auprès de moi, tient un rang si considérable, que je l'égale à tout ; et si vous m'avouez franchement les choses, vous me verrez souscrire sans répugnance au choix qu'aura fait votre cœur.

ÉRIPHILE.

Vous avez des bontés pour moi, madame, dont je ne puis assez me louer : mais je ne les mettrai point à l'épreuve sur le sujet dont vous me parlez; et tout ce que je leur demande, c'est de ne point presser un mariage où je ne me sens pas encore bien résolue.

ARISTIONE.

Jusqu'ici je vous ai laissée assez maîtresse de tout ; et l'impatience des princes vos amans.... Mais quel bruit est-ce que j'entends ? Ah ! ma fille, quel spectacle s'offre à nos yeux ! Quelque divinité descend ici, et c'est la déesse Vénus qui semble nous vouloir parler.

SCÈNE II.

VÉNUS, *accompagnée de quatre petits amours dans une machine* ; ARISTIONE, ÉRIPHILE.

VÉNUS à *Aristione*.

Princesse, dans tes soins brille un zèle exemplaire,
Qui, par les immortels, doit être couronné ;
Et pour te voir un gendre illustre et fortuné,
Leur main te veut marquer le choix que tu dois faire.
    Ils t'annoncent tous par ma voix,
La gloire et les grandeurs que, par ce digne choix,
Ils feront pour jamais entrer dans ta famille.
De tes difficultés termine donc le cours ;
    Et pense à donner ta fille
    A qui sauvera tes jours.

SCÈNE III.

ARISTIONE, ÉRIPHILE.

ARISTIONE.

Ma fille, les Dieux imposent silence à tous nos raisonnemens. Après cela, nous n'avons plus rien à faire qu'à recevoir ce qu'ils s'apprêtent à nous donner ; et vous venez d'entendre distinctement leur volonté. Allons dans le premier Temple les assurer de notre obéissance, et leur rendre graces de leurs bontés.

SCÈNE IV.

ANAXARQUE, CLÉON.

CLÉON.

Voila la princesse qui s'en va. Ne voulez-vous pas lui parler ?

ANAXARQUE.

Attendons que sa fille soit séparée d'elle. C'est un esprit que je redoute, et qui n'est pas de trempe à se laisser mener ainsi que celui de sa mère. Enfin, mon fils, comme nous venons de voir par cette ouverture, le stratagême a réussi. Notre Vénus a fait des merveilles, et l'admirable ingénieur qui s'est employé à cet artifice, a si bien disposé tout, a coupé avec tant d'adresse le plancher de cette grotte, si bien caché ses fils de fer et tous ses ressorts, si bien ajusté ses lumières et habillé ses personnages, qu'il y a peu de gens qui n'y eussent été trompés; et comme la princesse Aristionne est fort superstitieuse, il ne faut point douter qu'elle ne donne à pleine tête dans cette tromperie. Il y a long-tems, mon fils, que je prépare cette machine ; et me voilà tantôt au but de mes prétentions.

CLÉON.

Mais pour lequel des deux princes, au moins, dressez-vous tout cet artifice ?

ANAXARQUE.

Tous deux ont recherché mon assistance, et je leur promets à tous deux la faveur de mon art. Mais les présens du prince Iphicrate, et les promesses qu'il m'a faites, l'emportent de beaucoup sur tout ce qu'a pu faire l'autre. Ainsi ce sera lui qui recevra les effets favorables de tous les ressorts que je fais jouer; et comme son ambition me devra toute chose, voilà, mon fils, notre fortune faite. Je vais prendre mon tems pour affermir dans son erreur l'esprit de la princesse, pour la mieux prévenir encore par le rapport que je lui ferai voir adroitement des paroles de Vénus, avec les prédictions des figures célestes que je lui dis que j'ai jetées. Va-t-en tenir la main au reste de l'ouvrage, préparer nos six hommes à se bien cacher dans leur barque derrière le rocher, à posément attendre le tems que la princesse Aristione vient tous les soirs se promener seule sur le rivage, à se jeter bien à propos sur elle, ainsi que des corsaires, et donner lieu au prince Iphicrate de lui apporter ce secours qui, sur les paroles du ciel, doit mettre entre ses mains la princesse Eriphile. Ce prince est averti par moi, et sur la foi de ma prédiction, il doit se tenir dans ce petit bois qui borde le rivage. Mais sortons de cette grotte; je te dirai, en marchant, toutes les choses qu'il faut bien observer. Voilà la princesse Eriphile; évitons sa rencontre.

SCÈNE V.
ÉRIPHILE seule.

Hélas ! quelle est ma destinée ! Et qu'ai-je fait aux Dieux pour mériter les soins qu'ils veulent prendre de moi ?

SCÈNE VI.
ÉRIPHILE, CLÉONICE.

CLÉONICE.

Le voici, madame, que j'ai trouvé ; et à vos premiers ordres, il n'a pas manqué de me suivre.

ÉRIPHILE.

Qu'il approche, Cléonice, et qu'on nous laisse seuls un moment.

SCÈNE VII.
ÉRIPHILE, SOSTRATE.

ÉRIPHILE.

Sostrate, vous m'aimez ?

SOSTRATE.

Moi, madame ?

ÉRIPHILE.

Laissons cela, Sostrate. Je le sais, je l'approuve, et vous permets de me le dire. Votre passion a paru à mes yeux accompagnée de tout le mérite qui me la pouvoit rendre agréable. Si ce n'étoit le rang où le ciel m'a fait naître, je puis vous dire que cette passion n'auroit pas été malheureuse, et que cent fois je lui ai souhaité l'appui d'une fortune qui pût mettre pour elle en pleine liberté les secrets sentimens de mon ame. Ce n'est pas, Sostrate, que le mérite seul n'ait à mes yeux tout le prix qu'il peut avoir, et que dans mon cœur je ne préfère les vertus qui sont en vous, à tous les titres magnifiques dont les autres sont revêtus. Ce n'est pas même que la princesse ma mère ne m'ait assez laissé la disposition de mes vœux ; et je ne doute point, je vous l'avoue, que mes prières n'eussent pu tourner son consentement du côté que j'aurois voulu. Mais il est des états, Sostrate, où il n'est pas honnête de vouloir tout ce qu'on peut faire. Il y a des chagrins à se mettre au-dessus de toutes choses; et les bruits fâcheux de la renommée vous font trop acheter le plaisir que l'on trouve à contenter son inclination. C'est à quoi, Sostrate, je ne me serois jamais résolue; et j'ai cru faire assez, de fuir l'engagement dont j'étois sollicitée. Mais enfin, les Dieux veulent prendre eux-mêmes le soin de me donner un époux; et tous ces longs délais avec lesquels j'ai reculé mon mariage, et que les bontés de la princesse ma mère ont accordés à mes desirs; ces délais, dis-je, ne me sont plus permis, et il faut me résoudre à subir cet arrêt du ciel. Soyez sûr, Sostrate, que c'est avec toutes les répugnances du monde que je m'abandonne à cet hyménée; et que si j'avois pu être maîtresse de moi, ou j'aurois été à vous, ou je n'aurois été à personne. Voilà, Sostrate, ce que j'avois à vous dire; voilà ce que j'ai cru devoir à votre mérite, et la consolation que toute ma tendresse peut donner à votre flamme.

SOSTRATE.

Ah! madame, c'en est trop pour un malheureux. Je ne m'étois pas préparé à mourir avec tant de gloire; et je cesse, dans ce moment, de me plaindre des destinées. Si elles m'ont fait naître dans un rang beaucoup moins élevé que mes desirs, elles m'ont fait naître assez heureux pour attirer quelque pitié du cœur d'une grande princesse; et cette pitié glorieuse vaut des sceptres et des couronnes, vaut la fortune des plus grands princes de la terre. Oui, madame, dès que j'ai osé vous aimer, c'est vous, madame, qui voulez bien que je me serve de ce mot téméraire; dès que j'ai, dis-je, osé vous aimer, j'ai condamné d'abord l'orgueil de mes desirs; je me suis fait moi-même la destinée que je devois attendre. Le coup de mon trépas, madame, n'aura rien qui me surprenne, puisque je m'y étois préparé; mais vos bontés le comblent d'un honneur que mon amour jamais n'eût osé espérer, et je m'en vais mourir, après cela, le plus content et le plus glorieux de tous les hommes. Si je puis encore souhaiter quelque chose, ce sont deux graces, madame, que je prends la hardiesse de vous demander

ACTE IV. SCÈNE VIII.

à genoux ; de vouloir souffrir ma présence jusqu'à cet heureux hyménée qui doit mettre fin à ma vie ; et, parmi cette grande gloire et ces longues prospérités que le ciel promet à votre union, de vous souvenir quelquefois de l'amoureux Sostrate. Puis-je, divine princesse, me promettre de vous cette précieuse faveur ?

ÉRIPHILE.

Allez, Sostrate, sortez d'ici. Ce n'est pas aimer mon repos, que de me demander que je me souvienne de vous.

SOSTRATE.

Ah ! madame, si votre repos....

ÉRIPHILE.

Otez-vous, vous dis-je, Sostrate; épargnez ma foiblesse, et ne m'exposez point à plus que je n'ai résolu.

SCÈNE VIII.

ÉRIPHILE, CLÉONICE.

CLÉONICE.

Madame, je vous vois l'esprit tout chagrin; vous plaît-il que vos danseurs, qui expriment si bien toutes les passions, vous donnent maintenant quelque preuve de leur adresse ?

ÉRIPHILE.

Oui, Cléonice; qu'ils fassent tout ce qu'ils voudront, pourvu qu'ils me laissent à mes pensées.

CINQUIEME INTERMÈDE.

Quatre pantomimes ajustent leurs gestes et leurs pas aux inquiétudes de la princesse.

ACTE V.

SCÈNE I.

ÉRIPHILE, CLITIDAS.

CLITIDAS, *faisant semblant de ne point voir Eriphile.*

De quel côté porter mes pas? Où m'aviserai-je d'aller? Et en quel lieu puis-je croire que je trouverai maintenant la princesse Eriphile? Ce n'est pas un petit avantage que d'être le premier à porter une nouvelle. Ah, la voilà! Madame, je vous annonce que le ciel vient de vous donner l'époux qu'il vous destinoit.

ÉRIPHILE.

Eh! laisse-moi, Clitidas, dans ma sombre mélancolie.

CLITIDAS.

Madame, je vous demande pardon. Je pensois faire bien de vous venir dire que le ciel vient de vous donner Sostrate pour époux; mais, puisque cela vous incommode, je rengaine ma nouvelle, et m'en retourne droit comme je suis venu.

ÉRIPHILE.

Clitidas: holà, Clitidas!

CLITIDAS.

Je vous laisse, madame, dans votre sombre mélancolie.

ÉRIPHILE.

Arrête, te dis-je. Approche. Que viens-tu me dire?

CLITIDAS.

Rien, madame. On a par fois des empressemens de venir dire aux grands de certaines choses dont ils ne se soucient pas; et je vous prie de m'excuser.

ÉRIPHILE.

Que tu es cruel!

ACTE V. SCÈNE I.

CLITIDAS.

Une autre fois j'aurai la discrétion de ne vous pas venir interrompre.

ÉRIPHILE.

Ne me tiens point dans l'inquiètude. Qu'est-ce que tu viens m'annoncer?

CLITIDAS.

C'est une bagatelle de Sostrate, madame, que je vous dirai une autre fois, quand vous ne serez point embarrassée.

ÉRIPHILE.

Ne me fais point languir davantage, te dis-je, et m'apprends cette nouvelle.

CLITIDAS.

Vous la voulez savoir, madame?

ÉRIPHILE.

Oui; dépêche. Qu'as-tu à me dire de Sostrate?

CLITIDAS.

Une aventure merveilleuse, où personne ne s'attendoit.

ÉRIPHILE.

Dis-moi vîte ce que c'est.

CLITIDAS.

Cela ne troublera-t-il point, madame, votre sombre mélancolie?

ÉRIPHILE.

Ah! parle promptement.

CLITIDAS.

J'ai donc à vous dire, madame, que la princesse votre mère passoit presque seule dans la forêt, par ces petites routes qui sont si agréables, lorsqu'un sanglier hideux (ces vilains sangliers-là font toujours du désordre, et l'on devroit les bannir des forêts bien policées); lors, dis-je, qu'un sanglier hideux, poussé, je crois, par des chasseurs, est venu traverser la route où nous étions. Je devrois vous faire peut-être, pour orner mon récit, une description étendue du sanglier dont je parle; mais vous vous en passerez, s'il vous plaît; et je me contenterai de vous dire que c'étoit un fort vilain animal. Il passoit son chemin, et il étoit bon de ne lui rien dire, de ne point chercher de noise avec lui; mais la princesse a voulu égayer sa dextérité, et de son dard, qu'elle lui a lancé un peu mal-à-propos, ne lui en déplaise, lui a fait au-dessus de l'oreille une assez petite blessure. Le sanglier, mal morigéné, s'est impertinemment détourné contre nous. Nous étions-là deux ou trois misérables, qui avons pâli de frayeur : chacun gagnoit son arbre, et la princesse, sans défense, demeuroit exposée à la furie de la bête, lorsque Sostrate a paru, comme si les dieux l'eussent envoyé.

ÉRIPHILE.

Eh bien! Clitidas ?

CLITIDAS.

Si mon récit vous ennuie, madame, je remettrai le reste à une autre fois.

ÉRIPHILE.

Achève promptement.

CLITIDAS.

Ma foi c'est promptement de vrai que j'achèverai ; car un peu de poltronnerie m'a empêché de voir tout le détail de ce combat ; et tout ce que je puis vous dire, c'est que, retournant sur la place, nous avons vu le sanglier mort, tout veautré dans son sang ; et la princesse pleine de joie, nommant Sostrate son libérateur, et l'époux digne et fortuné que les dieux lui marquoient pour vous. A ces paroles, j'ai cru que j'en avois assez entendu ; et je me suis hâté de vous en venir, avant tout, apporter la nouvelle.

ÉRIPHILE.

Ah! Clitidas, pouvois-tu m'en donner une qui me pût être plus agréable !

CLITIDAS.

Voilà qu'on vient vous trouver.

SCÈNE II.

ARISTIONE, SOSTRATE, ÉRIPHILE, CLITIDAS.

ARISTIONE.

Je vois, ma fille, que vous savez déjà tout ce que nous pourrions vous dire. Vous voyez que les dieux se sont expliqués bien plutôt que nous n'eussions pensé : mon péril n'a guere tardé à nous marquer leurs volontés ; et l'on connoît assez que ce sont eux qui se sont mêlés de ce choix, puisque le mérite tout seul brille dans cette préférence. Aurez-vous quelque répugnance à récompenser de votre cœur, celui à qui je dois la vie ? Et refuserez-vous Sostrate pour époux ?

ÉRIPHILE.

Et de la main des dieux et de la vôtre, madame, je ne puis rien recevoir qui ne me soit fort agréable.

SOSTRATE.

Ciel ! n'est-ce point ici quelque songe tout plein de gloire, dont les dieux me veulent flatter ? Et quelque réveil malheureux ne me replongera-t-il point dans la bassesse de ma fortune ?

SCÈNE III.

ARISTIONE, ÉRIPHILE, SOSTRATE, CLÉONICE, CLITIDAS.

CLÉONICE.

Madame, je viens vous dire qu'Anaxarque a jusqu'ici abusé l'un et l'autre prince, par l'espérance de ce choix qu'ils poursuivent depuis long-tems ; et qu'au bruit qui s'est répandu de votre aventure, ils ont fait éclater tous deux leur ressentiment contre lui, jusques-là que, de paroles en paroles, les choses se sont échauffées, et il a reçu quelques blessures dont on ne sait pas bien ce qui arrivera. Mais les voici.

SCÈNE IV ET DERNIÈRE.

ARISTIONE, ÉRIPHILE, IPHICRATE, TIMOCLÈS, SOSTRATE, CLÉONICE, CLITIDAS.

ARISTIONE.

Princes, vous agissez tous deux avec une violence bien grande ! et si Anaxarque a pu vous offenser, j'étois pour vous en faire justice moi-même.

IPHICRATE.

Et quelle justice, madame, auriez-vous pu nous faire de

lui, si vous la faites si peu à notre rang dans le choix que vous embrassez ?

ARISTIONE.

Ne vous êtes-vous pas soumis l'un et l'autre à ce que pourroient décider, ou les ordres du ciel, ou l'inclination de ma fille ?

TIMOCLÈS.

Oui, madame, nous nous sommes soumis à ce qu'ils pourroient décider entre le prince Iphicrate et moi, mais non pas à nous voir rebutés tous deux.

ARISTIONE.

Et si chacun de vous a bien pu se résoudre à souffrir une préférence, que vous arrive-t-il à tous deux, où vous ne soyez préparés ? et que peuvent importer à l'un et à l'autre les intérêts de son rival ?

IPHICRATE.

Oui, madame, il importe. C'est quelque consolation de se voir préférer un homme qui vous est égal; et votre aveuglement est une chose épouvantable.

ARISTIONE.

Prince, je ne veux pas me brouiller avec une personne qui m'a fait tant de grace que de me dire des douceurs ; et je vous prie, avec toute l'honnêteté qu'il m'est possible, de donner à votre chagrin un fondement plus raisonnable; de vous souvenir, s'il vous plaît, que Sostrate est revêtu d'un mérite qui s'est fait connoître à toute la Grèce ; et que le rang où le ciel l'élève aujourd'hui, va remplir toute la distance qui étoit entre lui et vous.

IPHICRATE.

Oui, oui, madame, nous nous en souviendrons. Mais peut-être aussi vous souviendrez-vous que deux princes outragés ne sont pas deux ennemis peu redoutables.

TIMOCLÈS.

Peut-être, madame, qu'on ne goûtera pas long-tems la joie du mépris que l'on fait de nous.

ARISTIONE.

Je pardonne toutes ces menaces aux chagrins d'un amour qui se croit offensé; et nous n'en verrons pas avec moins de tranquillité, la fête des jeux Pythiens. Allons-y de ce pas ; et couronnons, par ce pompeux spectacle, cette merveilleuse journée.

SIXIÈME INTERMEDE.

FÊTE DES JEUX PYTHIENS.

Le théâtre représente une grande salle en manière d'amphithéâtre, avec une grande arcade dans le fond, au-dessus de laquelle est une tribune fermée d'un rideau. Dans l'éloignement paroît un autel pour le sacrifice. Six ministres du sacrifice, habillés comme s'ils étoient presque nuds, portant chacun une hache sur l'épaule, entrent par le portique au son des violons. Ils sont suivis de deux sacrificateurs et de la prêtresse.

SCÈNE I.

LA PRÊTRESSE, SACRIFICATEURS, MINISTRES DU SACRIFICE, CHŒUR DE PEUPLES.

LA PRÊTRESSE.

Chantez, peuples, chantez en mille et mille lieux,
Du Dieu que nous servons les brillantes merveilles ;
Parcourez la terre et les cieux,
Vous ne sauriez chanter rien de plus précieux,
Rien de plus doux pour les oreilles.

PREMIER SACRIFICATEUR.

A ce Dieu plein de force, à ce Dieu plein d'appas
Il n'est rien qui résiste.

SECOND SACRIFICATEUR.

Il n'est rien ici-bas,
Qui par ses bienfaits ne subsiste.

LA PRÊTRESSE.

Toute la terre est triste
Quand on ne le voit pas.

CHŒUR.

Poussons à sa mémoire
Des concerts si touchans,
Que du haut de sa gloire
Il écoute nos chants.

PREMIÈRE ENTRÉE DE BALLET.

Les six ministres du sacrifice portant des haches, font entr'eux une danse ornée de toutes les attitudes que peuvent exprimer des gens qui étudient leurs forces ; après quoi, ils se retirent aux deux côtés du théâtre.

SCÈNE II.

LA PRÊTRESSE, SACRIFICATEURS, MINISTRES DU SACRIFICE, VOLTIGEURS, CHŒUR DE PEUPLES.

DEUXIÈME ENTRÉE DE BALLET.

Six voltigeurs font paroître, en cadence, leur adresse sur des chevaux de bois, qui sont apportés par des esclaves.

SCÈNE III.

LA PRÊTRESSE, SACRIFICATEURS, MINISTRES DU SACRIFICE, ESCLAVES, CONDUCTEURS D'ESCLAVES, CHŒUR DE PEUPLES.

TROISIÈME ENTRÉE DE BALLET.

Quatre conducteurs d'esclaves amènent en cadence huit esclaves, qui dansent pour marquer la joie qu'ils ont d'avoir recouvré la liberté.

SCÈNE IV.

LA PRÊTRESSE, SACRIFICATEURS, MINISTRES DU SACRIFICE, HOMMES et FEMMES *armés à la Grecque*, CHŒUR DE PEUPLES.

QUATRIÈME ENTRÉE DE BALLET.

Quatre hommes armés à la Grecque avec des tambours, et quatre femmes armées à la Grecque avec des timbres, font ensemble une manière de jeu pour les armes.

SCÈNE V.

LA PRÊTRESSE, SACRIFICATEURS, MINISTRES DU SACRIFICE, HOMMES et FEMMES *armés à la Grecque*, UN HÉRAULT, TROMPETTES, UN TIMBALIER, CHŒUR DE PEUPLES.

La tribune s'ouvre. Un hérault, six trompettes, et un timbalier se mêlant à tous les instrumens, annoncent la venue d'Apollon.

CHOEUR.

Ouvrons tous nos yeux
A l'éclat suprême
Qui brille en ces lieux.

SCÈNE VI.

APOLLON, SUIVANS D'APOLLON, LA PRÊTRESSE, SACRIFICATEURS, MINISTRES DU SACRIFICE, HOMMES et FEMMES *armés à la Grecque*, UN HÉRAULT, TROMPETTES, UN TIMBALIER, CHŒUR DE PEUPLES.

Apollon, au bruit des trompettes et des violons, entre par le portique, précédé de six jeunes gens qui portent des lauriers entrelacés autour d'un bâton, et un soleil d'or au-dessus, avec la devise royale en manière de trophée.

CHŒUR.

Quelle grace extrême!
Quel port glorieux!
Où voit-on des Dieux
Qui soient faits de même?

CINQUIÈME ENTRÉE DE BALLET.

Les suivans d'Apollon donnent leur trophée à tenir aux six ministres du sacrifice, qui portent les haches, et commencent avec Apollon une danse héroïque.

DERNIÈRE ENTRÉE DE BALLET.

Les six ministres du sacrifice, portant les haches et les trophées; les quatre hommes et les quatre femmes, armés à la Grecque, se joignent en diverses manières à la danse d'Apollon et de ses suivans, tandis que la prêtresse, le sacrificateur et le chœur des peuples y mêlent leurs chants à diverses reprises, au son des timbales et des trompettes.

VI. INTERMÈDE. SCÈNE VI.

VERS pour le *ROI*, représentant *Apollon.*

Je suis la source des clartés ;
Et les astres les plus vantés,
Dont le beau cercle m'environne,
Ne sont brillans et respectés
Que par l'éclat que je leur donne.

Du char où je me puis asseoir,
Je vois le desir de me voir
Posséder la nature entière ;
Et le monde n'a son espoir
Qu'aux seuls bienfaits de ma lumière.

Bienheureuses de toutes parts,
Et pleines d'exquises richesses,
Les terres où de mes regards
J'arrête les douces caresses!

Pour M. LE GRAND, suivant d'Apollon.

Bien qu'auprès du soleil tout autre éclat s'efface ;
S'en éloigner pourtant n'est pas ce que l'on veut ;
Et vous voyez bien, quoi qu'il fasse,
Que l'on s'en tient toujours le plus près que l'on peut.

Pour le marquis DE VILLEROI, suivant d'Apollon.

De notre maître incomparable
Vous me voyez inséparable ;
Et le zèle puissant qui m'attache à ses vœux,
Le suit parmi les eaux, le suit parmi les feux.

Pour le marquis DE RASSENT, suivant d'Apollon.

Je ne serai pas vain, quand je ne croirai pas
Qu'un autre, mieux que moi, suive partout ses pas.

Noms des personnes qui ont chanté et dansé dans les intermèdes des Amans Magnifiques, *comédie-ballet.*

DANS LE PREMIER INTERMÈDE.

Éole, *le sieur Estival.* Tritons chantans, *les sieurs le Gros, Hédouin, Don, Gingan l'aîné, Gingan le cadet, Fernon le cadet, Rebel, Langeais, Deschamps, Morel, et deux pages de la musique de la chapelle.* Fleuves chantans, *les sieurs Beaumont, Fernon l'aîné, Noblet, Serignan, David, Aurat, Devellois, Gillet.* Amours chantans, *quatre pages de la musique de la chambre.* Pêcheurs de corail dansans, *les sieurs Jouan, Chicanneau, Pesan l'aîné, Magny, Joubert, Mayeu, la Montagne, Lestang.* Neptune, LE ROI. Dieux marins, *monsieur le Grand, le marquis de Villeroi, le marquis de Rassent, les sieurs Beauchamp, Favier, la Pierre.*

DANS LE DEUXIÈME INTERMÈDE.

Pantomimes dansans, *les sieurs Beauchamp, Saint-André et Favier.*

DANS LE TROISIÈME INTERMÈDE.

La Nymphe de la vallée de Tempé, *mademoiselle des Fronteaux.* Tircis, *le sieur Gaye.* Caliste, *mademoiselle Hilaire.* Licaste, *le sieur Langeais.* Méuandre, *le sieur Fernon le cadet.* Deux Satyres, *les sieurs Estival et Morel.* Dryades dansantes, *les sieurs Arnald, Noblet, Lestang, Favier le cadet, Foignard l'aîné et*

Isaac. Faunes dansans, *les sieurs Beauchamp, Saint-André, Magny, Joubert, Favier l'aîné* et *Mayeu.* Philinte, *le sieur Blondel.* Climène, *mademoiselle de Saint-Christophe.* Petites Dryades dansantes, *les sieurs Bouilland, Vaignard* et *Thibault.* Petits Faunes dansans, *les sieurs la Montagne, Dalusseau et Foignard.*

DANS LE QUATRIÈME INTERMÈDE.

Statues dansantes, *les sieurs Dolivet, le Chantre, Saint-André, Magny, Lestang, Foignard l'aîné, Dolivet fils* et *Foignard le cadet.*

DANS LE CINQUIÈME INTERMÈDE.

Pantomimes dansans, *les sieurs Dolivet, le Chantre, Saint-André, Magny.*

DANS LE SIXIÈME INTERMÈDE.
FÊTE DES JEUX PYTHIENS.

La Prêtresse, *mademoiselle Hilaire.* Premier Sacrificateur, *le sieur Gaye.* Second Sacrificateur, *le sieur Langeais.* Ministres du sacrifice portant des haches, dansans, *les sieurs Dolivet, le Chantre, Saint-André, Magny, Foignard l'aîné* et *Foignard le cadet.* Voltigeurs, *les sieurs Joly, Doyat, de Launoy, Beaumont, du Gard l'aîné* et *du Gard le cadet.* Conducteurs d'esclaves dansans, *les sieurs le Prêtre, Jouan, Pesan l'aîné* et *Joubert.* Esclaves dansans, *les sieurs Paysan, la Vallée, Pesan le cadet, Favre, Vaignard, Dolivet fils, Girard* et *Charpentier.* Hommes armés à la grecque, dansans, *les sieurs Noblet*, *Chicanneau*, *Mayeu* et *Desgranges*. Femmes armées à la grecque, dansantes, *les sieurs la Montagne*, *Lestang*, *Favier le cadet* et *Arnald*. Un Hérault, *le sieur Rebel*. Trompettes, *les sieurs la Plaine*, *Lorange*, *du Clos*, *Beaupré*, *Carbonnet*, *Ferrier*. Timbalier, *le sieur Diacre*. Apollon, *Le ROI*. Suivans d'Apollon dansans, *monsieur le Grand*, *le marquis de Villeroi*, *le marquis de Rassent*, *les sieurs Beauchamp*, *Raynal et Favier*. Chœurs de peuples chantans, *les sieurs...*

FIN DU TOME SIXIÈME

TABLE DES PIÈCES
CONTENUES
DANS LE SIXIÈME TOME.

Avertissement de l'édit. sur l'*Avare*. Page 3
L'Avare. 11
Les Fêtes de Versailles, en 1668. 117
Intermèdes de la comédie de *George Dandin*. 129
Avertissement de l'éditeur sur *M. de Pourceaugnac*. 167
M. de Pourceaugnac. 175
Avertissement de l'éditeur sur *les Amans Magnifiques*. 245
Les Amans Magnifiques. 255

FIN DE LA TABLE.

www.ingramcontent.com/pod-product-compliance
Lightning Source LLC
Chambersburg PA
CBHW071256160426
43196CB00009B/1313